경제기사 쉽게 읽는 법

경제 기사
쉽게 읽는 법

정순원 지음

매일경제신문사

□ 글을 시작하며

휴가철이면 으레 한번쯤 시골길을 자동차로 달려보게 된다. 번잡한 큰길을 피해 마을 사이로 뻗어 있는 신작로를 통해 여행할 때 길을 물은 적이 있다.

"할아버지, 아무개 절까지는 얼마나 더 가야 합니까?"

"응, 한 두세 마장쯤 더 가게."

십 분쯤 달렸지만 오리무중이었다. 지나가는 행인에게 물어봐도 똑같은 대답이다. 처음 묻던 지점에서 20km쯤 가서야 목적지에 닿았다. 보통 한 마장이면 4km 정도로 두세 마장이면 8∼12km 정도라고 생각했다. 우리는 이처럼 숫자 개념이 다소 엉뚱해서 혼란스러울 때가 많다. 숫자에 대한 이런 너그러움이 통계의 신뢰도에 이르게 되면 난감해진다. 언젠가 정당(政黨)들이 스스로 파악한 지지 인원을 합쳤더니 나라 전체 인구의 두 배가 넘어 실소를 자아낸 적이 있다.

경제 분야에서는 통계가 정확하지 않으면 진단이 허술해진다. 더구나 경제를 진단할 때는 사람의 건강을 진단하는 체온계처럼 안성맞춤의 계측기가 따로 없다. 결국은 여러 통계 자료를 채집하고 이론을 토대로 조합해서 실상을 파악할 수밖에 없다. 이 과정에서 분석 기량도 중요하지만 정확한 통계가 무엇보다 중요하다. 간단한 모델을 써서 세계 각국의 경제를 비교 분석해 보면 놀랍게도 선진국일수록 실증 분석 결과가 좋게 나타난다.

이것은 물론 후진국의 경제 구조가 낙후된 탓도 있겠지만 선진국의 통계 자료가 훨씬 정확하기 때문이다.

일본이 1960년대에 선진국 경제 진입을 위한 첫걸음으로 통계 채집의 정확화에 심혈을 기울인 점은 우리에게 시사하는 바가 크다. 우리 경제의 현황을 옳게 파악하고 바르게 조율하기 위해 무엇보다 통계 자료의 정확도 개선에 힘써야 한다. 그것이 선진국이 되는 지름길임은 아무리 강조해도 지나치지 않다.

한국 경제는 현재 'IMF 체제'라는 낯선 상황 앞에 매우 무기력하게 놓여 있다. 이러한 어려움을 조기에 극복하고 명실상부한 선진국 대열에 들어서기 위해서는 무엇보다 정확한 통계 기반을 갖추는 것이 중요하다. IMF 체제는 어쩌면 정확한 경제 진단을 하지 못한 데서 온 '인재'(人災)라고 할 수 있다. '대충' 또는 '어림짐작'으로는 복잡한 경제 현상을 제대로 파악할 수 없다.

정확한 통계를 내려면 우선 통계에 대한 올바른 이해가 필요하다. 그리고 국민들 모두가 통계에 대한 인식을 높여서 정부의 통계 작업에 대해 비판적 안목을 가져야겠다. 그래야만 경제 현상에 대해 바른 현실 인식이 가능해지며 이럴 때 비로소 경제 정책 방향도 제때에 제대로 설정될 수 있을 것이다.

'경제 통계를 바로 아는 것이 IMF 체제 극복의 첩경'이라는 신념을 가지고 경제 통계에 대한 독자들의 이해 수준을 조금이나마 높여

보고자 하는 바람으로 이 책을 세상에 내보낸다. 이 책에 실린 글 가운데 경제 통계 관련 부분은 필자가 지난 2년여 동안 『주간매경』에 정기적으로 기고한 글을 모은 것이다. 여기에 IMF 경제 체제를 극복하는 데 미력하나마 길잡이가 될 만한 글을 덧붙였다. 한편으로 사족이 아닌가 걱정스럽지만 경제 지표의 설명만으로는 부족한 부분에 대한 제언으로 받아들이길 기대한다.

  세상은 혼자 힘으로 사는 게 아니라는 것을 책을 내면서 새삼 느꼈다. 경제 지표를 공부할 좋은 기회를 준 매일경제신문사 주간국 편집진에게 깊은 감사를 드린다. 늘 마른 명태를 씹는 듯한 연구 생활 속에서도 따뜻한 도움을 아끼지 않은 연구원 동료들에게도 마음으로나마 감사의 말씀을 전하고자 한다.

1998년 가을
정 순 원

□ 차 례

· 글을 시작하며 / 5

I 경제의 성장과 구조 · 13

1 경제 성장 및 경기 · 15
1 국민총생산 ·· 15
2 지역총생산 ·· 18
3 국민총소득 ·· 21
4 잠재성장률 ·· 23
5 저축률과 투자율 ·· 26
6 경기종합지수 ·· 28
7 총저축률 ·· 31
8 기업경기 실사지수 ······································ 33
9 가계수지 ·· 36

2 정부 재정 · 40
10 정부 예산 ·· 40
11 조세 부담률 ·· 43
12 세입 진도율 ·· 45
13 직접세와 간접세 ·· 47
14 공채 의존도 ·· 50
15 지하경제 ·· 53
16 준조세 ·· 55

17 소득표준율 ………………………………………… 58
18 통일 비용 …………………………………………… 61

3 고용과 임금 · 64
19 인구 증가율 ………………………………………… 64
20 고용 ………………………………………………… 67
21 실업률 ……………………………………………… 68
22 7가지 실업률 지표 ………………………………… 71
23 임금 ………………………………………………… 74
24 노임단가지수 ……………………………………… 75
25 노사분규 동향지표 ………………………………… 77
26 고용흡수력 ………………………………………… 79

4 산업활동 · 82
27 산업활동동향 ……………………………………… 82
28 산업연관표 ………………………………………… 85
29 부가가치율 ………………………………………… 87
30 노동장비율 ………………………………………… 89
31 자본생산성 ………………………………………… 92
32 가계비 충족률 ……………………………………… 94
33 지대부담력 ………………………………………… 97
34 수송분담률 ………………………………………… 99
35 연구개발 지표 ……………………………………… 102
36 산업재해율 ………………………………………… 105
37 전력예비율 ………………………………………… 107

II 물가와 금융 · 111

1 물가 · 113
38 물가 지표 ……………………………………………… 113
39 생활물가지수 ………………………………………… 116
40 국제상품시세 ………………………………………… 118
41 제조업 원가 …………………………………………… 121
42 물류비 ………………………………………………… 123
43 부동산 가격 …………………………………………… 126
44 공시지가 ……………………………………………… 129

2 통화와 금융 · 132
45 통화 지표 ……………………………………………… 132
46 MCT 지표 ……………………………………………… 135
47 자금 순환표 …………………………………………… 137
48 금리 지표 ……………………………………………… 139
49 당좌대출 소진율 ……………………………………… 142
50 국제금리 지표 ………………………………………… 144
51 해외차입금리 ………………………………………… 147
52 금융비용 부담률 ……………………………………… 150
53 외국 환율 고시표 ……………………………………… 152
54 빅맥지수 ……………………………………………… 155
55 선물 환율 ……………………………………………… 157
56 실질실효환율 ………………………………………… 160
57 환차손 ………………………………………………… 162
58 외환위기 측정 지표 …………………………………… 165

59 증시 시황 ··· 167
60 주가지수선물 ··· 170
61 주가지수옵션 ··· 173
62 은행 경영 성과 ····································· 176
63 지급준비율 ··· 179
64 자금 부족률 ··· 182
65 부실여신 비율 ······································· 184
66 부도율 ··· 187

Ⅲ 대외 거래와 기업 경영 · 191

1 국제 거래 · 193
67 국제수지표 ··· 193
68 서비스수지 ··· 196
69 직접투자수지 ··· 198
70 자본수지 ··· 201
71 교역 조건 ··· 204
72 국가 경쟁력 ··· 206
73 비가격 경쟁력 ······································· 208
74 국가 위험도 ··· 211
75 외채 원리금 상환 ································· 213
76 외환보유고 ··· 214

2 기업 경영 활동 · 218
77 기업 경영 분석 ····································· 218
78 신용 평가 ··· 221

79 자기자본 비율 ·· 223
80 배당수익률 ·· 226
81 자유화지수 ·· 229
82 경제적 부가가치 ·· 232

Ⅳ 삶의 질과 사회복지 · 237

1 삶의 질 · 239
83 삶의 질 지표 ··· 239
84 불쾌지수 ·· 241
85 인간개발지수 ··· 244
86 환경측정지표 ··· 246

2 사회복지 · 249
87 노령화지수 ·· 249
88 진학률 ··· 251
89 정보화 ··· 254
90 에너지 소비량 ··· 257
91 식량 자급률 ·· 260
92 주택 보급률 ·· 262
93 소비자 신용 ·· 264
94 도시화율 ··· 267

part I

경제 기사 쉽게 읽는 법

경제의 성장과 구조

1 경제 성장 및 경기

1 국민총생산

국민총생산이란 일정 기간 동안 한 나라가 경제 활동을 통해 생산한 모든 생산물의 시장가치로 우리 나라에서는 분기에 한 번씩 한국은행에서 집계해 발표한다. 국민총생산은 크게 생산, 지출, 소득의 세 가지 측면에서 설명할 수 있다. 첫째, 기업과 같은 생산 단위가 일정 기간 동안에 노동, 자본, 토지 등의 생산 요소를 구입해 생산 활동을 수행한 결과로 얻은 최종 생산물에서 중간 투입물의 비용을 제외한 순수한 부가가치만을 합산한 것이다. 그런 의미에서 국민총생산은 국민총판매수입과 구별된다.

둘째, 가계, 기업, 정부나 해외 부문이 생산물 시장을 통해 구매하는 모든 재화와 용역의 화폐가치를 더해서 얻을 수 있다. 지출은 성격에 따라 정부나 민간의 소비 지출, 건설이나 설비 투자와 같은 투자지출 그리고 해외 부문의 순수출(수출-수입)로 대별된다.

셋째, 이러한 최종 생산물에 대한 총지출의 재원(財源)은 어차피 생산 과정에서 투입된 자본, 노동, 토지 등의 '생산 요소 사용료'에 의해 마련된다. 이들의 합계가 국민 소득으로 국민총생산은 이 국민 소득에 간접세와 감가상각을 더해 산출한다. 이는 생산 요소 소득을 분배할 때 기업이 부담하는 간접세와 생산재의 감가상각 충당분은 제외되었기 때문이다. 이처럼 국민총생산은 세 가지 측면에서 측정될 수 있지만 모두 같아야 한다. 한 나라의 경제 주체가 생산하고 분배해 소비하는 양은 똑같을 수밖에 없기 때문이다. 즉, 국민이 한 사람이라고 생각하면 쉽게 이해된다.

국민총생산의 증가율(경제 성장률)은 경제의 규모가 확대되는 정도를 뜻한다. 성장률이란 경제 활동이 좋은 상태(호황)인지 아니면 부진한 상태(불황)인지를 식별해 주는 좋은 지표이다. 그런데 경제 성장률을 경상 성장률로 발표하면 자칫 정보가 왜곡될 수 있다. 최종재의 양적인 증가는 없었는데 시장에서 물가만 상승한 경우 국민총생산이 크게 확대된 것처럼 보일 수 있기 때문이다. 따라서 기준 시점을 설정하고 그 해의 가격으로 특정 해의 국민총생산을 계산하게 된다. 통상 발표되는 성장률은 대개 실질성장률이며 현재는 1990년을 기준 시점으로 하고 있다.

경제 성장률은 국내총생산(GDP) 증가율과 국민총생산(GNP) 증가율 두 가지로 측정된다. GDP의 경우 국내에 거주하는 모든 경제 주체(자연히 외국인이 포함됨)가 취득한 소득의 합산이다. 한편 GNP의 경우 생산 지역은 문제되지 않지만 생산자의 국적이 한국이어야 한다. 따라서 GNP는 내국인이 해외에서 기여한 부가가치가 포함된다. 반면에 외국인의 국내 부가가치는 제외되기 때문에 한 국가 내에서 이용 가능한 재화와 용역에 대한 정확한 평가를 하는 데 문제가 있다. 해외 경제 활동이 점차 확산되고 있고 경제 정책은 국내에서만 효력을 가지기 때문에 최근에는 GDP의 개념이 점차 널리 사용되고 있다.

<표>에 의하면 1996년부터 GDP 성장률이 계속 하락해 1998년 1/4분기에는 -3.8%의 감소율을 기록했다. 이는 국내 경제의 활력이 크게

떨어졌음을 나타낸다. 좀더 자세히 들여다보면 그 사정을 알 수 있다. 즉, 생산 측면에서 볼 때 농림어업은 성장률이 증가했으나 국내 총생산 중 비중이 큰 제조업의 성장률이 많이 낮아졌기 때문이다. 이를 분배 측면에서 보면 총고정자본 형성(총투자) 가운데 설비 투자가 크게 준 데 원인이 있음을 알 수 있다.

경제 성장률을 해석하는 데에는 다음 몇 가지 주의가 요망된다. 첫째, GDP는 사회의 경제적 후생을 나타내지 않는다. 물질적 총량만을 측정하는 GDP가 커졌다고 해서 더 살기 좋은 사회가 됐다고 하기 어렵기 때문이다. 둘째, 공해가 사회에 가져다 주는 비효용이나 비용이 GDP 측정에서 공제되지 않는다. 예컨대 최근 남해안 기름 유출 사고로 인한 정부지출은 GDP를 증가시키게 되나 수산자원 피해로 인한 성장 감소율은 집계에 당장 반영되지 않는다. 셋째, GDP는 생산물의 시장가치를 말하므로 시장을 통해 거래되지 않는 재화와 용역은 원칙적으로 GDP 계산에서 배제된다. 예컨대 가사노동과 지하경제는 기록에서 빠진다.

국민총생산 추이

단위: 전년 동기 대비, %

	1996	1997				1998
	연간	1/4분기	2/4분기	3/4분기	4/4분기	1/4분기
국내총생산(GDP)	7.1	5.7	6.6	6.1	3.9	-3.8
농림어업	4.0	4.9	2.1	1.0	3.0	4.4
제 조 업	7.4	5.7	7.2	7.5	4.6	-6.4
서비스업	7.9	7.6	8.2	6.6	3.7	-3.3
최종 소비 지출	6.9	4.4	5.1	5.1	-0.2	-9.5
총고정자본 형성	7.1	0.3	0.2	-3.7	-9.8	-23.0
건 설	6.1	0.8	1.8	3.8	3.7	-7.7
설 비	8.3	0.3	0.2	-3.7	-9.8	-40.7
재화와 용역의 수출	13.0	13.5	27.2	33.2	20.8	27.3
재화와 용역의 수입	14.8	8.1	7.3	4.7	-4.0	-25.4
국민총생산(GNP)	6.9	5.6	5.8	5.1	3.5	-5.3

자료 : 한국은행

2 지역총생산

지난 40년간 중단되었던 지방자치제가 점차 뿌리를 내리고 있다. 1992년에 실시한 지방의회 의원 선거가 준비단계라면, 1998년 6월에 실시한 광역 및 기초 자치단체장 선거와 제2기 지방의회 의원 선거는 성숙 단계라 할 수 있겠다. 이러한 지방 대의(代議) 정치의 부활을 기점으로 지방자치제가 본격적으로 가동되고 있다.

지방자치제가 정치적·사회적으로 갖는 의미는 여러 가지가 있겠지만 경제적으로는 지역 경제의 수준을 높이는 것이다. 이제는 지역 주민이 다른 지역과의 개발 격차에 관심을 갖게 됨으로써, 자치단체 스스로 주민이 보다 풍요롭게 생활할 수 있도록 지역 사회를 개발하고 지방 경제를 활성화시키는 노력을 하게 된다는 뜻이다. 따라서 다른 지역과 비교할 때 지역 경제가 발전했는지 또는 낙후돼 있는지 등에 관한 정보를 담은 기초 자료가 필요하게 된다. 나아가 해당 지역이 잠재적으로 어느 정도의 생산 능력을 갖추고 있는지를 파악하는 작업이 필요해진다.

어느 한 지역의 경제 수준을 나타내기 위해서는 통상 한 국가의 거시경제 전반을 나타내는 지표를 지역 경제에 축소 적용한다. 가장 흔히 쓰이는 것으로는 지역총생산(GRP: Gross Regional Product)이라는 지표이다. 명칭에서 벌써 국민총생산(GNP)과 유사한 개념임을 알 수 있다. 지역총생산은 일정 지역 내에서 일정 기간 동안 그 지역에 살고 있는 모든 경제 주체가 생산한 최종 생산물을 시장가격으로 평가한 것의 합계로 정의된다.

지역총생산 지표를 이용할 때 한 가지 유의할 사항이 있다. 지역총생산을 결정하는 범위는 행정구역상의 공간 단위로 결정되는 것이 아니라 해당 지역에 거주하는 주민에 의해 결정된다. 예를 들면 예산군에 사는 사람이 인근에 있는 대전광역시에 있는 직장에 다니면서 버는 돈은 대전의 지역총생산에 포함되지 않고 충남에 귀속된다는 것이다. 즉, 지역총생산은 소득이 어느 지역에서 '발생'하였는가 하는 것보다는 어느 지역으로 '귀착'되는가 하는 것에 더 큰 의미를 둔다. 이처럼 지역총생산의 개념은 한계를 가질 수밖에 없다. 오늘날 대부분의 지역 경제 단위가 자급자족하는 폐쇄경제가 아니며 생산요소가 자유로이 이동하고 지역간 어려운 개방경제이기 때문이다.

이를 개선하기 위해 도입된 것이 지역내총생산(GRDP: gross Regional Domestic Product)이라는 지표이다. 지역내총생산은 그 지역에서 이루어진 생산이면 그 소득의 귀속 대상이 지역 주민인지 혹은 지역 외 주민인지를 가리지 않고 모두 포괄한다. 이러한 점에서 양자의 관계는 GNP와 GDP의 관계와 유사하다.

1989년까지 GRDP는 내무부와 서울시가 별도로 지역 주민의 소득을 추계(推計)해 발표했다. 그런데 자료의 신뢰도나 분석의 정확성 등에서 끊임없이 문제점이 제기되었고, 이에 따라 지금의 통계청이 단일화된 지역 계정 통계 개발에 착수했다. 현재는 매년 8월에 그해로부터 2년 이전의 지역내총생산 현황을 발표하고 있다.

<표>에서 보듯이 1994년의 경우 서울, 경기, 경남의 순으로 지역총생산액이 많은 것으로 나타났다. 시·도간에 보다 명확한 비교를 위해 해당 지역의 인구 수준을 고려해 1인당 GNP와 비슷한 개념인 1인당 GRDP를 이용하는 것이 일반적이다. 이 지표에 따르면 우리 나라에서 1인당 소득은 경남, 경북, 충북의 순으로 높게 나타났다. 최저 소득 지역은 최고 소득 지역의 약 60% 정도를 나타내고 있어서 지역간 경제 수준의 격차가 상당함을 알 수 있다.

지역총생산이나 지역내총생산이 기본적으로는 국민총생산의 개념과 동일하기 때문에 이들 개념이 가지는 문제점 또한 거의 비슷하다. 즉, 지역총생산은 부가가치의 합계를 화폐액으로 표시한 것이기 때

문에, 예컨대 가사 노동과 같이 시장을 통해 거래되지 않는 재화와 용역의 생산은 제외된다. 또 환경 오염을 처리하기 위한 비용도 지역 총생산에 포함되기 때문에 오염이 심한 지역일수록 지역총생산이 증가하는 모순도 발생한다.

이렇게 경제 활동의 질적인 측면이 전혀 고려되지 않는 문제점이 있음에도 불구하고 아직까지 지역총생산은 지역 경제의 수준을 나타내는 가장 효과적인 지표로 이용되고 있다. 이러한 문제점을 개선하기 위해서는 최근 미국을 중심으로 일어나고 있는 GNP 지표의 개선 움직임을 주시해 잘 활용해야 한다.

시·도별 지역총생산 현황

시·도	지역총생산 (10억 원)*		1인당 지역총생산 (천 원)	
	1993년	1994년	1993년	1994년
서 울	57,252	57,072	6,542	7,160
부 산	15,205	16,132	4,950	5,505
대 구	8,401	9,167	4,647	5,244
인 천	10,703	11,653	6,467	6,963
광 주	4,874	5,243	5,073	5,719
대 전	5,179	5,329	5,657	6,003
경 기	36,682	40,846	6,228	6,854
강 원	5,758	6,114	4,876	5,635
충 북	6,776	7,526	6,085	7,220
충 남	7,968	9,041	5,392	6,676
전 북	7,635	8,254	4,945	5,812
전 남	11,591	13,023	6,107	7,057
경 북	14,316	16,394	6,228	7,589
경 남	23,926	27,072	8,025	9,601
제 주	2,131	2,224	4,977	6,042

자료 : 통계청, 『지역내총생산』, 1995.

* 불변가격임

3 국민총소득

한 나라의 경제 수준을 종합적으로 나타내는 대표적인 지표로서 국민총생산(GNP)이나 국내총생산(GDP)의 증가율이 주로 사용된다. 그런데 교역 조건(한 단위의 수출로써 구입할 수 있는 수입 단위)이 변하면 자연히 대외 구매력이 변동하게 된다. 이에 따라 무역거래로부터 발생하는 실질소득은 생산 물량과 관계없이 변동하게 된다. 그래서 생산 측면에서 평가된 GNP나 GDP에는 이러한 실질소득의 변화가 반영되지 않는다.

예를 들어 한 나라의 수출 가격이 수입 가격보다 더 빠르게 상승해 교역 조건이 개선된다면 일정량의 수출로 구매할 수 있는 수입량이 더 늘어나게 된다. 즉 교역 조건의 개선은 국내 생산에서 창출된 소득으로 교역 조건 개선 이전보다 훨씬 더 많은 재화와 용역의 구매를 가능케 하는 것이다. 따라서 교역 조건의 변화에 따른 실질소득의 변화를 감안해 국민 소득 증가율을 산출할 경우, 통상적으로 사용되는 GNP 또는 GDP 개념을 활용할 때와 차이가 나게 된다. 이러한 차이는 수출입이 GNP 또는 GDP에서 차지하는 비중이 크면 클수록, 그리고 교역 조건의 변동폭이 클수록 커지게 되며, 그만큼 지표 경기와 체감 경기에 차이가 발생할 수 있는 것이다.

국민총소득(GNI, Gross National Income)은 생산 물량을 기준으로 한 GNP 개념에 교역 조건의 변동에 따른 실질구매력과 국민이 실제 누리는 경제적 후생의 증감을 반영한 지표이다. 따라서 GNI는 생산 측면에서 평가된 GDP나 GNP보다 경제 주체의 체감 경기를 잘 반영할 수 있는 것으로 평가된다. 그러나 한 나라의 실질 구매력 또는 경제적 후생을 측정하는 기준은 일반화돼 있지 않다. 이 때문에 현재 국민총소득 지표는 미국, 대만 등 일부 국가에서만 보조 지표로 활용되고 있다.

GNI의 산출은 먼저 GDP에 교역 조건 변동에 따른 소득변화를 조정해 국내총소득(GDI, Gross Domestic Income)을 산출한다. 그런 다음, 여기에 GDP에서 GNP를 계산하는 방식과 같은 방법으로 해외 순요소 소득(해외에서 벌어들인 소득에서 국내에서 해외로 지불하는 소득을 차감한 것)을 조정해 국민총소득을 도출한다.

교역 조건이 크게 변동하는 시기에는 GNI를 GDP 또는 GNP의 참고지표로 활용하는 것이 바람직하다. 무역으로부터의 소득 변화가 크게 발생해 소득 측면의 GNI와 생산 측면의 GDP 또는 GNP와의 괴리가 크게 나타나기 때문이다. 또한 이러한 경제 여건에서는 GNI와 GDP 또는 GNP 간의 차이를 해외 경제 여건의 변화에 따른 국내 경제의 변동을 반영하는 것으로 볼 수 있으므로 이러한 충격을 완화할

GNI 증가율 추정치* (단위: 전년 동기 대비, %)

기간	GDP	GNP	GNI
전기간 (1972. 7~1996.12)	8.4	8.3	8.3
확장기	9.5	9.5	9.9
수축기	5.9	5.8	4.7
1순환기(72. 7~75. 6)	9.0	8.8	7.6
2순환기(75. 7~80. 9)	8.4	8.1	8.4
3순환기(80.10~84. 3)	7.5	7.4	7.5
4순환기(84. 4~88. 3)	9.9	10.2	10.8
5순환기(88. 4~92. 3)	8.7	9.0	9.6
6순환기(92. 4~96.12)	7.1	7.0	6.0
1990년대	7.8	7.7	7.1
1995년	9.1	8.8	7.8
1996년	7.1	6.9	3.5

자료 : 『통계분석연구』 97년 가을호, 통계청

* 통계청은 4가지 방법을 사용하여 GNI 증가율을 추정했으나, 여기서는 4개 추정치의 평균만을 제시함

수 있는 정책 대안의 필요성을 부각시켜 준다.
 추세적으로 볼 때, GNI 증가율은 교역 조건이 악화될 때 GDP나 GNP 증가율보다 더 낮으며, 교역 조건이 개선될 때는 더 높은 것으로 나타난다. 대외 거래를 통한 국제 시장 가격의 충격에 따른 소득 증가율의 변동이 생산 증가율의 변동보다 더 심하기 때문이다.
 국내 경제는 1990년대에 들어서 지표 경기와 체감 경기의 괴리 현상이 심화되고 있는 것으로 나타나고 있다. 특히 1996년의 경우에 지표 경기를 나타내는 GDP와 GNP 증가율은 각각 7.1%와 6.9%를 기록하였으나 체감 경기 상태를 보여주는 GNI 증가율은 3.5%로 체감 경기가 크게 악화되었음을 시사해 준다. 이는 당시 기업들의 수출 부진과 채산성 악화를 반영하는 것이라 할 수 있다.

4 잠재성장률

 경기가 호황이거나 침체기일 때 그 정도를 가늠하는 데 활용되는 지표중의 하나가 잠재성장률이다. 잠재성장률을 웃돌면 경기 과열 양상이라 하고 밑도는 경우는 과도한 경기 수축인 것으로 평가한다. 그런데 잠재성장률은 때때로 논란의 대상이 되기도 한다. 이는 잠재성장률이 계측되기 어렵다는 뜻일 수도 있지만, 대체로 잠재성장률이 정부의 통화 정책의 중요한 결정 요인이 되기 때문이다.
 민간 부문에서는 경기가 침체되었으니 정부가 돈을 풀어서라도 경기를 활성화시키라고 주장한다. 하지만 통화 당국은 경제가 잠재성장률 수준은 충분하게 유지할 수 있으니 돈을 풀 경우 오히려 물가만 불안케 할 뿐이라는 공방을 곧잘 펴 왔다.
 잠재성장률은 먼저 잠재적 GNP를 추정한 다음 그 변화율로 산정된다. 잠재적 GNP는 주어진 생산 요소를 완전고용 수준으로 투입할 때의 최대 생산량과 인플레이션을 심화시키지 않고 실현할 수 있는 최대 생산량 등 두 가지 개념으로 구분되나 거시경제 정책적인 차원에서 후자의 개념을 더 중시한다. 그런데 잠재 GNP와 실제 GNP의 차를 잠재 GNP로 나눈 값을 'GNP 갭'으로 정의할 수 있다. 만약 이것이 마이너스이면 최대한 생산할 수 있는 수준 이하에서 실제 생산 활동이 이루어지고 있어서 경기가 불황임을 뜻하고, 플러스이면 적정 수준 이상으로 생산 활동이 이루어져 경기가 지나친 과열임을 뜻한다.

잠재적 GNP를 추정하는 방법은 여러 가지가 있으나 여기서는 보편적인 방법 한 가지를 소개한다. 먼저 자연 실업률과 실재 실업률이 같은 기준 시점을 선정해, 그 시점에서 잠재적 GNP가 실제 GNP와 일치한다고 가정한다. 그리고 (GNP = 노동생산성×총노동시간)이라는 항등식을 이용해 이 식에 들어가는 각 변수의 성장률을 이용해 구한다. 즉, 시간당 노동생산성, 1인당 노동 시간, 경제 활동 참가율, 15세 이상 인구 등의 변동률을 합산해 잠재적 GNP 성장률을 추정한다. 그리고 이 성장률을 기준 시점의 잠재적 GNP를 곱해 현재의 잠재적 GNP를 추정한다. 그러나 여기서 활용되는 지표들을 정확하게 추정하기 어려워 잠재성장률 수준에 대한 논란을 가중시키기도 한다.

지난 1997년 1월 4일 한국은행은 우리 나라의 잠재성장률이 7.1%

잠재성장률과 실제 성장률 추이 (전년 동기 대비, %)

기간	실제 성장률(평균)	잠재성장률
72년2/4분기~74년4/4분기	8.6	9.8
75년1/4분기~79년4/4분기	9.5	8.8
80년1/4분기~84년4/4분기	6.2	6.6
85년1/4분기~89년4/4분기	9.4	9.6
90년1/4분기~95년2/4분기	7.8	7.6

자료: 최공필,「개방화가 진전중인 경제의 잠재성장률 추정」, 1995. 11.

라고 공식 추정한 바 있어 이에 대한 논란이 크게 일었다. 1996년의 국내 실질 GNP 성장률이 9.2%여서 7.1%의 수치는 당시 학계와 연구 기관들이 산출한 수치보다 훨씬 낮은 것이었기 때문이다. 즉, 어느 정도가 적정성장률이며, 다소 물가 상승을 감수하고서라도 성장에 주력해야 할 것인지 또는 성장 속도를 다소 늦추더라도 물가 상승을 억제하는 안정화에 힘써야 할 것인지에 관한 논쟁이 벌어졌던 것이다. 지금의 극심한 경기 침체를 생각하면 그야말로 실소를 금치 못할 논쟁이었다.

　잠재성장률은 그때 그때의 경제 상황에 따라 실제 성장률을 조정할 때 기준 지표 정도로 활용하는 것이 바람직하다. 잠재성장률이 7.1%라고 해서 7.1%만 성장하는 것이 최적이므로 이를 위해 모든 정책을 강구해야 한다는 식의 경직된 해석은 위험하다. 그보다는 경제성장률이 7.4% 정도로 전망돼 잠재성장률보다 높을 것이므로 경제 운용의 초점을 안정화에 두는 것이 바람직하다는 정도로 인식하는 것이 바람직한 활용 태도라 하겠다.

　잠재성장률을 초과하는 경제 성장률이 예상된다고 해서 이것이 곧바로 경기 과열을 초래할 것으로 예상하는 것도 무리다. 경제가 개방화됨에 따라 국내적인 요인 외에도 해외 요인에 의해서도 물가, 국제수지 등이 영향을 받기 때문에 잠재성장률만에 의한 판단은 무의미할 수 있다. 경제 성장률이 잠재성장률을 벗어나 물가 상승 압력이 크다고 하더라도 실제로는 국내의 초과 수요 압력이 수입으로 충족돼 물가 변동 폭이 작을 수 있다. 따라서 잠재성장률을 다소 초과하는 성장을 기록하더라도 여타 경제 지표들이 양호하다면 크게 우려할 필요가 없다. 다시 말해, 잠재성장률에 너무 집착하다 보면 더 많은 것을 잃을 수도 있다는 뜻이다.

5 저축률과 투자율

경제가 어려워지면서 저축을 더 하자는 애기가 나오고 있는데 어쩐지 궁색하게 들린다. 70년대나 80년대 초반처럼 '저축합시다'라는 캠페인을 벌여야 할 정도로 개발 자금이 모자라는 후진국 수준의 경제는 더 이상 아니기 때문이다.

그럼에도 불구하고 저축은 새로운 차원에서 그 필요성이 제기되고 있다. 첫째, 인구의 고령화가 생각보다 빨리 진전되고 있다. 저축을 미래에 대한 투자라고 한다면 고령자들의 저축 의욕은 낮을 수밖에 없는 데다 젊은 세대들의 소비 성향까지 감안하면 향후 우리 나라의 저축 기반은 다른 선진국처럼 취약해질 가능성이 높다.

우리 나라는 현재 사회간접자본이 아주 부족한 상태에서 생산구조의 고도화와 고성장을 동시에 이루고자 하는데 이는 엄청난 투자 재원(저축)을 요구하고 있다. 둘째로 외채가 쌓이고 있다. 이에 대한 해결책으로 소비재 수입 억제 및 저축을 통한 투자 재원의 자체 조달이 필요하다. .

이러한 차원에서 저축률과 투자율 지표가 최근 주목을 끌고 있다. 저축률은 국내 총저축을 국민 총가처분소득으로 나누어 백분율로 표시한 값이다. 투자율(국내 총투자율)이라 함은 고정투자를 국민 총가처분소득으로 나눈 값을 말한다.

저축률과 투자율 추이 (%)

연도 비율	1984	85	86	87	88	89	90	91	92	93	94	95	96	97
저축률	29.9	29.8	33.7	37.3	39.3	36.2	35.9	36.1	34.9	35.2	35.4	36.2	34.8	34.6
투자율	30.6	30.3	29.2	30.0	31.1	33.8	37.1	39.1	36.8	35.2	36.2	37.4	38.8	35.3

자료 : 한국은행

통상 저축이라 함은 국민이 자유로이 쓸 수 있는 소득에서 소비에 충당하지 않고 남긴 부분이다. 국민 총가처분소득이란 시장 가격으로 평가된 국민순생산(순부가가치)에 외국으로부터 받은 소득을 더하고 외국에 지급한 소득을 뺀 다음 생산 설비 소모분(새 기계를 사는 데 필요한 금액)인 고정자본 소모를 더한 값이다. 국내 총저축은 국민이 자유롭게 쓸 수 있는 소득인 국민 총가처분소득에서 최종 소비 지출을 제외한 값이다.

국내 총투자(총자본형성)는 고정투자와 재고투자로 구성돼 있으며, 고정투자는 다시 대체투자와 순투자로 구분된다. 대체투자는 생산과정에서 마모되는 기계와 같은 자본재를 수선하고 유지하며 대체하는 투자를 일컫는데, 흔히 감가상각이라고 한다. 순투자는 이와 달리 자본의 순수한 증가분으로서 순고정 자본 형성이라 한다. 한편 주식이나 채권같은 금융자산의 거래는 단순히 기존 자산에 대한 소유권만을 이전하는 것이며 새로운 생산 자원의 증가가 아니므로 여기에서 말하는 투자의 범주에 들지 않는다. 재고투자는 한 해 동안 국내에서 생산되거나 외국에서 수입된 상품이 소비나 투자 또는 수출로 처분되지 않고 창고에 쌓이는 부분을 말한다.

저축률과 투자율의 관계는 어떠한가. 양자가 같아지면 재원이 100% 국내 자본으로 조달되는 것을 뜻한다. 그리고 투자율이 저축률보다 클 경우 국내 투자를 위해서 외국에서 빌려왔다는 뜻이 된다. 이와 같이 국내 저축과 투자의 차이는 경상수지와 개념적으로 일치한다.

<표>는 우리 나라의 저축률과 투자율의 추이를 보여준다. 1988년까지는 우리 나라의 국제수지가 흑자를 나타내 이 자금으로 외국에서 빌려 온 외채를 탕감해 나가던 시기이다. 그러나 1990년부터는 투자율이 저축률보다 뚜렷이 높았고 경상수지도 적자를 기록했다. 이

는 저축의 양대 주체인 정부와 민간 중에서 민간의 저축률이 급격히 떨어졌음을 반영한다. 곧 민간 부문의 소비가 커지고 있음을 알 수 있다.

저축률이 떨어지면 모자라는 투자 재원을 해외에서 조달해야 한다. 이것이 여의치 않으면 국민경제는 확대재생산을 못하고 차츰 위축된다. 물론 저축률이 국제 수준과 비교해 볼 때 상위그룹에 속해 있다고하지만 사회간접자본과 같은 대형 투자 수요가 있기 때문에 저축의 필요성은 여전히 중요하다.

그런 의미에서 저축은 더 늘려야 한다. 저축은 금융자산이나 실물자산(토지 등)으로 축적되는데 금융자산이 클수록 투자 재원은 더 확보된다. 총금융자산을 국민총생산으로 나눈 '금융자산 축적률'은 1994년 4.73%로 미국의 6.66%, 일본의 7.10% 그리고 대만의 5.68%에 비해 매우 낮다. 그런 만큼 저축을 강조할 소지는 큰 셈이다.

6 경기종합지수

경기가 어떠한 상태인가를 수시로 판단하고 예측하는 것은 경제정책을 수립하거나 기업을 경영하는 데 대단히 중요하다. 흔히 사용되는 '국민총생산'(GNP) 지표는 경제에 대해 비교적 정확한 판단을 갖게 해 주지만 통계수집에 시간이 많이 걸리며, '산업활동동향'과 같은 개별 지표는 이보다는 신속하게 얻을 수 있지만 종합적이지못해서 '기업경기 실사지수'와 같은 객관성을 확보하기가 쉽지 않다.

이에 비해 '경기종합지수'는 수집이 비교적 용이하고 경기변화에 민감하게 반응하는 자료들을 선정해 종합 지수의 형태로 가공한 것이다. 이 지수는 앞서 언급한 세 가지 종류의 지표가 갖는 미흡한 점을 보완해 주며, 경기 동향 판단뿐만 아니라 단기적인 경제 예측에도 유용한 정보를 제공한다. 우리 나라에서는 통계청이 자체 자료 및 한

종합 지수의 추이

연도 \ 지수	선행종합지수	동행종합지수	후행종합지수	동행지수 순환 변동치
1995. 1.	97.5	97.6	97.1	102.3
1996. 1.	102.9	103.7	102.3	102.8
1997. 1.	108.9	107.7	107.2	101.1
9.	115.4	110.8	107.9	100.2
10.	116.7	111.2	108.5	100.2
11.	115.8	110.8	108.3	99.3
12.	114.5	109.8	108.7	98.0
1998. 1.	110.1	105.5	106.1	93.8
2.	108.4	103.4	103.1	91.4
3.	106.9	100.8	97.8	88.7
4.	108.1	101.2	94.0	88.6
5.	108.1	99.8	90.8	87.0

국은행, 건설교통부, 노동부, 관세청 등으로부터 수집한 자료를 활용해 지수로 작성해 매월 발표하고 있다.

경기종합지수는 선행종합지수, 동행종합지수, 후행종합지수의 3가지로 구분된다. 선행종합지수는 가까운 장래의 경기 동향을 예측하기 위해 작성되는 지표로서, 경제 활동의 변화를 미리 예고해 줄 수 있는 변수들로 구성된다. 우리 나라의 경우에는 건축허가 면적, 수출신용장(LC) 내도액, 총유동성(M_3) 등이 대표적인 구성 지표이며, 이들을 포함해 총 10개의 변수들이 사용되고 있다. 동행종합지수는 현재의 경기상태를 나타내는 가장 중요한 지수이다. 제조업 가동률 지수, 산업생산 지수, 도소매 판매액 지수 등 현재의 생산과 소비 활동을 대표하는 8개의 변수들로 구성된다.

한편 후행종합지수는 경기의 변동을 사후에 확인하는 지수이다. 주로 경기 변동의 결과를 나타내는 변수들로 구성되는데 비농가 실업률, 내구소비재 출하지수 등 총 5개의 지표로 구성돼 있다.

이같이 경기의 흐름을 선행하거나 동행하거나 또는 후행하는 구성

변수들을 결정했다고 하더라도 늘 고정적으로 사용하기는 어렵다. 경기의 성격이나 내용은 시간이 흐름에 따라 발생하는 경제 환경 및 구조의 변화에 많은 영향을 받기 때문이다. 경기종합지수가 높은 경기 반영도를 유지하기 위해서는 적절한 시기에 구성 지표나 지수의 작성 방법을 변경해야 한다.

경기종합지수의 구성 지표들은 나라마다 조금씩 다르다. 이는 지수가 그 나라의 경제구조와 특성에 따라 결정되고 있기 때문이다. 예컨대 선행지수의 경우 한국에서는 수출 관련 지표들이 포함되는 반면에 미국에서는 내구재 수주 잔고나 소비자 기대 지수와 같은 소비 관련 지표들로 구성돼 있다. 이는 수출 지향적인 우리 경제와 내수 지향적인 미국 경제의 차이점에 기인한다고 볼 수 있다.

경기종합지수는 각 구성 지표들의 전월 대비 증감률을 종합해 작성된다. 그 증감률의 방향 및 크기에 따라 경기 변동의 국면(호황 또는 불황)이나 전환점(경기 침체 또는 회복)은 물론 변동 속도까지도 동시에 분석할 수 있다. 하지만 많은 구성 지표들은 경제의 규모가 커짐에 따라(마이너스 성장률을 기록하지 않는 한 불황시에도) 동시에 상승하는 경우가 많다. 이 때문에 경기종합지수도 상승해 경기가 호황인지 불황인지를 판단하기 어렵게 한다. 그래서 추세 변동 요인을 제거한 순환 변동치를 작성해 경기의 국면 및 전환점을 판단하는 보조 자료로 활용하고 있다. <표>에서 보는 바와 같이 '동행지수 순환 변동치'는 우리 나라의 경기가 1997년 하반기부터 급격히 하강하고 있는 모습을 나타내 주고 있다.

이와 같이 경기종합지수는 경제 전체의 경기 동향을 빠르게 판단케 해주는 편리한 자료이지만, 수치만으로는 경기의 성격을 제대로 판단할 수 없는 문제점이 있다. 같은 선행종합지수의 상승이라도 수출 신용장 내도액 증가와 같이 수출이 주도하는 경기와 건축허가 면적과 같이 국내 건설이 주도하는 경기는 경제적 성격뿐만 아니라 그 파생 효과도 대단히 다르다. 물론 이러한 차이점은 경기종합지수 자체의 움직임만으로는 전혀 파악되지 않는다. 따라서 경기 동향의 원인을 파악하고 파생되는 결과들을 정확히 예측하기 위해서는 경기종합지수와 개별 경제 지표들에 대한 포괄적인 분석이 병행돼야 한다.

7 총저축률

요즈음 우리 나라에서는 저축을 증대시켜야 한다는 주장이 심심치 않게 신문 지상에 오르내리고 있다. 저축열이 식어 과소비가 조장되었고 물가를 부추겼으며 수입을 증가시켜 국제수지 적자가 엄청나게 늘어나는 데 기여했다는 것이다. 게다가 자본시장을 완전히 개방하게 되면 어차피 국제 단기 유동 자금이 들락날락할 터이고 이에 따라 국내 금융시장이 불안해질 수밖에 없는데, 이럴 경우 국내에 저축된 자금이 많으면 많을수록 완충 역할을 할 수 있다는 기대가 있기 때문이다.

영국의 처칠 경은 "저축이란 훌륭한 것이다. 특히 부모가 당신을 위해 저축을 했다면 더더욱 그렇다"라고 했다. 우리 나라에서는 저축을 하는 이유가 자녀 교육비 마련, 재난 대비, 주택자금 마련 등의 순으로 나타나고 있다. 얼마 전까지만 하더라도 주택자금 마련이 일순위였는데 사교육비 부담이 늘어나고 부동산 가격이 안정됨에 따라 이같이 순위 변화가 일어났다.

저축률은 가처분소득에서 저축이 차지하는 비중을 의미한다. 저축률은 아래의 두 가지 방법으로 산출된다. 즉 가처분소득에서 소비를 뺀 값을 가처분소득으로 나누어 구하거나, 또는 저축 자산 순증가분을 가처분소득으로 나누어 구한다. 여기에서 가처분소득과 저축자산을 어떠한 근거로 산출하는가에 따라 총저축률, 개인 금융 저축률,

흑자율 등으로 나눌 수 있다. 그 외에도 개인 가처분소득에서 소비를 제외한 부분을 기준으로 산출하는 개인 순저축률이 있으나 저축 행태 분석에 거의 사용되지 않고 있다.

총저축률은 가장 흔하게 사용하 개념으로, 총투자율과 비교되는데, 국민이 쓸 수 있는 총가처분소득에서 소비를 제외한 부분이 차지하는 비중을 나타낸다. 총저축률은 정부 저축률과 민간 저축률로 구분되고 민간 저축률은 개인과 기업 저축률로 나누어진다. 우리 나라의 총저축률은 1988년에 39.3%로 최고치에 이르렀다가 1990년 이후에는 34~36%의 수준으로 감소됐다. 이는 주로 개인 저축률의 감소에 기인한 것이다. 반면 정부 저축률은 오히려 증가해 저축 기반이 취약해지고 있다고 판단된다. 우리 나라의 총저축률 자체는 49개 주요 산업 국가 중 3번째로 매우 높은 수준이다. 하지만 총투자율이 워낙 높아서 이것이 경상수지 적자의 주요 원인으로 지적되고 있다.

개인 금융 저축률은 개인 가처분소득에서 개인 금융자산 순증가분

우리 나라의 저축률 추이

(억 달러, %)

저축률	연도	1987	1988	1989	1990	1991	1992	1993	1994	1995	1996	1997
저축률		37.3	39.3	36.2	35.9	36.1	34.9	35.2	35.4	36.2	34.8	34.6
민간	저축률	30.8	31.5	28.4	27.4	28.3	27.1	26.7	26.1	25.7	23.6	24.3
	개인	16.9	17.5	16.6	15.3	17.0	15.8	14.4	13.9	13.8	13.7	—
	기업	13.8	13.9	11.8	12.1	11.3	11.3	12.3	12.2	11.8	9.8	—
정부	저축률	6.5	7.8	7.9	8.5	7.8	7.8	8.6	9.3	10.6	11.3	10.3
투자율		30.0	31.1	33.8	37.1	39.1	36.8	35.2	36.2	37.4	38.8	35.3
저축률-투자율		7.3	8.2	2.4	-1.2	-3.0	-1.9	0.0	-0.8	-1.2	-4.0	-0.7
경상수지		10.1	14.5	5.4	-2.0	-8.3	-3.9	1.0	-3.9	-8.5	-23.0	-86.2

자료: 한국은행

주: 소수점 아래 숫자의 처리 관계로 세부 저축률들의 합이 총저축률과 다르게 나타날 수 있음

이 차지하는 비율로 산출된다. 여기서 개인 금융자산 순증가분은 자금 순환표상 개인 부문의 금융자산 증가액에서 금융부채 증가액을 뺀 값이다. 이 지표에 따르면 우리 나라의 개인 금융 저축률은 1980년 14.9%에서 1990년 32.1%로 크게 증가했다가 이후 하락하기 시작해 97년에는 24.3%까지 낮아졌다. 끝으로 흑자율은 도시 가계 조사를 통해 가계의 가처분소득에서 소비지출을 제외한 부분의 비중이다. 도시 근로자 가계의 저축률은 1990년에 25.3%였는데 그후 꾸준히 증가해 1995년에는 29.0%를 기록했다. 이는 국민계정상의 총저축률 추세와는 상반되는 것으로, 일반 근로자 가계의 과소비적 행태가 다른 가계에 비해 심각하지 않음을 알 수 있다.

저축을 증대시키는 것이 반드시 경제에 유익한 것만은 아니다. 특히 경기가 침체하고 있는데도 소비가 늘지 않는다면 재고가 쌓이고 생산이 위축돼 경기 침체를 심화시킬 수 있기 때문이다. 하지만 저축률이 투자율에 못 미칠 경우 초과 투자 수요를 해외차입으로 충당해야 하므로 이는 국제수지 적자의 행태로 나타나게 된다. 우리 나라에서 저축을 늘릴 수 있는 가장 좋은 유인책은 물가 안정이다. 물가 안정은 저축 자산의 미래 가치를 보존할 수 있는 여건을 마련해주기 때문이다. 금융 자산의 형태로 개인의 부가 축적되면 자연히 돈의 값인 금리가 낮아지고, 국제수지 문제도 해결할 수 있다.

8 기업경기 실사지수

현재의 경기가 어떤 상태에 있고 또 앞으로 어떠한 방향으로 진행될 것인가를 그때 그때 올바르게 알려줄 수 있는 경기 지표는 없는가. 일반적으로 현재의 경기가 호황인지 불황인지를 판단케 해주는 방법은 크게 다음 세 가지로 요약된다. 첫째는 국민총생산(GNP) 지표인데, 이는 다소 시간이 걸린다는 단점이 있다.

둘째는 경기를 대표할 만한 몇 가지 지표들을 종합해 단일 경기지수를 만들어 보는 방법인데, 이는 경제 구조가 변함에 따라 적절한 시기에 구성 지표를 바꾸어야 하는 단점이 있다.

마지막으로는 실제 기업을 꾸려나가는 경영자들에게 그들이 피부로 느끼는 경기 동향에 대한 판단과 예측 등을 수집해 지수화한 '기업경기 실사지수'(BSI: Business Survey Index)가 있다. 이 지수의 유용성은 기업가들이 경기를 판단하거나 예측, 계획하는 행위들이 단기적인 경기 변동에 중요한 영향을 미친다는 경험적인 사실에 바탕을 두고 있다. 실제로 일본에서는 중소기업을 대상으로 조사된 기업경기 실사지수가 경기선행지수의 구성 지표로서 이용되고 있기도 하다.

기업경기 실사지수 조사의 대표적인 방법은 기업 활동의 수준 및 변화의 전월 대비 혹은 전 분기 대비 증가, 감소, 또는 불변 등의 변동 방향을 파악하는 것이다. 이 경우 실사지수는 다음과 같은 방법으로 계산된다. 전체 응답업체 중에서 긍정적인 응답(증가 또는 호전) 업체 비율에서 부정적인 응답(감소 또는 악화) 업체 비율을 차감한 다음 100을 더하면 그 수치가 바로 기업경기 실사지수가 된다.

예를 들어 긍정 응답, 부정 응답이 각각 60%와 40%라면 기업경기 실사지수는 60에서 40을 차감한 다음 100을 더해 120이 된다. 이 방법 외에도 긍정적인 응답에는 2의 가중치를 중립적인 응답에는 1, 그리고 부정적인 응답에는 0의 가중치를 준 다음 100을 곱하는 방법도 병용되고 있다.

두 방법 모두 지수가 0~200의 값을 갖게 되며 100 이상인 경우는 경기를 긍정적으로 보는 업체가 부정적으로 보는 업체에 비해 많다는 것을 의미(경기 팽창 국면)하고, 100 이하의 경우는 그 반대(경기 위축 국면)를 나타낸다. 그리고 100 내외인 경우는 경기의 전환점을 나타낸다.

아래 <표>에 따르면 기업 경기 실사지수가 97년 1/4분기부터 지속적으로 크게 하락하고 있어 국내 경기 침체가 심화되고 있음을 나타내주고 있다.

대표적인 기업경기 실사지수 작성 기관인 한국은행은 매출액 5억원 이상의 2,400여 개 기업의 경영자들을 대상으로 하고 있으며 업종별, 기업 규모별, 수출 내수 기업별 등으로 나누어 기업 세부 활동에 관한 실사 조사를 통해 작성한다. 여타 조사 기관들의 기업경기 실사지수도 조사 항목에는 큰 차이가 없지만 조사 대상은 조금씩 차이점을 가진 집단을 대상으로 한다.

전경련(全經聯)은 매출액순으로 400여 개의 광공업체를 대상으로 조사하며, 대한상의는 2,000여 개의 광공업체를 대상으로, 산업은행은 전국 광업을 제외한 1,200여 개의 제조업체를 대상으로 기업경기 실사지수를 조사하고 있다. 특수한 목적의 기업경기 실사지수를 작성하는 예로 주택은행이 전국 280여 개의 주택 건설업체를 주 대상으로 주택 건설업 관련 기업경기 실사지수를 작성하고 있으며 기업은행은 2,800여 개의 중소 제조업체를 대상으로 하고 있다.

기업경기 실사지수는 비교적 쉽게 조사·작성되는 장점이 있으나 조사자의 주관적인 판단이 개입할 여지가 많은 것이 단점으로 꼽힌

제조업의 기업 경기 동향 및 전망

	1997년				1998년	
	1/4분기	2/4분기	3/4분기	4/4분기	1/4분기	2/4분기
제조업체	77	71	63	35	46	54
중화학공업	82	70	64	28	43	50
경공업	72	72	62	43	51	59
대기업	88	83	72	40	50	57
중소기업	72	63	60	33	45	53

자료 : 한국은행

다. 더욱이 실사지수는 기업가의 계획과 판단을 기초로 작성되기 때문에 해석에 있어서 세심한 주의를 요한다. 경기가 팽창과 위축 국면을 반복해 나갈 때 기업가는 인식의 오류를 범할 수 있다. 왜냐하면 경기 판단은 어느 정도 시간이 흐른 다음에야 제대로 이루어진다는 '인식상의 시차'가 있기 때문이다. 또한 기업가의 미래에 대한 판단은 경기가 좋았으면 하는 막연한 기대를 반영해 실제보다 높게 나타나는 경향이 있다.

9 가계수지

우리는 매일 경제 지표의 홍수 속에서 살아가고 있지만 정작 시민 생활과 직결되는 지표는 손꼽을 정도다. 가계수지 지표는 그런 면에서 보통 사람들이 경제 생활을 어떻게 꾸려나가고 있는가를 직접 보여주고 있는 셈이다. 통계청은 약 5,000 세대의 도시 근로자 가구를 주 대상으로 일정한 형식의 가계부를 작성하도록 하고 이를 표본으로 가계수지를 작성해 분기별로 발표하고 있다. 특히 매년 분기 자료들을 종합한『도시 가계 연보』를 출간하는데 여기에는 분기별로 발표된 자료뿐만 아니라 소득 수준별, 지역별로 다양한 자료들이 담겨있다. 도시 가계 자료에는 음식점, 여관, 하숙업과 같은 자영업을 하는 가계나 농·어가 등이 제외돼 있는데 그 이유는 이들의 가계수지를 경영 수지와 분리하기 어렵기 때문이다. 그래서 농가의 경우는 농림수산부에서 별도로 조사를 하고 있다.

가계수지란 가구를 기본 단위로 해 작성된 수입(소득)과 지출의 대차대조표라고 할 수 있다. 소득 부문은 근로 소득, 사업 및 부업 소득, 기타 소득으로 나뉜다. 근로 소득은 가구주를 포함한 가구원이 피고용자로서 근로를 통해 얻은 일체의 소득(세금 및 각종 부담금 공제 이전)을 나타낸다. 사업 소득은 고용주나 자영업자의 총수입에서 경영에 소요된 제반 비용을 제외한 순수입을 말하며, 부업 소득은 가구원이 가내부업을 통해 얻은 수익을 말한다. 그리고 기타 소득은 주로 이자, 배당금, 임대료, 사회보장 수혜금 등을 말하는 것으로 '재산·이전 소득'이라고 표현되기도 한다. 한편 지급받은 예금, 곗돈 같은 기타 수입은 앞서 말한 소득과 합산돼 총수입으로 집계된다.

지출은 소비 지출과 비소비 지출로 구성돼 있다. 소비 지출이란 생계 유지에 필요한 재화와 용역(서비스)을 구입하기 위한 지출로 식료품, 주거비, 전기·수도·난방, 가구집기·가사용품, 피복 및 신발, 보건·의료, 교육·교양·오락, 교통통신비 및 기타 소비 지출로 나뉘어 조사된다. 비소비지출은 세금, 사회보장 분담금(의료 보험료, 퇴직 기여금), 빌린 돈에 대한 이자 등을 포함하는데, 대체로 조세의 성격을 가지고 있다. 따라서 순수한 소득이라고 할 수 있는 가처분소득을 산정할 때는 소득에서 비소비지출을 제외한 값을 이용한다.

이런 기준에 따라 <표>에서 1998년 1/4분기 도시 근로자가구 가계수지를 살펴보자. 우선 가계 지출의 감소율이 소득 감소율보다 높게 나타났다. 이 같은 결과가 빚어진 것은 1997년 말부터 닥친 극심한 경기 침체로 인해 가계 소득이 줄고 이에 따라 소비 심리가 크게 위축되었기 때문이다. 소득 감소에 따른 소비 지출 감소 효과가 가장 큰 부문은 교양 오락비, 외식비, 피복 신발비 등인 것으로 나타났다. 한편 소비 지출의 감소율이 가처분소득의 감소율을 웃돌아서 평균 소비 성향도 1997년 1/4분기에 비해 3.9%가 감소했다.

이렇게 도시 가계수지 조사는 일상 경제 생활에 대해 구체적이고 현실적인 정보를 주고 있다. 하지만 지금까지는 실제 경제 분석에는 그다지 이용되지 않았다. 경제 동향 분석이 주로 국민 경제 차원의 거시 변수 분석에 치중돼 있기 때문이다. 물론 가계수지의 자료 수집과 정리가 복잡해서 발표 시기가 항상 늦는 것도 이유로 지적된다.

도시 근로자 가계수지			
기 간 구 분	97년 1/4분기 금 액(천 원)	98년 1/4분기 금 액(천 원)	전년동기대비증감률(%)
소 득	2,297.1	2,232.3	-2.8
경 상 소 득	2,126.3	2,090.4	-1.7
근 로 소 득	1,922.6	1,921.5	-0.1
기 타 소 득	203.6	168.9	-17.1
사업 및 부업	77.8	75.2	-3.4
재 산	51.9	43.4	-16.3
이 전	74.0	50.3	-32.0
비경상 소득	170.8	141.9	-16.9
가 계 지 출	1,704.9	1,583.9	-7.1
소 비 지 출	1,484.9	1,354.1	-8.8
식 료 품	395.4	328.3	-17.0
(외 식 비)	149.2	113.0	-24.3
주 거 비	44.0	45.7	3.9
광 열 수 도	86.8	104.4	20.3
가 구 가 사	57.7	47.4	-17.9
피 복 신 발	97.3	74.1	-23.9
보 건 의 료	65.0	55.0	-15.4
교 육 비	188.3	177.0	-6.0
교 양 오 락	75.9	54.2	-28.7
교 통 통 신	173.9	177.9	2.3
(개인교통비)	96.6	94.8	-1.9
기타소비지출	300.5	290.1	-3.5
(잡 비)	233.3	228.0	-2.3
비소비 지출	220.0	229.8	4.4
가처분소득	2,077.0	2,002.5	-3.6
흑 자 액	592.2	648.4	9.5
흑 자 율	28.5	32.4	3.9
평균 소비성향	71.5	67.6	-3.9

경제 활동이 지방화되고 개성화됨에 따라 미시적인 소비 행태에 대한 분석이 중요시되는 만큼 가계수지에 대한 관심도 커질 것이다.

2
정부 재정

10 정부 예산

정부의 예산 편성은 원칙적으로 1년에 한 번 행해진다. 법률상 우리 나라의 회계연도는 1월 1일에서 12월 31일까지이고 정부는 회계년도 개시 90일 전까지 예산안을 국회에 제출해야 한다. 정부가 제출한 예산안은 회계연도 개시 30일 전까지 국회의 의결로 확정된다. 특별한 사정으로 인해 법정 기일 내에 예산안이 확정되지 못하면 잠정예산을 사용해 필요한 경비만 전년도 지출 범위에서 쓰게 된다.

정부의 활동이 다양하기 때문에 예산도 몇 가지 회계로 나누어진다. 먼저 정부의 기본적인 회계에 해당하는 일반회계가 있는데, 여기에서는 통상적인 세입과 세출을 경리한다. 그리고 특정 사업이나 목적을 위한 특별회계가 있다. 이 가운데 기업 특별회계는 양곡관리, 철도사업, 통신사업, 조달 특별회계로 구분되는데 성격상 민간 기업의 운영과 유사하다. 그리고 기타 특별회계에서 가장 중요한 위치를 차지하는 재정투융자 특별회계가 있다.

재정투융자란 정부가 산하 단체에 출자하는 것과 대형 국책 사업 또는 농어업 부문에 재정자금을 융자해 주는 것을 말한다. 예컨대 정부가 한국전력공사의 주식을 보유하거나 농어민에 대해 저리로 융자해 주는 것이다. 우리가 재정이라고 말할 경우 일반회계와 재정투융자 특별회계만을 의미하는데, 이는 해당 부문이 정부의 소비적·자본적·금융적 지출에 해당하기 때문이다.

예산 관련 기사를 읽을 때 유의해야 할 것이 있다. 첫째, 예산 총액의 신장이 어떠한지를 살펴보아야 한다. 아래 <표>를 살펴보면 1997년 정부의 재정규모는 76조 4,000억 원으로 1996년의 63조 원에 비해 21.3%나 확대됐다. 1997년 경상 경제 성장률이 11%대라는 점을 감안하면 정부 지출 증가율이 국가 전체 경제 성장률보다 크다. 이는 정부 부문이 팽창하고 있음을 의미한다.

둘째, 정부의 중점 사업이 무엇인지 눈여겨 보아야 한다. 1996년이나 1997년의 세출 구조를 보면 경직성 경비 비중이 더 큰 것을 알 수 있다. 이는 우리 나라의 군사비나 공무원들의 인건비 같은 고정 지출 부담이 매우 크다는 것을 나타낸다.

또한 사업비 역시 매년 증가하고 있음을 볼 수 있다. 1997년에는 1996년의 29조 7,000억 원보다 5조 9,000억 원이 증가한 35조 6,000억 원이 됐다. 이는 도로 건설 등 사회간접자본 지출이 확대되고 있기 때문이다. 이는 아직까지 우리 경제가 개발 단계에 있음을 보여주는

세입·세출의 구성
(단위:조 원)

세입 항목	1996년	1997년	세출 항목	1996년	1997년
재정 규모	63.0	76.4	재정 규모	63.0	77.9
① 일반회계	58.0	66.0			
·국세	56.1	60.9	경직성 경비	33.3	42.3
·세외수입	1.9	5.0			
② 재특회계	5.0	10.4	사 업 비	29.7	35.6

자료: 재정경제부

것이다. 또한 국내 재정에서 차지하는 교부금의 비중도 상당히 높아 지방 재정이 빈약함을 알 수 있다. 세 번째는 세입의 구성이다. 세입은 정부가 나라 살림을 위해 마련하는 모든 수입을 의미한다. 정부 세입의 85% 이상이 조세 수입이고 나머지는 철도, 통신사업 등 정부 기업을 운영해 얻는 수익, 입장료, 각종 수수료 등이다. 1997년 세입을 살펴보면 국세의 경우 1996년의 56조 1,000억 원에서 1997년에는 60조 9,000억 원으로 전년 대비 8.6%가 증가해 국민의 조세 부담이 확대되고 있음을 알 수 있다.

마지막으로 예산이 흑자인지 적자인지를 눈여겨보아야 한다. 예산 편성시 세입과 세출이 균형을 이루도록 하는 것이 정부의 기본 입장이다. 하지만 연구 결과에 따르면 일반회계, 각종 특별회계와 기금을 감안한 통합 재정수지가 경기에 영향을 준다고 한다. 즉 통합재정이 흑자이면 경기 진정 효과가 일어나고 그 반대이면 경기를 부추기게 된다. 통합재정수지는 지난 1996년과 1997년 모두 적자를 기록했다. 이는 정부가 재정 지출 확대를 통해 경기를 자극하려 한 것으로 해석할 수 있다.

그러나 정부가 정기국회에 제출하는 예산을 정부 살림의 전부로 보아서는 안 된다. 통상 세입이 세출보다 예상 외로 많거나 홍수와 같은 자연 재해가 발생할 경우에는 으레 추가경정예산을 편성해 국회에 제출하게 되기 때문이다.

재정 관련 지표

	96년 예산	97년 예산	증가율
재정 규모	63.0조원	76.4조원	(14.9%)
통합재정수지	−0.9조원	−1.5조원	

11 조세 부담률

어느 나라나 선거 때만 되면 유권자는 즐겁다. 유권자들의 호주머니를 터는 조세를 더 인상해야 한다는 정치인보다는 오히려 세금을 내리는 데 앞장서겠다는 정치인이 더 많기 때문이다. 그러나 국민들의 소득 수준이 높아짐에 따라 사회복지를 비롯한 삶의 질에 대한 관심이 늘어나게 마련이다. 한편으로는 조세 부담을 낮추려 하고, 다른 한편으로는 조세 부담을 늘릴 공공재에 대한 수요가 증가하는 것이다. 양자에 대한 논란은 결국 조세 부담률 또는 담세율이 과연 적정한가로 집약되게 마련이다.

국민들이 얼마만큼의 세금을 내는가는 조세 부담율이란 지표로 파악된다. 이는 조세 수입이 국민총생산(GNP)에서 차지하는 비중으로 산출된다. 우리 나라의 경우 지난 1994년에 조세 부담률이 처음으로 20%를 넘어선 이래 지속적으로 증가하고 있다. 1994년의 조세 부담률이 급증한 이유는 경기 활황에다 교통세·농어촌특별세 등 새로운 세목(稅目)이 신설돼 국세와 지방세 모두 크게 증가했기 때문이다. 이에 따라 총조세 부담액은 60조 4,929억 원을 기록하였으며 1인당 평균 조세 부담액은 136만 1,000원에 달했다.

각국의 조세 부담률은 그 나라가 처한 환경에 따라 다르다. 정부의 역할이나 국민의 절대 소득 수준에 따라 천차만별이다. 대체로 모든 것을 자유 시장 기능에 맡기려는 '작은 정부 지향형' 국가일수록 담세율이 낮고, 반대로 개인의 복지 수준을 정부 차원에서 많이 떠안아야 한다는 '복지 지향형' 국가일수록 그 반대이다. 미국이나 일본의 담세율은 각각 20.5%, 19.6%인데 이들 국가는 작은 정부 지향형이며, 영국, 프랑스, 이탈리아, 독일 등 유럽의 복지 지향형 국가들의 조세 부담률은 30~40%로서 이보다 훨씬 높다.

정부는 각종 사회복지제도 마련과 사회간접자본의 확충을 위해 앞으로도 정부의 지출을 계속 늘려 갈 계획이다. 정부 지출 규모가 높아질수록 납세자의 부담도 늘어날 수밖에 없다. 그러나 정부 지출은 민간 지출에 비해 상대적으로 경제적 효율성이 떨어진다. 왜냐하면 정부 지출은 그 성격상 공공성이 강하기 때문이다. 따라서 어느 정도로 조세를 부담(즉, 정부 지출의 규모)하는 것이 국가 경제와 국민들을 위해 가장 좋은지를 판단해야 하는 문제가 발생한다.

이러한 조세 부담률의 적정 수준에 대해서는 경제학자들 사이에서도 의견이 분분하다. 사회후생이론에서는 조세 부담이 커질수록 사회적 한계수익은 하락하고 한계비용은 증가하므로 이들이 같아지는 수준을 적정 조세 부담률이라 한다. 그러나 현실적으로 이들 한계수익과 한계비용을 측정하는 것은 불가능하다. 한편 공공선택이론에서는 조세 부담률이 유권자, 정치인 및 관료간의 상호작용에 의해 선택된다고 주장한다. 즉, 이론보다는 이해 당사자간의 합의에 의해 결정되는 담세 수준을 적정 조세 부담률이라고 한다. 이는 사회후생이론보다 현실적이기는 하지만 여전히 승복하지 않는 납세자를 남기게 되는 차선의 방안이다.

이러한 복잡한 논리 다툼을 무시하더라도 우리 나라에서 조세 부담률이란 지표는 단순히 국민총생산 중에서 조세 수입이 차지하는 비중이라는 정도로 인식되고 있다. 조세 부담률 지표를 정확히 이해

조세 부담률의 국제 비교

(단위: %)

국가 1인당 GNP	한국	미국	영국	독일	프랑스	일본
6,000~7,000 달러	19.4 (1992)	21.4 (1992)	28.5 (1979)	23.7 (1975)	22.7 (1976)	16.9 (1978)
12,000~13,000 달러	22~23 (1997)	20.8 (1980)	33.1 (1987)	23.6 (1986)	25.2 (1986)	19.4 (1985)

주 : 조세 부담률 = 조세 수입/국민총생산(GNP)

하려면 몇 가지 주의가 요망된다.

첫째, 조세 부담률이 증가하면 자연스럽게 사회복지 수준이 높아진다는 것은 정부의 예산 집행이 매우 효율적이라는 것을 전제로 한다. 둘째, 조세 총액뿐만 아니라 조세 구조도 중요한 문제이다. 즉, 국민 납세자들 사이의 조세 분담이 소득 수준에 걸맞게 형평성을 갖추고 있는지 살펴보아야 한다. 끝으로 조세 부담률 수준과 분담 형평성이 장차 경제 성장을 유지하는 데 얼마만큼 도움을 주는지도 감안돼야 한다. 예컨대, 고소득자에게 세금을 지나치게 많이 매기거나, 반대로 세금을 전혀 부담하지 않는 계층이 지나치게 늘면 국민 경제 활동이 위축될 수도 있다.

적정 조세 부담률을 논의함에 앞서 우리는 정부가 지향해야 할 역할을 명확히 해야 할 필요가 있다. 일본과 같이 20% 내외의 조세 부담률을 유지하면서 민간이 사회 복지를 담당하게 할 것인지, 유럽의 국가처럼 국가가 복지를 담당하면서 현재보다 5~10% 정도로 조세 부담률을 더 높일 것인지에 대한 입장 정리가 필요하다. 이러한 선택이 선행되지 않으면 조세 부담과 사회복지 부담이 동시에 커질 수 있다.

12 세입 진도율

정부의 재정 행위는 예상 수입을 먼저 상정하고 그 수준에 걸맞게 지출 규모를 설정함으로써 이루어진다. 따라서 계획된 지출 행위가 제대로 이행되는지의 여부는 대체로 수입이 얼마만큼 확보되느냐에 달려 있다. 이 때문에 정부는 재정 지출에 착오가 발생하지 않도록 이를 미리 점검할 필요가 있다. 이 때 활용할 수 있는 지표가 바로 세입 진도율이다.

세입 진도율은 연초부터 어느 특정 시점까지 거두어 들인 세입 실적이 당해 연도 예산에서 차지하는 비율로 계산된다.

세입은 크게 조세 수입, 세외 수입, 자본 수입 및 기타 수입으로 분류된다. 조세 수입은 국민들로부터 거두어 들인 세금을 말하며, 세외 수입은 수수료, 입장료, 벌과금 등을 통해 얻은 수입이다. 통상 조세 수입과 세외 수입을 합해 경상 수입이라 한다.

자본 수입은 정부 소유의 토지나 건물 등을 팔았을 때 얻는 수입이며, 기타 수입은 국제 기구의 원조나 중앙정부로부터의 교부금 등을 나타낸다. 세입 가운데 가장 큰 비중을 차지하고 있는 것은 경상 수입, 특히 조세 수입인데 이는 경기 활동과 밀접히 관련되어 있다. 그런데 경기는 사전에 정확히 예측하기가 어렵기 때문에 재정 행위가 차질을 빚을 가능성을 늘 안고 있다.

예를 들어 1997년 상반기 세입 진도율은 43.8%였다. 1997년 일반회계 예산 67조 6,000억 원을 감안하면 29조 6,000억 원이 걷힌 셈이다. 통상 상반기중 세입 진도율이 48% 수준인 것을 감안하면 이는 매우 부진한 실적이다. 재정경제원에 따르면 조세 수입과 각종 벌금

세입 진도율* 추이

연도	내용\구분	상반기(6월25일까지)	하반기
1995	세입실적(A)	25.9조 원	27.0조 원
	일반회계예산(B)	52.9조 원	
	세입진도율(A/B)	49%	51%
1996	세입실적(A)	28.9조 원	31.3조 원
	일반회계예산(B)	60.2조 원	
	세입진도율(A/B)	48%	52%
1997	세입실적(A)	29.6조 원	32.2조 원(추정)
	일반회계예산(B)	67.6조 원	
	세입진도율(A/B)	43.8%	48%(추정)

자료 : 재정경제원, 조선일보(97.6.29.)

* 세입 진도율(%) = (세입 실적/일반회계 예산)×100

등 세외 수입을 합친 일반회계 재정수입이 하반기에는 32조 2,000억 원이 걷힐 것으로 예상됐다. 이에 따라 1조 9,000억 원의 국고 여유 자금을 합쳐도 하반기에 써야 할 세출액 38조 2,000억 원(이미 조치된 1조 6,000억 원의 세출 절감 감안시)에 4조 1,000억 원이나 모자라게 된다.

이처럼 세입 실적이 부진했던 이유는 무엇보다 경기 침체에 원인이 있다. 당초 예산 편성시 1997년 경상 경제 성장률을 11.3%로 예상하고 상반기까지는 경기가 하향 안정세를 유지하다가 하반기 이후 회복될 것으로 전망했다. 그런데, 경상경제 성장률은 당초 예상을 밑돌았고 하강 국면은 하반기에도 지속됐다.

특히 특별소비세와 같이 경기 변동에 민감한 세수가 부진했다. 또한 기업의 영업 실적이 악화돼 법인세, 소득세 수입도 부진했다. 세계시장에서 경쟁이 격화되면서 수출 품목의 가격 하락으로 교역 조건이 악화되고 재고가 늘어남에 따라, 매출액이나 생산이 증가했더라도 영업이익은 대폭 감소했기 때문이다.

앞으로 민주화, 지방화 추세에 따라 삶의 질 제고를 위한 복지 및 환경 관련 재정수요는 더욱 늘어날 것으로 보인다. 이에 비해 경제는 과거의 고성장 시대를 마감하고 IMF 사태로 인해 마이너스 성장 시대로 진입함에 따라 만성적인 세입 부족 현상이 예상된다. 따라서 세출의 효율성 제고를 위한 예산회계 제도의 근본적인 개혁이 필요해졌다. 불필요한 재정 지출을 과감히 없애고 재정 지출의 효율성을 높여 국가 경제의 성장에 기여하는 바가 커져야 한다. 아울러 정확한 세수 추계를 위한 노력도 병행돼야 하겠다.

13 직접세와 간접세

우리 나라 국민들의 담세율이 21.5%를 넘어서 선진국 수준에 육박하고 있다. 담세율은 국민총생산에서 정부가 걷는 조세가 차지하는 비중이다. 개개인의 가처분소득을 최종적으로 결정하는 세금 부담이 커지면서 이에 대한 관심이 높아지고 있다. 특히 봉급 생활자들은 자신의 소득이 마치 유리 지갑 속에 있는 것 같다고 세금에 대한 불만을 우회적으로 드러내고 있다.

사실 세금은 정부가 생산하는 국방이나 치안과 같은 공공재 공급을 통해 납세자에게 되돌아 간다. 공공재는 누구나 똑같이 수혜를 받지만 이를 생산하는 데 필요한 재원인 세금을 누가 그리고 어떤 형태로 부담할 것이냐는 국가가 생긴 이래 오랫동안 누적돼 온 관심사이다.

그러나 개개인이 정말 지불능력에 맞게 세금을 내는지를 파악하기는 어렵다. 납세자가 직접 느끼는 직접세와는 달리 간접세는 당사자가 일일이 파악하기 어려운 만큼 소비하는 곳곳에 묻혀있기 때문에 쉽사리 알 수 없다. 하지만 세금을 거두어 가는 정부의 입장에서는 조세 저항이 덜한 간접세를 더 선호할 수 있다.

이처럼 국민들이 부담하는 세금에는 크게 두 가지가 있다. 납세자의 경제적 능력에 따라 차별적으로 부과되며 납세 의무자가 최종적으로 세를 부담하는 자와 일치하는 경우의 세를 직접세라 한다. 여기에는 소득세, 법인세, 토지 초과이득세, 상속세, 재평가세, 부당 이득세 등의 세목이 있다. 반대로 경제 활동을 대상으로 부과해 납세 의무자와 최종적으로 세를 부담하는 자가 일치하지 않는 세금을 간접

직·간접세 비중의 국제 비교 (단위: %)

구분	미국	일본	독일	한국	프랑스
직접세	91.7	73.7	50.1	43.7	40.0
간접세	8.3	26.3	49.9	56.3	60.0

자료: 재무부,「주요국의 조세 관련 통계」, 1993.

주: 1993년 기준, 단 한국은 97년 국세 기준임

세라 한다. 여기에는 부가가치세, 특별소비세, 주세, 전화세, 인지세, 증권거래세 등의 세목이 있다. 예를 들어 부가가치세는 납세 의무자가 제조업자로 돼 있지만 실제로 제조업자가 내는 세금은 고스란히 물건을 사는 소비자에게 전가된다. 직접세와 간접세의 이러한 차이점 때문에 간접세의 비중이 클수록 조세 부담을 공평하게 하는 것은 힘들어진다.

<표>는 주요 국가별 직·간접세간의 비중을 보여주고 있다. '비중'은 총조세 수입에서 직·간접세가 차지하는 비중이다. 미국의 직접세 비중은 무려 90%를 넘고 있으며, 일본도 70%를 웃돌고 있다. 독일에서는 통일 비용의 원활한 조달을 위해 간접세 비중을 증가시켜 직·간접세 비중이 거의 비슷해졌다. 프랑스만이 우리보다 간접세 비중이 높다.

우리 나라는 부가가치세가 도입된 1977년 이전까지는 직접세의 비중이 훨씬 높았다. 이후 간접세의 비중이 커져 1980년에는 67.1%에 달하기도 했다. 이후 양자의 차이는 좁혀져 1990년대 들어 국세에서 직접세가 차지하는 비중은 43~47% 수준을 유지하고 있다.

직·간접세의 비중을 통해 그 나라 조세 부담의 공평성 정도를 파악할 수는 있다. 그렇다고 직접세 비중을 높이는 것이 반드시 공평성을 향상시키는 것은 아니다. 예를 들어 공평성을 향상시키려는 목적으로 직접세의 대부분을 차지하고 있는 소득세율을 높인다면, 고소득자들의 조세 저항이 발생하거나 소득 증대에 대한 동기가 희소될 수 있다.

그럴 경우 국민 경제의 규모를 키우는 데 역효과가 날 수 있다. 반대로 간접세 비중을 높일 경우 담세능력에 걸맞게 소비지출을 유도하는 효과는 있다. 하지만 기초 생계비가 조세로 인해 지나치게 부담스러워지면 경제 체제가 유지되기 어렵다. 따라서 직접세와 간접세의 비중을 조화시키려는 것은 모든 민주 국가의 영원한 숙제이다.

우리 나라의 조세저항 강도는 아직 선진국보다 낮다. 하지만 조세부담률의 지속적인 증가 추세로 보아 방심할 일이 아니다. 국민의 조세저항을 줄이고 경제 동기를 유지하기 위해서는 몇 가지 조건이 따른다. 첫째는 모든 소득이 제대로 파악돼야 한다. 세원이 포착되지 않는 소득이 많을수록 직접세 과세는 정당화되기 어렵다. 둘째, 국민 소득 증가에 따라 필수품이 돼 버린 냉장고와 같은 생활용품을 사치품으로 간주해서는 안 된다. 셋째, 조세 행정의 비리가 없어야 하며 정부의 세출구조가 효율적이며 지출도 납세자의 요구에 맞게 이루어져야 한다. 그래야만 조세 부담에 대한 국민들의 인식이 개선될 것이다.

14 공채 의존도

1997년에는 세수 부족액이 3조 5,000억 원 정도나 됐다. 정부 예산이란 원래 세입을 먼저 예상하고 나중에 이를 사용할 세출 용처를 찾는다. 그런데 경제 성장률이 당초 예상보다 낮으면 정해진 조세 부담률 아래서는 세입이 줄어들 수밖에 없다. 그렇다고 빡빡하게 짜여진 세출을 줄이기는 어려운 일이다. 그러므로 자연히 세수부족액이 발생하게 된다. 이 같은 일이 발생하면 정부는 보유 자산을 매각해서 자금을 마련하거나 불요불급(不要不急)한 세출을 축소하거나 뒤로 미룬다. 그래도 어려우면 통화를 발행하거나 국채를 발행해서 메워야 한다. 통화창출은 물가를 상승시키는 효과가 있기 때문에 선진국일수록 국채를 발행해서 메운다.

정부는 공공재를 생산해 이를 국민에게 공급한다. 민간 부문이 판매 방식에 의해서 자금을 조달하는 것과 달리 정부는 사전에 공공재의 생산비를 세금으로 거두어 들인다. 공공재를 많이 공급하면 국민들의 만족도는 그만큼 높아지겠지만 그럴수록 세금 수요가 늘어나 국민들이 공공재 이외의 다른 재화를 소비할 수 있는 여력을 빼앗아 간다.

'세금으로 모자라는 생산비'(세수 부족)는 우선 국채를 팔아서 메울 수 있지만 국채 상환 역시 세금으로 하는 것이기 때문에 결국은 국민부담으로 작용한다. 따라서 정부 빚은 무한정 늘어날 수 없다.

정부는 해마다 많은 종류의 채권을 발행한다. 문제는 채권을 소화할 수 있는 채권시장의 발달 정도이다. 채권은 장기성 자금이어서 장기성 저축재원이 많은 선진국일수록 채권시장이 잘 발달돼 있다. 후진국으로 갈수록 이를 무난하게 소화할 시장이 형성돼 있지 않아 은행에게 강제로 소화시키는 게 상례인데 이는 통화를 발행하는 것과 유사한 효과를 가져온다. 이외에 민간이 아파트분양을 신청할 때나 전화를 신규로 가설할 때에 의무적으로 강매하기도 한다. 그러니 국채를 발행할 수 있는 여력은 선진국에 비해 빈약하다.

공채 의존도란 특정 해의 일반회계 예산이 국채 수입에 얼마나 의존하고 있는가를 나타내는 지표이다. 이는 일반회계 세출 대비 국채 발행액의 비율로 계산되며 공채의 적정한 발행 수준을 가늠하는 지표로 활용되기도 한다. <표>에서 보면 우리 나라의 공채 의존도는 1995년의 경우에 17%인데, 1993년 이후로 점차 낮아지는 추세를 보

주요국의 공채 의존도 비교

구 분	한국	미국	일본	영국	프랑스	독일
1993	27.8	18.1	21.5	24.9	19.5	14.8
1994	21.8	13.9	22.4	17.9	17.8	10.7
1995	17.0	10.8	28.2	-	20.2	10.4

자료: 한국조세연구원, 『재정포럼』, 1996. 9.

주: 공채 의존도=(국채 발행액/일반회계 세출)×100

이고 있다. 이를 외국의 경우와 비교해 보면 일본, 프랑스보다는 낮은 수준이고, 미국과 독일보다는 높은 수준이다. 이 지표는 그 회계 연도의 재정수지가 적자일 경우에는 계산되지 않아 외국의 경우에는 재정통계표상의 공채 의존도 항목이 비어 있는 연도가 가끔 있다.

공채 의존도 지표를 살펴보기에 앞서 주의할 사항이 몇 가지 있다. 첫째, 특정 해의 공채 의존도만으로 그 나라의 전반적인 국채의존 수준을 파악하기 어렵다. 예를 들어 30~40년 동안의 자료를 놓고 보면 공채 의존도는 경기 순환처럼 일정한 사이클을 가지고 있음을 알 수 있다. 예산 편성 방식이나 국채 발행 형식에 영향을 받기 때문이다. 우리 나라의 경우 공채 의존도가 가장 낮았던 1974년에는 불과 0.5%이고 가장 높았던 1990년에는 35.2%에 달하는데, 이 기간에 대략 2회 정도의 사이클이 존재했던 것으로 파악된다. 이는 다른 나라의 경우에도 나타난다. 외국은 보통 우리 나라보다 주기가 길다.

둘째, 지표의 유용성 문제이다. 이 지표는 해당 연도의 일반회계에서 차지하는 그 해의 국채 발행액의 비중이다. 그런데 대개의 국채는 상환기간이 길고, 반드시 당해 연도의 예산에만 집행된다고 볼 수 없으며, 특히 우리 나라는 공채의 상당 부분이 일반회계가 아닌 특별회계로 편성되는 경우가 많다. 따라서 특정 해의 지표가 갖는 의미는 매우 제한돼 있다.

그러나 이러한 문제점에도 불구하고 공채 의존도가 정부 재정의 건실성을 나타내는 척도라는 데는 의심의 여지가 없다. 공채 의존도가 너무 높으면 그 나라는 부채에 너무 많이 의지하고 있는 셈이며, 결국 불건전한 재정 상태가 될 수밖에 없다. 공채 의존도가 너무 낮아도 문제가 될 수 있다. 정부가 국채를 발행하지 않는다는 것은 그만큼 재정정책을 소홀히 한다는 의미이다. 이는 소극적인 정부 기능의 수행이라고 할 수 있기 때문이다. 게다가 국채는 민간 부문에 중요한 재산형성 수단이라는 부수적인 의미도 있기 때문이다.

15 지하경제

　1996년 8월 20일에 한국조세연구원은 우리 나라의 지하경제 규모가 31조 2,652억 원에 달해 경상 GNP의 8.9%에 해당된다고 발표했다. 지하경제란 가시적으로 드러나는 것이 아닌 만큼 그 개념은 명확하지 않다. 예컨대, 제트리 니콜라스는 정부 당국에 보고 또는 기록되지 않은 일체의 경제 행위를 일컬었다. 탄지는 보고하지 않거나 과소 보고하는 등의 불성실함 때문에 정부의 공식 통계에는 반영되지 않은 국민총생산을 지칭한다고 정의했다. 지하경제가 존재한다는 것은 정부의 조세권이 미치지 못하는 영역이 있다는 것을 의미한다. 지하경제가 커지면 커질수록 그만큼 정부의 경제 정책이 먹혀들지 않는 영역이 늘어나고 공공부문 지출을 위한 재원 염출이 위축된다.

　지하경제는 왜 만들어지는가. 첫째는 범죄 행위를 은닉하기 위해서다. 마약, 매춘, 밀무역, 불법 무기거래, 불법 송금 등은 그 자체만으로도 범죄 행위이며, 그에 수반되는 자금거래는 더욱 더 정부 당국의 눈길을 피해 이루어질 수밖에 없다. 둘째는 성격상 지하경제화될 수밖에 없는 경우다. 예컨대, 대학생들이 버는 과외비, 유흥업소나 음식점 등에서 지불되는 팁 등은 그 성격상 세무 당국에 신고되기를 기대하는 것은 어렵다. 셋째, 처음부터 절세나 탈세를 목적으로 거래

우리 나라의 지하경제 규모

단위: 조 원

추산기관	기준 연도	규모	GNP대비	비고
재정경제원(95.3.)	1993년	99~111	31~41.8%	과외비 4조, 팁 5조, 부가세 탈루 12조 포함
한국조세연구원(95. 8.)	1994년	26	8.8%	
한국조세연구원(96. 8.)	1995년	31	8.9%	

가 이루어지기 때문이다. 성실하게 신고했을 때 부과될 세금을 회피하기 위해 자료 없이 거래를 하거나, 세금이 적게 부과되는 거래를 한 것처럼 허위로 신고하는 경우를 들 수 있다.

이처럼 지하경제 행위는 어느 경우이든 정부의 공식 통계에 집계되지 않는다. 그러면 도대체 그 규모를 어떻게 추정할 수 있을까. 가장 보편적으로 활용되는 방식은 탄지가 고안한 것인데 '탈세와 현금통화 간의 관계'를 분석해 지하경제 규모를 추정한다. 즉, 높은 세금 때문에 지하경제가 생겨나고 그 규모가 커질수록 현금 통화량이 커지게 된다는 데에서 착안했다.

둘째는 지출 규모와 소득 규모의 차이를 지하경제 규모의 추정치로 간주하는 방식이다. 일반적으로 소득은 가급적 숨기지만 소비는 드러난다는 속성에서 착안한 것이다. 셋째로 국민소득 계정에 나타나는 소득 및 지출을 과세 자료에 나타나는 소득 및 지출 금액과 비교함으로써 지하경제의 규모를 추정할 수 있다. 일반적으로 이 방법을 통해 추정된 지하경제의 규모가 지하경제 규모의 하한선으로 받아들여지고 있다.

그 어떤 방법을 원용하더라도 우리 나라의 지하경제 규모는 좀처럼 줄어들지 않는 것으로 나타났다. 조세연구원 자료를 보더라도 1994년에 26조 원이던 지하경제 규모는 1995년에 31조 원으로 늘어났는데 이는 1년 사이에 국민총생산이 증가하는 것 이상으로 지하경제 규모가 확대되고 있음을 나타내주고 있다.

지하경제가 확대되면 어떠한 폐해가 있을까. 첫째, 탈세로 돈을 번 사람들이 건전한 소비행태를 유지하기는 힘들 것이며 탈세 소득자의 유흥성 소비는 우리 사회에 올바른 소비문화가 정착하는 데 걸림돌이 될 것이다. 둘째, 성실하게 세금을 내는 국민들의 근로 의욕을 상실케 할 것이다. 셋째, 조세정책의 시행에 비협조적인 계층을 양산할 우려가 있다. 절세, 탈세할 수 있는 방향으로 자원 분배가 왜곡되며 음성 소득의 증가로 사회 비리를 조장할 수 있다.

지하경제는 줄일 수 있는가. 범죄 행위에 수반되는 거래를 줄이는 것이 첩경이지만 이는 쉽지 않다. 그러나 정부 정책의 불합리성에 대한 민간의 대응에서도 비롯되는 것이 있다면 이는 해소돼야 한다. 예컨대 부가가치 세제상의 과세특례 제도가 그 대표적인 경우로 1993년 기준으로 연간 매출액이 3,600만 원 이하이면 과세특례자가 된다. 이를 악용해 과세특례자가 될 수 없는 업소가 과세특례자의 이름으로 매출전표를 발행하고 약간의 수수료를 명의상의 매출인(과세특례자)에게 지불하는 것과 같은 탈세 행위가 실제 이루어지고 있다. 부가가치세 특례제도는 소비자가 상품을 사면서 납부한 10%의 부가가치세가 국가에 귀속되지 않고 과세특례자의 소득이 되는 비정상적인 상황을 빚고 있는 것이다.

납세제도를 간소화하고 특례 제도를 축소 또는 폐지하는 것은 세무행정의 효율성을 높여주며 동시에 지하경제의 온상을 줄이는 방안이 될 수 있다. 아주 적은 금액이라도 모든 소득자가 공평하게 세금을 내도록 유도해야 한다. 번 만큼 세금을 내겠다는 성숙한 국민의식의 정착이야말로 지하경제를 줄이는 지름길이다.

16 준조세

우리 생활 속에서 세금이라는 단어는 가끔 '어쩔 수 없이 내야 하는 돈'으로 인식되기도 한다. 게다가 세금과 아무 관련이 없는 순수한 공공요금도 '세금'의 반열에 끼이기도 한다. 예컨대 수도 요금을 수도세라고 하고 전기 요금을 전기세라고 한다. 사실 정부나 또는 이에 준하는 공공단체는 공공재나 공공 서비스를 국민에게 제공하고 그 대가로 세금을 걷는 것이다. 하지만 세금에 대한 국민의식은 어느 나라나 유사한 것이어서, 늘 국민의 대표가 세금의 종류와 그 규모에 대해서 심의하고 감독하는 기능을 가져왔다. 그런데 문제는 '수도세'와도 성격이 다르고 국민의 대표기관인 국회의 심의 대상이 아니면서도 (특히 기업이) 부담해야 하는 세금 아닌 세금이 있다. 이를 준조세라 한다.

국민과 기업이 조세 외에 부담해야 하는 금전지급 의무의 종류에는 크게 12가지 정도가 있는데, 이들은 부담금, 분담금, 부과금, 예치금, 이행강제금 등의 형태로 돼 있다. 알게 모르게 많이 부담하는 준조세로 불우이웃돕기와 같은 성금이 있다. 한편 기업에는 기부금이나 또는 부담금이라는 명목으로 부과되고 있다. 이 같은 준조세는 행정관서에서 볼 때 일반 세금에 비해 징수 과정에서 조세저항을 덜 받고, 또 운영이 용이하다는 행정편의적인 이점 때문에 많이 이용되고 있다. 문제는 기업이 부담하는 준조세의 규모와 종류가 너무 많아 기업 경영에 심각한 타격을 준다는 점이다.

하지만 아직 준조세는 법률적으로나 경제학적으로 정의돼 있지 않은 모호한 개념이다. 개념 자체가 모호하다 보니 지표 설정이 어렵기 때문에 조사 기관마다 준조세의 종류와 규모가 상이하다. 게다가 불명확한 정의로 인해 지표 자체의 정확성을 기하기 어렵게 만든다는 문제점이 있다.

중소기업의 준조세 부담 현황

평균 부담액		6,178만 원
주요 경영 지표에 대한 비중(%)	평균 매출액	0.77
	평균 당기순이익	21.9
	평균 세금 납부액	19.6
	평균 연구개발비	64.1

자료: 중소기업청(1996)
주: 1995년 기준임

행정부의 각 부처와 지방자치단체가 부과하는 부담금은 전경련의 조사에 의하면 무려 51 종류나 된다. 그 중에서 정부부담금만 연간 무려 4조 9,324억 원에 이르고 있다. 국세청 자료에 따르면 지난 1995년 기업들이 낸 기부금은 2조 7,044억 원으로 1994년에 비해 34.3%가 늘어났다. 행사후원금이나 기부금같은 비법정 준조세 말고도 정부가 법으로 정해 부과하는 분담금 등 각종 행정부과금도 급증했기 때문이다. 그리고 지방자치제의 실시 이후에는 지방자치단체들이 인허가를 조건으로 도로 건설을 요구하는 것과 같은 준조세의 부담이 계속해 증가하는 추세에 있다.

기업의 입장에서는 준조세 요구를 거절하기 어려운 경우가 많아 준조세의 부담 정도는 더욱 커지고 있다. 중소기업청이 지난해 말 269개 업체를 대상으로 1년간 지출한 준조세 성격의 비용을 조사한 결과(1995년 기준), 업체당 평균 부담액은 6,178만 원에 이른 것으로 나타났다. <표>에서 보면 우리 나라의 중소기업이 1년에 납부하는 준조세는 총매출액의 0.77%에 불과하지만 당기순이익의 22%, 그리고 연구개발비의 64%에 이르고 있음을 알 수 있다. 이는 1993년의 5,597만 원에 비해 불과 2년새 10.4% 증가한 규모이다. 정부의 기업 준조세 경감 노력에도 불구하고 부담액이 되레 늘어난 것이다.

준조세 부담액의 내용별로는 공과금이 5,847만 원으로 전체의 94.6%를 차지했고, 각종 기부금은 331만 원으로 전체의 5.4%였다. 문민정부 출범 이후 중소기업의 준조세 중 공익기부금 등 각종 기부금은 4% 포인트 감소했으나, 사회복지성 부담금 등 공과금은 11.3% 포인트가 증가한 것이다.

법률에 규정된 세금이 아닌 준조세의 규모가 크다는 것은 결국 조세 행정의 낙후성을 의미한다고 할 수 있다. 행정편의적인 발상 위에서 확대시킨 준조세의 부담은 결국 국민들에게 돌아올 수밖에 없다.

이러한 준조세의 증가는 결국 기업의 경쟁력 약화를 가져온다. 신기술 개발 등 연구개발에 투자해야 할 기업의 이익이 준조세 납부에 쓰이다 보니 기업이 성장할 여력이 줄어들게 된다. 또한 과도한 준조세는 결국 그 부담을 소비자에게 전가할 수밖에 없다. 특히 중소기업의 경우에 문제는 더욱 심각하다. 이러한 준조세의 문제를 개선하기 위해서는 무엇보다도 준조세에 대한 인식의 전환이 우선돼야 한다. 준조세 역시 세금의 일종이며, 과도한 세금은 기업이나 근로자로 하여금 근로 의욕을 감퇴시킬 수 있는 것이다.

이를 위해서는 준조세의 개념과 범위를 명확하게 설정하고 불필요한 기부금이나 부담금은 폐지하고, 동시에 준조세의 징수가 법률적으로 엄격한 심사를 거쳐 실시될 수 있도록 제도를 개선해야 한다. 법률로 규정된 경우를 제외하고는 준조세 징수를 금지하는 방안도 생각해 볼 수 있다.

17 소득표준율

해마다 6월이면 지난 1년 동안 우리 나라에서 가장 소득을 많이 올린 의사, 변호사, 회계사, 연예인, 운동 선수 등에 관한 기사로 화제가 되곤 한다. 직접세와 간접세 비중 지표를 소개할 때 언급한 대로 개인 소득세는 직접세에서 매우 큰 비중을 차지하고 있으며, 소득의 공평성을 제고하는 수단이 되기도 한다. 하지만 대부분의 서민들은 위에서 열거한 자영업자들의 신고 소득을 곧이 곧대로 믿으려 하지 않는 경향이 있다. 이는 무엇보다도 이들의 소득을 봉급 생활자처럼 원천적으로 파악하는 것이 불가능하다는 것에 기인한다.

그렇다면 이들 전문직 종사자들을 비롯해 소규모 기업 경영자, 영세 업종 종사자, 서비스 업종 운영자 등 정확한 소득 추정이 어려운 자영업자들의 소득세는 어떻게 계산해 과세하는가? 이들의 소득세를 징세하기 위해 이용하는 기준지표가 바로 '소득표준율'이다. 소득표준율이란 회계장부를 기장하지 않는 사업자의 과세 소득을 추계할 수 있도록 하는 비율을 의미하는데, 이처럼 소득표준율이 필요한 이유는 다음과 같다.

대규모 기업이나 사업자는 회계장부를 가지고 수입 및 지출을 정리하고 사업체의 재무 상황을 점검하는 것이 일반적이다. 이에 따라서 총수입에서 총지출을 제외하면 해당 사업체의 1년 소득이 계산되고 이에 대한 소득세를 납부하면 된다. 그러나 소규모 기업체나 자영업자의 경우 회계장부가 없거나 부실한 경우가 대부분이어서 징세기관이 정확한 소득세를 부과하기가 불가능해진다. 이러한 불편을 덜기 위해 만든 기준이 소득표준율이다.

소득표준율을 이용해 소득 금액을 계산해보자. <표>에서 광고모델의 1996년 소득표준율은 42.3%이다. 만약 어느 모델이 지난 1년 동안 3억 원의 수입을 올렸다면 3억 원 곱하기 42.3%의 결과인 1억 2,690

주요 소득표준율 인상 및 인하 업종			(%)
구 분		현 행	조 정
소비성 서비스 업종	일본 음식점	17.0	20.2
	예식장	36.3	43.5
일반 대중 이용 업종	고속도로 휴게소	14.3	17.6
	세차장	22.9	25.1
전문직종	합동 변호사	45.6	50.1
	광고모델	38.5	42.3
	종합병원	21.8	22.9
중소기업 고유 업종 및 불황 품목	직물 제품 제조	5.4~9.4	5.1~8.9
	화학공업 제품	10.2~15.2	9.6~14.4
다수인 종사 영세업종	화장품 외판원	40.0	36.0
	놀이방 등 가사 서비스	44.0	30.8
주택 및 소규모 점포 임대 업종	일반 주택 임대	60.0	45.0
	아파트형 공장 임대	50.0	45.0

만 원이 이 모델의 순수 소득으로 간주되며, 각종 공제액을 뺀 나머지 금액에 소득세율을 곱하면 납부해야 할 소득세 금액이 산출된다. 이 소득표준율은 업종별로 실물 경제 지표 및 소득세 신고 상황 등을 기초로 해 국세청장이 해마다 조정하는데 일부 종목에 대해서는 실태 조사를 거쳐 조정하기도 한다.

현재 소득표준율은 모두 998개 종목에 걸쳐 지정되고 있으며, 1996년에 137개 종목이 조정됐다. <표>에서 알 수 있듯이, 84개 종목은 인하하고 46개 종목은 인상, 그리고 7개 종목은 신설 혹은 통합했다. 1996년 종목 조정의 특징은 과세의 형평성을 확대시키는 방향으로 소득표준율이 조정됐다는 것을 들 수 있는데, 고급 음식점, 예식장, 변호사, 의사 등 흔히 고소득자로 알려진 직종은 소득표준율이 상향 조정된 반면에, 중소기업 및 영세 업종은 하향 조정됐다. 고소득 직종일수록 소득표준율은 높아진다는 것이 일반적이다. 1996년 우리나라의 개인 사업자 350만 명 중 과세 대상 사업자는 140만 명이었는데 회계장부의 미비로 소득표준율의 적용을 받는 사업자는 약 100만 명 정도였다.

소득표준율은 정확한 소득 추정이 어려운 개인 사업자들의 소득세 징수를 위해 인위적으로 만들어진 지표이므로 한계가 있을 수밖에 없다. 가장 먼저 들 수 있는 것은 역시 비율 계산의 정확성 문제일 것이다. 경기변동 상태와 소득세 신고의 성실도 등을 근거로 하기 때문이다. 또한 업종간에 표준율을 어떤 기준으로 얼마만큼 차별을 둘 것인지도 문제가 된다. 이러한 기술적인 문제를 해결하기 위해서는 소득표준율 산정방식의 개선 방안을 지속적으로 연구해 나가야 할 것이다.

이것과는 별도로 보다 근본적인 문제점이 있다. 조세부과 목적 중의 하나가 부의 공평한 분배라는 점을 상기할 때, 국민의 대다수인

근로 소득자들이 고소득 자영업자들의 소득신고에 대해 불신감을 가진다는 것은 문제가 아닐 수 없다. 개인 사업자들로 하여금 정확하게 소득을 신고하도록 유도하는 것이 주요한 과제가 되는 것이다.

18 통일 비용

 북한의 어려운 경제 사정 때문에 남북 통일이 앞당겨지는 것이 아닌가 하는 기대가 많다. 하지만 동서독이 통일된 후에 독일 경제의 어려움과 적응과정을 살펴본 사람들은 통일이 얼마나 어려운 과제인가를 실감하게 된다. 완전한 통일이 이루어지기 위해서는 통일 후 정치·경제적 통합뿐만 아니라 사회적 통합이라는 과정을 반드시 거쳐야 한다.
 이처럼 분단국 사이에서 국민 통합의 촉매 역할을 해주는 데 소요되는 비용을 이른바 통일 비용이라고 한다. 즉 통일 이후 남북한간의 경제력 격차를 해소해서 실질적 통합을 이루어내기 위해 필요한 비용이다. 예컨대 도로나 통신 등 국민 경제 생활에 필수적인 경제 기반시설을 남북한이 비교적 동등하게 갖추기 위해서는 통일 초기에 막대한 투자가 필요하다. 좀더 적극적으로 통일 비용을 해석하면 통일후 발생할 수 있는 북한 지역의 마찰적 실업자에 대한 교육훈련비용이나 실업수당 등을 포괄할 수 있다.
 통일 비용의 항목은 몇 가지 기준에 따라 다르게 분류된다. 첫째, 지출 목적에 따라서는 경제적 투자비용 이외에도 통일 후 예상되는 위기관리 비용이나 체제를 전환시키는 데 소요되는 비용 등이 있다. 둘째로 비용을 회수할 수 있느냐 없느냐에 따라 소멸성 비용과 투자성 비용으로 나누어진다. 한편 통일 비용을 부담하는 주체에 따라 정부와 민간 부문으로 나눌 수 있다.
 통일 비용을 추정하는 방식에는 크게 두 가지가 존재한다. 대표적인 것이 하향식인 소득목표 방식이다. 이 방식은 통일 비용을 경제 통합 후 주어진 기간 안에 북한의 소득 수준을 남한 수준으로 끌어 올리기 위해서 지원돼야 하는 투자 지원액으로 규정하고 이를 추정하는 것이다. 다음으로 상향식인 항목누계 방식이 있다. 위기관리 비용, 경제적 투자비용 등 통일 비용을 항목별로 추정한 다음 이를 누계하는 방식이다.

그런데 여러 학자들이 내놓은 통일 비용은 적게는 1,278억 달러에서 1조 7,700억 달러로 커다란 차이를 보이고 있다. 이처럼 통일 비용의 추정치가 크게 차이가 나는 이유는 통일 방식을 가정하는 것이 천차만별이기 때문이다. 예컨대 독일식 순간적 통일 방식과 점진적 통일 방식 중 어떤 것을 가정하느냐에 따라 큰 차이가 난다. 둘째로 소득목표 방식과 항목 누계방식 중 어떤 것을 취하는가에 따라서도 차이가 난다. 또한 소득목표 방식 중에서도 북한의 목표소득 수준을 남한의 어느 정도로 잡는가에 따라서도 크게 차이가 난다.

다소 무리라고 생각되지만 통일 후 북한의 목표소득 수준을 남한과 동일하게 잡으려는 학자도 있다. 통일 비용의 개념에 공공부문의 이전지출뿐만 아니라 민간투자를 포함하는지의 여부에 따라 차이가 나기도 한다.

여기서 우리가 유의해야 할 것은 통일 비용을 총액 개념으로 파악해서는 안된다는 점이다. 통일로 인해서 발생하는 사회·경제적 효과는 비용과 편익으로 구분돼 나타난다. 특히 통일 편익에는 군비와 같은 분단 비용을 절감하고 통일에 따라 시장규모나 가용자원의 확대를 통해 얻게 되는 경제적 이익이 있다. 따라서 통일 비용을 이야기할 때에는 이 같은 통일 편익의 규모를 염두에 두어야 한다. 그래서 통일 비용도 순비용으로 측정할 수 있어야 한다. 그리고 통일 비용을 추정할 때 민간투자를 제외하는 것이 바람직하다. 민간투자는 장기적으로 이익을 염두에 두고 있는 것이기 때문이다.

  통일 비용은 어차피 국민의 세금으로 충당하거나 공공부문의 지출 가운데에서 일정분을 전용해야 한다. 그래서 통일 비용 부담에 소극적인 태도를 드러낼 수 있는 국민들에게 통일 비용을 단순한 소모성 비용이 아니라 민족 발전을 위한 미래 투자로 인식시키는 노력이 필요하다. 동시에 통일 비용을 절감할 수 있는 방안이 있다면 적극 검토해야 한다. 물론 북한이 개혁·개방을 통해 경제를 활성화시키면 시킬수록 남북한 소득격차가 줄어들어 향후 통일 비용이 감소될 것이다. 더욱이 점진적·평화적인 통일일수록 통일 비용 또한 감소될 것이다. 이와 같은 북한경제의 활성화 및 점진적 통일을 위해서는 남북한 경협을 강화하고 민족의 동질성 회복에 노력하며, 그를 통해 남북 관계를 지속적으로 개선해야 한다.

통일 비용 추정치 비교

연구자	통일 시기	추정 비용	통일 비용 개념
KDI (1991)	2000년	2,632억~2,736억 달러 (1990년 불변가격)	재정 부담
신창민 (1992)	2000년	1조 7,700억 달러 (1990년 불변가격)	총투자
이영선 (1993)	2041년	3,880억~8,418억 달러 (1990년 현재가치)	재정 부담 및 민간 투자
김덕영 (1994)		1,278억~2,699억 달러	공공부문의 자금 소요액
박태규 (1997)	1995년	· 초기 5년은 남한지역 GNP의 8.67~11.29% · 후기 5년은 7.47%	재정 부담

자료 : KDI,「남북한 경제관계발전을 위한 기본구상」, 1991; 신창민,『남북한 통일 비용추산과 조달방안』, 한우리연구원, 1992; 이영선,「한반도에서의 경제적 통합의 효과」,『북한의 현실과 통일과제』, 연세대 동서문제연구원, 1992; 김덕영,「남북한 경제통합방안과 비용분석」,『국제문제』, 1994.11; 박태규,「한반도통일에 따른 소요비용의 추계와 재원조달방안」,『한반도 통일시의 경제통합전략』, 한국개발연구원, 1997

3
고용과 임금

19 인구 증가율

인구의 규모와 연령 구성은 경제에 장기적으로 영향을 끼치는 변수의 하나이다. 인구가 증가하는 만큼 국내총생산이 성장하지 않으면 1인당 생산량이나 소득은 줄어들 수밖에 없다. 또한 인구 구성 가운데 일할 수 있는 연령 계층이 늘면 늘수록 생산 잠재력도 늘어난다. 반대로 노년 계층이 확대되면 경제활동 인구가 감소해 성장잠재력이 줄어든다.

이처럼 인구는 한 나라의 국가경쟁력을 가늠하는 중요한 요소이다. 사실 기술, 자본, 정부 부문 등 국가경쟁력을 결정하는 요소들은 자본주의 발전단계나 경영환경 변화에 따라 그 중요도가 조금씩 변화된다. 하지만 인류가 경제 생활을 시작하면서부터 지금까지 변하지 않은 요소가 하나 있는데 그것이 바로 인구이다. 농경시대에는 국가 행복의 크기는 인구 규모에 비례했다. 그후 한때 맬서스처럼 인구 증가율이 농작물 증산율보다 높지 않을까 우려한 적이 있었다. 요즈음은 인구 증가율이 크게 감소하고 물질 부족에 대한 우려가 사라지면서 오히려 21세기에는 사람이나 인재를 귀중히 여기는 시대로 바뀔 것 같다.

인구는 단순히 전체 크기뿐만 아니라 인구의 구성 형태도 의미를 가진다. 첫째, 전체 인구 중에서 경제활동 인구가 차지하는 비중이 클수록 보다 왕성한 생산 활동이 이루어질 수 있다. 경제활동 인구는 실제로 생산 활동에 종사할 수 있는 15세 이상의 노동력을 의미한다.

둘째, 경제활동 인구와 비경제활동 인구의 비율인 인구 부양비가 낮을수록 경제는 활기를 띤다. 우리 나라의 경우 장차 경제활동 인구가 될 유년 부양비는 계속 낮아지는 반면에, 이미 경제활동 인구에서 벗어난 노년부양비는 지속적으로 증가하는 추세이다. 이는 우리 나라의 인구구조가 점차 선진국형으로 옮겨감을 뜻한다. UN이 규정하고 있는 '노령화 사회'(65세 이상 인구비중 7%)는 2,000년 경에 도달할 것으로 전망된다.

인구 증가율을 구하기 위한 가장 쉬운 계산 방식은 출생률에서 사망률을 빼는 방법이다. 이 방식을 '자연인구 증가율'이라고 한다. 하지만 해외로 이민가거나 혹은 국내로 귀화한 인구를 포함하지 않는다는 점에서 진정한 인구 증가율이라고 할 수 없다. 우리 나라도 최근 해외 이민 인구가 증가하고 있기 때문에 이를 감안한 순수한 인구 증가율을 구해야 한다.

우리 나라의 인구 증가율은 1960년대의 2%대에서 계속 감소해 1995년에는 1% 이하인 0.95%를 기록하였고, 2000년에는 0.77%까지 줄어들 전망이다(뒷면 표 참조). 이러한 감소 추세가 지속되면 약 30년 뒤인 2028년부터는 총인구 자체가 감소할 것으로 보인다. 이미 유럽을 비롯한 선진국에서는 이러한 현상이 보편화돼 있어, 이제 높은 인구 증가율은 후진국을 상징하는 것으로 간주되고 있다.

그런데 유년 및 청소년 인구의 감소는 장차 경제활동 인구의 부족을 초래해 노동력의 공급 부족 문제를 야기할 수 있다. 이에 따라 노동력을 대체할 신기술의 개발, 혹은 해외인력 수입 등의 문제가 대두될 것이다. 불행 중 다행이랄까 우리 사회의 가장 큰 문제로 지적되

인구 성장률 및 총인구 변화 추이							(단위: %, 1,000명)
연도	1960	1970	1980	1985	1990	1995	2000
인구성장률	2.79	1.82	1.37	0.99	1.02	0.95	0.77
자연 인구성장률	-	2.17	1.42	0.96	1.08	1.01	0.83
총인구	25,012	32,241	38,124	40,806	42,869	45,093	47,275

자료: 통계청, 「장래인구 추계결과」, 1997.1.

고 있는 입시 문제는 해결의 기미가 보일 것이다. 문을 닫는 대학이 생기고, 과외 교육의 필요성이 감소돼 가계에 큰 부담이 되었던 사교육비가 크게 줄어들 것이다.

한편 노령인구의 증가에 따르는 노년 부양비의 상승 역시 심각한 문제가 될 전망이다. 선진국과 같은 새로운 개념의 양로시설이 등장할 것이며, 노인문제는 점차 사회적인 이슈가 될 것이다. 또한 국민연금의 운용에 대해서도 전면적인 재검토가 필요하다. 현재와 같은 추세라면 연금을 납부하는 사람보다 연금을 받는 사람이 더 많아져 국민연금 자체가 파산할 가능성이 있기 때문이다. 이는 미국 등 선진국에서 실제로 문제가 되기도 했다.

인위적으로 인구를 조절하는 것은 가능하지도 않고 적절하지도 않다. 하지만 정책적인 가이드라인은 필요하다. 미래에 대비하는 정책을 연구함으로써 후세의 자손들에게 한꺼번에 부담을 지우는 일을 피할 수 있다. 이제부터는 인구가 국력의 일부라는 인식의 전환이 필요한 시기이다.

20 고용

경제 지표 중 어느 것이 가장 중요하냐고 묻는다면 고용동향에 관련된 지표라고 할 수 있다. 고용은 물질적인 부가가치를 만들어내는 가장 원초적인 생산 요소로 인간의 기본 생활을 해결해주기 때문이다. 그래서 고용관련 지표는 경기 흐름과 관련된 지표들과 달리 국민 생활의 기본인 건전한 사회질서 유지와 국민복지 증대 차원에서 매우 중요한 통계가 된다.

대표적인 고용관련 지표는 경제활동 참가율과 실업률이라고 할 수 있다. 통계청에서 주관하는 경제활동 인구에 관한 조사는 1990년 인구 센서스를 모집단으로 3만 4,000개 표본 가구를 중심으로 매월 15세 이상 인구(군인, 전투경찰 등 제외), 경제활동 인구, 취업자 그리고 실업자 수를 작성한다. 노동부에서도 매월 노동통계조사를 실시하는데 여기서는 상용 근로자 10인 이상 3,400개 표본업체를 대상으로 근로자 수, 근로 일수, 근로 시간, 임금, 입·이직률 등을 작성한다.

경제활동 참가율은 15세 이상 인구 가운데 경제활동 인구가 차지하는 비율이다. 경제활동 인구는 15세 이상 인구 중에서 일할 의사가 없는 학생이나 주부, 일할 능력이 없는 환자들을 제외한 민간인 즉, 취업자와 실업자를 말한다. 대상을 15세 이상으로 잡은 것은 의무교육 기간이 끝나 취업이 가능한 연령이 15세이기 때문이다. 따라서 경제활동 참가율은 한 나라의 노동공급의 규모를 나타내 주는 기본 지표가 된다.

한편 실업률은 경제활동 인구 중에서 취업자를 제외한 실업자의 비율이다. 여기서 실업자라 함은 기본적으로 '매달 15일이 포함된 일주일 동안에 적극적으로 일자리를 얻으려 했으나 1시간 이상 일할 기회를 가지지 못한 사람'으로 정의된다. 실업률이 높다는 것은 경기가 침체 국면에 빠져있음을 반영하는 것이며 이는 심각한 사회 문제

고용 관련 지표							단위 : 1,000 명, 전년 동기 대비(%)	
	1996	1997						1998
		연간	1/4	2/4	3/4	4/4		1/4
경제활동인구	21,188	21,604	21,112	21,868	21,806	21,631		20,892
경제활동참가율	62.0	62.2	61.1	63.1	62.6	61.9		59.6
취업자 증가	387	284	495	387	243	10		−756
(증가율)	(1.9)	(1.4)	(2.5)	(1.8)	(1.2)	(0.0)		(−3.7)
・농림어업	(−5.4)	(−3.4)	(−1.2)	(−2.7)	(−3.6)	(−5.7)		(5.3)
・제조업	(−2.0)	(−4.3)	(−2.9)	(-4.4)	(−5.3)	(−4.7)		(−10.4)
・사회간접자본 및 기타 서비스업	(4.8)	(4.1)	(4.9)	(4.9)	(4.2)	(2.6)		(-2.8)
실 업 률	2.0	2.6	3.1	2.5	2.2	2.6		5.7
자료 : 통계청								

를 야기할 수 있기 때문에 실업률은 매우 중요한 경제 지표이다.

<표>에서 보면 1998년 1/4분기 현재 경제활동 인구는 2,089만 2,000명으로 1997년 같은 기간에 비해 21만 명이 줄었다. 그리고 경제활동 참가율은 59.6%로 근래 가장 낮은 수준을 기록했다. 취업자 증가율을 산업별로 보면 농림어업 분야는 취업자가 5.3% 는 데 비해 제조업은 10.4% 그리고 사회간접자본 및 서비스 분야는 2.8%가 줄었다. 이것은 우리 경제의 극심한 경기 침체와 제조업 및 서비스 부문의 구조 조정이 반영된 결과라 할 수 있다. 전체적으로 1998년 1/4분기 실업률은 5.7%로 1997년의 2.6%의 두 배 정도로 급등했다.

21 실업률

노동시장이 어떠한 상태에 처해 있는지를 나타내는 대표적인 지표인 실업률은 일반적으로 실업자를 경제활동 인구로 나누어 백분비로 표시한 것이다.

우리 나라는 실업률이 한때 2.0%대를 밑돈 적이 있었다. 이는 OECD 국가들의 평균 실업률(1990년)이 6% 남짓이고 보면 거의 완전

고용에 가까웠다고 볼 수 있다. 그런데 많은 경제 주체들이 이 같은 평가를 의아스럽게 생각하고 있는 것이 현실이다. 물론 중소기업이나 육체적으로 힘든 업종에서는 일할 사람을 구하기가 쉽지 않지만 사회 전체를 놓고 볼 때 동기 여부를 떠나서 일하지 않는 사람이 많았다는 것을 부인하기 어렵다.

우리 나라의 실업률이 다른 국가에 비해 너무 낮지 않은가에 대한 답변은 첫째로 실업자 및 경제활동 인구를 정의하는 데 있어 나라마다 조금씩 차이가 나는 데서 얻을 수 있다. 한국에서의 실업자는 '조사 주간'에 전혀 수입 있는 일을 하지 못하는 자인데, 영국에서는 '조사 하는 날'에만 일을 하지 않는 자이다.

또 한국과 일본은 만 15세 이상을 경제활동 인구로 보지만 미국과 영국에서는 16세 이상이다. 둘째, 실업자 산정 방법상의 차이가 있는 것도 원인의 하나다. 산정 방법에는 노동력 표본조사와 직업안정기관의 등록자를 이용하는 두 가지가 있다. 이 같은 실업률의 정의 및 산정 방법 차이가 각국이 발표하는 공식 통계를 직접적으로 비교하

주요 기준별 실업률 국제 비교(1995년) (%)

구분 \ 국가	한 국	미 국	일 본	영 국	프 랑 스
자국 발표	2.0	5.6	3.2	8.2	12.3
미국노동통계국(BLS) 발표	2.0	5.6	3.2	8.8	11.5
OECD 발표	—	5.5	3.1	8.7	11.6
잠재실업자 포함(1993) (ILO 기준 계산치)	7.1 (2.8)	10.2 (6.9)	7.0 (2.2)	13.8 (10.3)	14.7 (11.5)

자료 : 조우현, 「청년층 노동자의 고용 문제와 실업 확률의 결정 요인 분석」, 노동경제논집 제18권 제1호, 1995.12, pp. 107~128. 통계청, 『경제활동인구연보』, 1995. BLS, Comparative Civilian Labor Force Statistics, 1996. 8. OECD, Employment Outlook, 1997.

주 : 1.잠재실업자 포함 실업률은 실망근로자(discouraged worker)를 실업자로 포함하여 계산한 것임 2. BLS 발표치는 미국의 실업률 산정기준에 맞춘 수치이며, OECD 발표치는 ILO의 실업률 산정기준에 맞춘 것임

는 데 어려움을 주고 있다.

그러나 각국이 발표한 실업률과 미국 노동부 통계국(BLS)과 OECD의 발표치 간에는 표에서 보듯이 큰 차이가 나타나지 않는다. 영국의 경우 0.5~0.6% 포인트의 차이를 보여 가장 큰 차이를 나타내고 있으나, 이는 영국이 직업안정기관 통계치를 사용함에 따라 다른 나라의 기준과 크게 다른 데 기인하는 것으로 판단된다. 우리 나라와 가장 비슷한 실업률 산정 기준을 갖고 있는 일본의 경우 발표 기관별 실업률 수치 차이가 0.1% 포인트에 불과하다. 따라서 우리 나라의 실업률을 미국이나 국제노동기구(ILO)의 기준에 맞추더라도 큰 차이가 나지 않을 것이다.

실업률을 국제적으로 비교할 때 주의해야 할 점은 오히려 노동시장의 특성에 따른 차이점이라고 할 수 있다. 잠재 실업자를 포함한 실업률은 우리 나라나 일본이 모두 7%대를 넘어설 정도로 높다. 이는 곧 우리 나라나 일본의 경우 노동시장에 참여하더라도 실업 상태로 머물 확률이 높다고 판단한 근로자들이 실업자로 남아있지 않고 비경제활동 인구로 이동해 버리는 경우가 많다는 뜻이다. 특히 이러한 경향은 부양 의무가 적은 주변 근로자인 여성 및 청소년 층에서 두드러지게 나타나고 있다.

이러한 노동시장의 구조적 특징으로 인해 우리 나라나 일본의 실업률은 다른 선진국에 비해 아주 낮은 것으로 나타난다. 특히 우리 나라의 경우 실업급여제도를 실시한 지 얼마 되지 않기 때문에 선진국에 비해 실업자로 하여금 노동시장에 머물도록 하는 유인이 상대적으로 적어 잠재 실업자가 더 많을 수 있다. 이러한 요소들이 우리 나라의 체감 실업률을 높은 것으로 인식하게 할 수 있다. 나아가서 경제활동 인구가 인구 규모에 비해 작아 제조업 분야의 노동력 부족이나 임금 상승 압력으로 작용하고 있음을 알 수 있다.

22 7가지 실업률 지표

　IMF 이후 우리 경제가 구조조정을 추진하면서 고용문제는 주요한 관심사가 됐다. 고용 주체인 기업이 고용수준 조절을 주요 생존전략으로 활용하고 있고 새로운 산업들은 고용의 최소화를 지향하고 있다. 이런 상황 때문에 실업률은 고용안정과 노동시장의 상태를 나타내는 지표로 주목받고 있다.

　그런데 실업률이 고용안정 지표의 기능을 제대로 수행하지 못한다는 비판을 받고 있다. 경기침체가 한창이던 1992년과 1993년에도 실업률은 각각 2.4%와 2.8%에 머물러 수치상으로는 거의 완전고용 상태를 기록했고, 명예퇴직의 확산 등으로 인해 고용 안정에 대한 우려가 심각했던 1996년에도 실업률은 2.0%에 머물렀다.

　이것은 실업률 통계 자체의 문제라기보다는 복잡한 노동시장 상황을 단지 하나의 통계지표로 파악하려는 데에서 비롯되는 문제이다. 물론 우리 나라는 취업 자체를 포기해 실업률에 반영되지 않는 잠재실업자도 많이 존재하고 있다.

　이렇듯 실업률 통계가 갖는 문제점을 다소나마 개선하기 위해서는 새로운 실업률 지표를 개발할 필요가 있다. 그런 의미에서 미국 노동통계국에서 발표하고 있는 7가지 실업률 지표는 우리의 관심을 끈다.

　첫째, 장기지속실업률(U-1)인데 이는 경제활동 인구 중 실업 기간이 13주(3개월) 이상인 실업자의 비율이다. 이는 단기실업 및 이직을 위한 실업자를 실업률 계산에서 제외해 장기적인 실업자에게 초점을 맞춘 것이다.

　둘째, 비자발적 실직자 비율(U-2)은 비자발적으로 실직을 당한 실업자의 경제활동 인구에 대한 비율이다. 이는 비자발적인 실직으로 인해 주요한 소득원을 상실한 숙련근로자에게 초점을 맞춘 실업률이다.

　셋째, 성인실업률(U-3)은 25세 이상의 경제활동 인구 중 실업자의

실업률 지표의 국제 비교(1992년) (%)

	U-1	U-2	U-3	U-4	U-5	U-6	U-7
한 국	1.6	0.9	1.8	2.0	2.6	3.9	6.5
미 국	2.8	4.2	6.1	7.1	7.4	10.0	10.8
일 본	0.9	0.4	1.5	1.6	1.9	2.7	6.1
스웨덴	2.7	3.5	4.2	6.2	5.6	9.5	10.8
프랑스	7.5	5.9	8.7	10.8	10.4	12.7	12.9
영 국	7.4	4.0	8.4	11.5	9.8	12.2	12.8

자료: 통계청, 『고용구조조사보고서』, 1992.
Constance Sorrentino, International Unemployment Indicators, 1983-93, *Monthly Labor Review*, August 1995.

주: U-1 장기지속실업률, U-2 비자발적실직자비율, U-3 성인실업률, U-4 정규근로자실업률, U-5 전통적실업률, U-6 시간제근로자 포함 실업률, U-7 잠재실업자 포함 실업률.

비율로 청소년 실업자를 계산에서 제외하고 있다. 이 지표는 기본교육과정을 모두 이수하고 노동 시장에 대한 참여도가 높은 근로자들에게 초점을 맞춘 것이다.

넷째, 정규근로자실업률(U-4)은 정규직 경제활동 인구 중 정규직을 구하는 실업자의 비율이다. 이는 정규직 근로자가 시간제 근로자보다 경제 활동에 더 집착한다는 사고에 기반을 두고 있다.

다섯째, 전통적인 실업률(U-5)로 경제활동 인구 중 일하지 않고 있으나 직업을 찾고 있는 자, 즉 실업자의 비율이다. 이는 일반적인 실업률 정의로서 다른 6가지 실업률 지표의 기준이 되고 있다.

여섯째, 시간제 근로자를 포함한 실업률(U-6)은 (정규직을 구하는 사람들+시간제 근로를 원하는 사람들의 1/2+경제적인 이유로 시간제 근로를 하는 자의 1/2)÷(경제활동 인구-시간제 경제활동 인구의 1/2)로 계산된다. 경제적인 이유에 의해 비자발적으로 시간제 근로를 하는 사람들은 최소한 부분적으로는 실업자이며, 마찬가지로 시간제 근로만을 원하는 사람들의 일부만이 실업자라는 뜻이다.

마지막으로 잠재 실업자를 포함한 실업률(U-7)인데, (U-6) 계산식의 분모·분자에 실망 근로자 수를 더해 계산한 것으로 가장 포괄적인 실업률 정의이다. 여기서 실망 근로자란 직장이 없고 일하기를 원하나 직장을 구할 수 없을 것이라는 생각 때문에 구직활동을 하지 않는 사람을 뜻한다.

1992년 당시의 실업 상황을 각 지표를 통해 파악해 보면 실업률은 전반적으로 일본을 제외한 다른 선진국에 비해 낮은 수준이다. 특히 실업의 고통이 심각하다고 여겨지는 실업자를 대상으로 하는 장기지속 실업률(U-1)이나 비자발적 실직자 비율(U-2)은 구미 제국에 비해 크게 낮게 나타나고 있다.

그러나 잠재 실업자를 포함한 우리 나라의 실업률 지표(U-7)는 6.5%에 달해 전통적인 실업률(U-5)의 2.5배나 된다. 이는 노동시장 구조가 우리와 비슷한 일본과 시간제 근로자 증가가 두드러진 스웨덴을 제외한 다른 선진국에 비해 매우 높다. 결국 급등하는 실업률을 진정시키기 위해서는 잠재 실업자를 적극적으로 노동 시장으로 끌어들이면서 이들의 고용 가능성을 높이는 대책이 가장 필요함을 보여준다. 이러한 실업률 지표들은 최소 1년에 한 번씩은 조사·발표돼야 노동시장 사정을 좀 더 명확히 파악하고 적절한 대책 수립이 가능할 것이다.

23 임금

임금지표는 국가경제 운용이나, 기업 및 가계활동의 기본이다. 임금은 물가와 밀접한 관계가 있어서 정책당국의 주요 관심사가 되며, 기업이 지출하는 비용 중 가장 중요하고, 가계소득에서도 큰 몫을 차지한다.

그런데 임금지표만큼 양면성을 가지고 있는 지표도 많지 않다. 임금상승률이 생산성 증가율을 넘어설 경우 기업의 경쟁력이 떨어지고 물가상승 요인으로 작용하게 된다. 그러나 임금은 근로자에게 생계유지를 위한 유일한 수단이다. 그래서 임금이 최저생계비 수준을 하회하면 노동력의 원활한 공급이 위축된다. 임금수준이 어느 정도 돼야 하느냐에 관해서는 아직 뚜렷한 정설은 없다.

임금관련 지표는 노동부에서 조사하는데 통상 임금총액, 정액급, 초과급, 특별급으로 나누어진다. 임금총액은 정액급, 초과급 그리고 특별급을 합한 것이다. 정액급여에는 기본급, 근속급 등이 있는데 그 외에도 가족수당, 직무수당, 연·월차수당 등이 포함된다. 초과급여는 근로 시간 외의 근로 대가로 지급되는 연장 근로수당, 휴일 근로수당과 당·일직 수당 등을 포함한다. 또한 특별급여란 보너스, 기말수당 등 특별히 지급되는 급여를 말한다.

임금상승률 추이

단위: 1,000 원, %

연도 구분	1996	1997 연간	1/4	2/4	3/4	4/4	1998 1/4
임금총액	1,368(11.9)	1,463(7.0)	1,430(11.6)	1,401(9.7)	1,543(6.8)	1,480(0.9)	1,431(0.1)
·정액급	925(11.7)	1,012(9.4)	996(12.4)	994(10.3)	1,015(8.2)	1,045(7.2)	1,053(5.8)
·초과급	117(4.7)	118(1.4)	114(4.4)	122(3.9)	119(0.9)	118(-3.1)	97(-14.5)
·특별급	326(15.3)	333(2.1)	320(18.7)	286(10.5)	408(5.2)	317(-14.6)	281(-12.3)

자료: 노동부

* 상용근로자 10인 이상 사업체의 월평균 임금, 괄호 안은 전년 동기비 증가율

우리 나라의 임금 상승률은 1987년 이후 1992년까지 15~18%대의 높은 상승률을 나타냈으나 최근에 그 상승 폭은 크게 줄고 있다. 1997년의 경우에 임금총액은 7.0% 상승했다. 이는 1996년의 11.9%보다 4.9% 포인트나 줄어든 것이다. 1998년 1/4분기에는 전년 동기 대비 불과 0.1% 증가에 머물렀다.

<표>에 나타난 특징으로는 1997년 1/4분기까지 모든 유형의 급여액이 증가하다가 2/4분기부터는 증가율이 작아지고 4/4분기에 들어서는 정액급을 뺀 초과급과 특별급은 감소세를 나타낸 점이다. 이러한 현상은 1997년 하반기 이후에 나타난 급속한 경기 침체에 의한 것이라 할 수 있다.

임금체계가 불합리하고 복잡하면 인력활용상 여러 문제점이 제기된다. 예컨대, 임금은 올랐는데도 근로 의욕이 미흡하다든지, 근로자들이 제조업을 기피한다든지, 노동이동이 빈번해 기술과 기능의 축적이 어렵게 되고 임금관리도 어렵다. 임금구조 면에서도 기업규모별, 학력별, 성별, 직종별 임금 격차가 여전히 크다. 이러한 임금수준, 임금체계, 임금구조의 합리화는 경제의 선진화를 위해서 반드시 건너야 할 강이다.

24 노임단가지수

국제 경쟁력을 결정하는 중요한 요인의 하나로 가격 경쟁력을 들 수 있다. 가격 경쟁력을 나타내는 지표로 많이 이용되는 것이 금리, 임금, 물류비 그리고 환율 등이다. 이중 임금은 가장 많이 활용되는 지표 중의 하나이다. 그런데 임금의 상승이 반드시 경쟁력 약화로 이어지는 것은 아니다. 왜냐하면 임금이 오르는 것 이상으로 생산성이 향상되면 경쟁력은 오히려 강화될 수도 있기 때문이다.

노임단가지수는 생산성을 감안해 작성된 간편한 가격 경쟁력 비교

제조업 노임단가지수 추이				자국화폐기준, %
국가 연도	한 국	미 국	일 본	대 만
1980	100.0	100.0	100.0	100.0
1985	134.7(6.1)	116.1(3.0)	99.9(−0.1)	133.7(6.0)
1990	188.9(7.0)	115.2(−0.2)	90.8(−1.9)	164.1(4.2)
1995	216.1(3.4)	114.0(−0.3)	98.6(2.1)	187.8(3.4)

자료 : 한국노동연구원

* 노임단가지수(자국통화기준) = (명목임금 지수/노동생산성 지수)×100
* 괄호 안은 연평균 증감률임

지표이다. 이 지수는 명목임금을 노동생산성으로 나누어서 백분비로 표시한다. 한 단위 생산물을 만드는 데 소요되는 임금 수준을 보여주는 것이다. 이 지수는 단순히 명목임금의 비교에서 한 걸음 더 나아가 생산성을 감안했다는 점에서 좀 더 합리적인 가격 경쟁력 비교지표라 할 수 있다. 특히 자국 통화 대신 미 달러화를 기준으로 환산하면 환율의 변화까지도 반영하게 된다. 이 경우 노임단가지수는 국가 간 경쟁력을 가늠하는 훌륭한 지표로도 활용될 수 있다.

그러나 노임단가지수는 임금비용만 고려하고 있기 때문에 기업의 비용을 모두 정확히 반영한 것은 아니다. 각종 복리비와 교육훈련비 등 비현금 급여에 대한 고려도 필요하다. 따라서 비현금 급여까지 포함한 단위 노동비용이 좀더 정확한 가격 경쟁력의 지표라고 할 수 있다. 단위 노동비용은 노동비용 지수를 노동생산성 지수로 나누어 구한 것으로 단위 생산물당 노동비용 수준을 나타낸다. 여기에서 노동비용은 명목임금뿐만 아니라 비현금성 급여인 퇴직충당금, 법정복리비, 법정외 복리비, 교육훈련비, 현물지급, 모집비 등을 합한 것이다. 그러나 명목임금 이외의 노동비용은 통상 총노동비용의 20~50%를 차지하지만 업종 및 국가별로 천차만별이고 또한 국제 비교가 가능한 자료가 불충분하기 때문에 단위 노동비용의 계산에는 상당한 어려움이 따른다. 이러한 어려움 때문에 단위 노동비용은 가격 경쟁력지표로 이용하기에는 곤란한 측면이 있다.

노임단가지수를 국가간에 비교할 때 주의할 점은 지수 자체가 아니라 그 증감률을 비교해야 한다는 점이다. 증감률은 임금과 노동생산성의 변화에 따른 가격 경쟁력의 변화를 보여준다.

노임단가지수의 비교에 환율의 변화를 감안하면 정확한 비교가 어렵다. 왜냐하면 요즈음 국제 환율의 결정 자체가 각 국가의 경제적 상황을 제대로 반영하고 있지 않기 때문이다. 그래서 자국통화 기준으로 노임단가지수 증감률을 비교하는 것이 일반적이다.

국가간에 노임단가지수의 상승률을 비교해 보면 우리 나라의 경쟁력이 약화되는 현상을 쉽사리 목격할 수 있다. 우리 나라의 노임단가지수 상승률은 1980년 이후 줄곧 미국, 일본, 대만에 비해 더 높은 수준을 보이고 있다. 특히 1985~90년 동안에는 그 상승률이 7.0%에 달해 미국의 −0.2%, 일본의 −1.9%, 대만의 4.2%보다 월등히 높았다. 이는 1987년 이후 임금이 크게 상승한 데 그 원인을 찾을 수 있다. 1990~94년의 경우 우리 나라의 노임단가지수 연평균 증가율은 3.4%로 이전에 비해 크게 낮아져 대만과 동일한 수준을 유지하였으나 미국의 −0.3%, 일본의 2.1%보다는 여전히 높은 수준을 유지했다. 이러한 노임단가지수의 높은 증가율 추이는 우리 나라의 가격 경쟁력이 1980년 이래 미국, 일본 및 대만에 비해 현저히 약화돼 왔음을 보여주는 것이라 할 수 있다.

25 노사분규 동향지표

흔히 5월 무렵이 되면 '춘투'(春鬪)라 하여 노사 갈등의 양상이 심해진다. 이에 따라 생산이 중단되고 수출에 차질이 발생해 국민 경제에 부담을 주게 되자 이를 추산해서 수출 및 생산차질액이라는 지표가 발표되곤 한다. 노사 양 당사자에게 주는 일종의 경고 자료인 셈이다. 이 지표는 통상산업부의 산업정책과에서 추산해서 작성한다. 이는 전업종에 대해 수출 및 생산차질액을 계산하는 것은 아니며 제조업에만 국한해 작성한다.

분규가 발생한 해당업체에 연락해 연간생산과 수출에 관련된 자료를 구하고 이를 근거로 계산하는데 수출차질액은 해당 기업의 1일 수출액에다 분규 일수를 곱해서 산출된다. 그리고 생산차질액은 1일 직접 생산차질액(연간 생산액/조업일수)과 1일 간접 생산차질액(통계청에서 작성한 업종별 영향률계수를 고려한 파급 효과)을 계산한 후 여기에 분규일수를 곱해서 산출한다.

<표>에서 보면 1994년 이후 노사분규 건수는 줄어들고 있는 것으로 나타났다. 1997년의 경우에 노사분규는 78건이고 분규 참가자 수는 4만 3,991명으로 기록됐다. 이에 따라 생산과 수출 차질액은 각각 8,667억 원과 1억 6,300억 달러로 1996년의 절반 수준으로 축소됐다.

생산 및 수출 차질액은 산업현장의 노사관계가 성숙될 때까지 지불해야 하는 일종의 '학습 비용'으로 볼 수 있다. 물론 무교섭 타결이 증가하고 불안한 노사관계하에서도 임금협상이 순조롭게 진행되고 있는 것은 그 동안의 소모적 노사관계에 대한 반성과 함께 임금협상이 길어짐에 따라 발생하는 여러 가지 불필요한 비용을 줄여보고자 하는 노사간의 공감대가 형성되고 있기 때문이다.

노사 분규 동향

구분 \ 연도	1994	1995	1996	1997
분규건수(건)	121	88	85	78
분규 참가자수(명)	104,339	49,717	79,495	43,991
생산차질액 (억원)	15,026	10,757	17,983	8,667
수출차질액(100만달러)	550	200	386	163

자료 : 노동부・산업자원부

노사 분규에 따르는 차질액 지표 해석에 있어서 몇 가지 유의해야 할 사항이 있다. 첫째, 노사분규로 인해 가장 손실이 큰 부문은 서비스 부문인데 차질액 계산에서 빠져 있다. 서비스 부문은 재고 조절이 불가능하고 여타 산업과의 연관 효과가 커서 노사분규 발생시 국민경제적 손실이 막대하다. 둘째, 노사분규로 인한 생산 차질이 노사분규 타결 후 상당 부분 보전되는 경향이 있음에도 불구하고 이를 무시하고 단순하게 계산해 차질액을 부풀리는 경향이 있다.
　노사분규 동향지표는 우리 협상 문화의 수준을 나타내주는 가늠자라 할 수 있다. 비록 작성과정에서 다소의 문제가 있더라도 선진적이고 협조적인 노사관계의 구축에 밑거름이 된다면 나름대로 의미가 있다. 임금협상이 순조롭게 진전되고 노사분규로 인한 수출과 생산 차질액이 줄어드는 것은 궁극적으로 국가경쟁력을 향상시키는 기본 바탕이 된다.

26 고용흡수력

　고용불안 문제가 확산되고 있다. 게다가 실업률 증가 요인이 중첩돼 있어서 나아질 기미가 잘 보이지 않는다. 경기가 침체되면서 산업활동이 둔화돼 고용여건이 나빠졌기 때문이다. 좀더 근본적으로는 우리 나라 경제가 고비용 저효율의 구조적인 문제에 직면하고 있기 때문이다.
　고도성장 시기에 실업은 그리 큰 문제가 아니었다. 1990년대 초반까지만 해도 매년 10% 이상의 높은 경제 성장률을 지속해 해마다 평균 60만 개 이상의 새로운 일자리가 만들어졌다. 노동시장에 신규로 진입하는 사람은 매년 평균 50만 명 정도에 불과했기 때문에 고용사정은 여유가 있었다. 오히려 실업문제보다는 생산규모의 확대에 따른 인력부족 현상이 더 큰 문제가 됐다.

그러나 1990년대 후반에 들어 고도성장기가 마감되고 산업구조가 고도화됨에 따라 경제성장의 고용흡수 능력이 감소되기 시작했다. 기업은 시장개방에 따르는 경쟁 심화 속에서 살아남기 위해 감량경영을 서두르고 있다. 게다가 고용에 대해 기업이 신축적으로 대응할 수 있도록 노동법이 개정됐다. 명예퇴직 바람이 불기 시작한 1996년 말부터 고용 불안은 현실적인 문제로 대두되었고 IMF 사태로 말미암아 현재 200만 실업 시대를 맞게 됐다.

1980년 이후 우리 나라의 실업률은 대체로 경기 변동에 상관없이 지속적인 안정세를 유지했다. 그러나 1996년 말부터는 3% 내외까지 실업률이 급등해 1998년에는 5%대로 상승했다. 우리 나라 실업통계가 1주일에 1시간 정도 일하면 취업한 것으로 간주하고 있고 또한 고용 대상자 가운데 취업을 포기하는 사람이 많아 실업률 자체가 다소 축소돼 온 것에 비추어 보면 최근의 실업률은 매우 높은 것이다.

그러면 경제성장과 고용 간에는 어떠한 관계가 있을까. 경제성장이 둔화되면 경제 규모의 확대에 의한 고용창출이 제한된다. 또한 산업구조의 고도화와 공장 자동화 등이 진전되면 필요한 고용자의 수가 줄어들게 된다. 이처럼 성장과 고용의 관계를 설명해주는 지표를 '고용흡수력'이라 한다.

고용흡수력은 GDP가 1% 성장할 때 취업자 수가 몇 % 증가하는가를 측정하는 지표이다. 달리 말하면 취업탄력성이다. 경제 성장률이

산업별 고용 흡수력 추이

업종 \ 기간	1970~79	1980~89	1990~94	1995	1996
전산업	0.45	0.30	0.31	0.30	0.27
제조업	0.52	0.47	−0.21	0.15	−0.27
서비스업	0.54	0.85	0.65	0.51	0.58

자료: 통계청, 「한국통계월보」

동일하다고 하더라도 고용흡수력이 높을수록 더 많은 고용창출이 이루어지게 된다. 고용흡수력은 산업별로도 살펴볼 수 있는데 이 경우에는 각 산업의 취업자 증가율을 산업별 생산증가률로 나눈 지표를 사용하게 된다. 고용흡수력의 추이를 살펴보자. 먼저 산업 전체의 경우 1970~79년 기간에는 0.45를 나타내 생산이 1% 증가하면 0.45%의 고용증가를 유발했다. 그후 점차 감소해 1996년에는 0.27%의 고용증가밖에 유발하지 못했다. 특히 이 같은 현상은 제조업에서 더욱 심하다. 1970년대와 1980년대에 0.52와 0.47로 상당히 높은 수준을 보였던 제조업 부문의 고용흡수력은 1990년대 들어 급속히 하락했다. 심지어 경기침체기였던 1990년대 초반과 1996년에는 마이너스의 고용흡수력을 보였다.

이처럼 고용흡수력이 감소하고 있는 이유는, 첫째 1980년대 후반 이후 급속하게 상승한 인건비 부담으로 인해 기업들이 공장 자동화와 같은 노동절약적인 생산 방식을 도입하였기 때문이다. 둘째, 고용흡수력이 큰 경공업 부문이 국제경쟁력의 약화로 급격히 퇴조한 반면 고용흡수력이 작은 정보통신 부문 등 고부가가치 산업이 성장했기 때문이다. 셋째, 제조업의 해외이전 추세도 경제성장의 고용유발 능력을 감소시키는 원인으로 작용하고 있다. 넷째, 제조업 부문의 실업자를 서비스 산업 부문에서 흡수해 왔는데, 1990년 이후 서비스 부문의 고용흡수력이 감소하면서 제조업 부문의 실업자를 제대로 흡수하지 못했다. 실업문제의 근본적인 해결 방안은 일터를 마련해 주는 것이다. 예컨대 노동시장의 유연성을 높이는 것이다. 파트 타임이나 계약직 근로의 확대를 통해 고용의 유연성을 확대하고 임금의 유연성을 확보하는 것이다. 이를 통한 노동시장의 유연성 제고는 인력배분의 효율성을 높여 줄 수 있다. 이는 장기적으로 근로자에게 더 많은 일자리를 제공해 줄 수 있는 가장 확실한 실업 대책이다.

4
산업활동

27 산업활동동향

경기란 전반적인 경제상태를 나타내는 말이다. 경기가 좋다는 것은 전반적인 경제활동 상태가 통상 기대하는 평균수준 이상이라는 뜻을 갖는다. 경기가 좋아지면 무엇보다 생산이 활발해진다. 이에 따라 소득이 늘고 소비가 증가해 생활에 여유가 생기게 된다. 생산자는 물건이 잘 팔리므로 생산량을 더 늘리거나 새로운 공장 설비를 확대하고 고용을 더 증가시키며, 재고가 감소하게 된다.

경제 지표는 사람의 몸으로 치면 신체의 활력 정도를 계측해 주는 맥박과 같은 역할을 한다. 경기의 움직임을 파악하는 개별경제 지표 중 가장 대표적인 것으로는 GNP(국민총생산) 통계가 있다. 그러나 GNP 통계는 분기별 또는 연간으로 취합되고 또 상당 기간이 지나야 추계가 가능하기 때문에 현실감이 부족하다.

이를 보완하기 위해 이용되는 개별 경제 지표 가운데 가장 대표적인 것이 월별로 발표되는 '산업활동동향'이다. 이것은 통계청에서 작성하는데 약 1개월의 시차를 갖는다. 여기에는 제조업의 업종별 생산, 출하, 재고 등 생산관련 지표, 도·소매 판매와 같은 소비동향지표, 국내 기계수주나 건축허가 면적과 같은 투자 동향 지표, 실업률과 같은 고용지표가 담겨 있다.

생산관련 동향지표는 산업별 중요도를 감안해 선정한 품목을 생산하는 100인 이상 사업체 전체와 10인 이상 100인 이하 사업체 중에서 추출된 표본을 조사해 작성된다. 그리고 투자 및 소비 동향 등은 한국은행과 건설교통부의 자료를 이용해 작성된다.

산업활동동향 가운데 가장 주목해야 할 항목은 '산업생산지수'이다. 이 지수는 생산 수준에 가장 크게 영향을 미치는 업종인 광업·제조업·전기업의 주요 품목을 골라서 각각의 개별 지수를 만들고, 이를 종합해 전산업 평균생산지수를 만든다. 산업생산지수가 높아지면 그만큼 산업 전체의 생산량이 늘어났음을 의미한다. 따라서 이 지수의 움직임을 보면 산업별 생산 활동의 수준과 추이 그리고 국민경제 전체의 경기동향도 알 수 있게 된다. 그래서 전문가들은 이 지표를 GNP 통계 대용 자료로 자주 활용한다.

출하와 재고지수도 경기 흐름과 밀접하게 관련돼 있다. 경기가 좋으면 제품이 잘 팔리므로 창고에 물건이 남아나지 않게 돼 출하지수가 높아지고, 이에 따라 재고지수는 떨어지거나 상승률이 완만해진다. 즉, 출하지수는 생산지수처럼 경기와 비례해서 움직이고 재고지수는 경기와 반대 방향으로 움직인다. 그러나 불경기에서 호경기로 넘어갈 때 경기가 좋아질 것에 대비해 의도적으로 재고를 늘리는 경우에는 재고지수도 경기와 같은 방향으로 움직이게 될 것이다.

<표>를 보면 1998년 1/4분기 산업생산 증가율은 전년 같은 기간에 비해 14.7%가 하락해 국내 경제가 깊은 침체의 골에 빠져 있음을 알 수 있다. 출하 역시 1/4분기에 −7.5%를 기록해서 1997년의 5.0%에 비해 크게 낮아졌다. 이에 따라 재고 증가율도 −4.7%를 기록해 재고가 크게 감소하고 있음을 보여준다. 이러한 감소 추세는 4월과 5월에 더욱 심화됐다.

산업활동동향

단위: 전년 동기 대비, %

구분		1995	1996	1997	1998		
					1/4	4	5
생산	생 산	12.0	7.3	6.9	-7.8	-10.9	-10.8
	출 하	12.6	7.6	5.0	-7.5	-11.6	-13.7
	재 고	12.6	14.7	5.3	-4.7	-6.6	-8.4
	평균가동률	81.0	81.8	79.9	67.3	68.3	66.7
소비	도소매판매액	8.0	7.0	3.2	-10.4	-15.0	-16.3
	내수용소비재출하	7.4	5.9	-1.5	-19.7	-24.4	-28.5
투자	국내기계수주	15.8	16.5	3.3	-39.3	-47.0	-41.7
	기계류수입액	31.5	-0.7	-22.8	-52.9	-54.1	-56.1
	국내건설수주	24.4	21.4	4.7	-24.5	-58.6	-62.3
	건축허가면적	1.0	-3.0	-0.4	-22.9	-58.1	-65.2
고용	실업률 (계절조정)	2.0	2.0	2.6	5.7 (4.7)	6.7 (6.1)	6.9 7.0

* 재고는 기간말 기준

 생산관련 지표가 공급 측면 지표라면, 도소매 판매·내수용 소비재 출하와 같은 소비 지표와 국내 기계수주·건축허가 면적과 같은 투자지표는 수요 측면에서 경기를 표시해 주는 지표들이다. 투자지표 중 국내 기계수주와 기계류 수입액은 광공업 경기를, 국내건설수주와 건축허가 면적은 건설경기를 나타낸다. 소비와 투자 지표 역시 <표>에서 나타난 것처럼 경기가 좋으면 증가율이 상승하고 경기가 하락하면 둔화하거나 감소한다.

 마지막으로 고용 수준을 통해 경기상태를 나타내 주는 지표로 대표적인 것이 실업률이다. 1998년 5월 현재 우리 나라 실업률은 6.9%를 기록하고 있는데 이는 1997년까지 국내 실업률이 2%대였음을 감안할 때 국내 실업 문제가 매우 심각해지고 있음을 나타내 준다. 이처럼 경기는 각종 지표를 통해서 파악할 수 있다.

28 산업연관표

여러 가지 지표들이 수시로 발표되고 사라지지만 상당 기간 활용해야 하는 지표 중 하나가 산업연관표이다. 산업연관표는 5년마다 한 번씩 작성 발표되는데 이는 한 마디로 국민 경제 골격을 분석한 '국민 경제의 해부도'라 할수 있다. 산업연관표를 이용한 경제분석은 1936년 미국의 레온티에프가 미국 경제의 투입산출표를 발표함으로써 시작됐다. 우리 나라는 한국은행이 1964년에 공표한 1960년 산업연관표가 체계적으로 정리된 최초의 것이다.

산업연관표는 각 산업부문이 어떻게 연관돼 있는지를 보여준다. 예컨대 신문의 제작 과정을 살펴보자. 먼저 종이를 만들기 위해서는 벌목장, 펄프 공장 그리고 종이 공장을 거쳐야 한다. 또 인쇄 공장에서도 많은 공정을 거치게 되며 인쇄에 필요한 원료인 잉크 또한 필요하다. 물론 신문 기사 작성과 판매나 배달 서비스에 드는 인력까지 감안하면 신문 1장이 구독자의 손에 오려면 수많은 과정과 비용이 소요된다. 이러한 일련의 과정에 관한 정보가 산업연관표에 들어 있다. 산업연관표는 일정 기간 동안 생산된 재화와 용역의 거래를 중간재 수요 부문, 노동·자본 등 본원적 생산 요소에 대한 비용 지출 부문(부가가치), 소비·투자·수출 등의 최종 수요처로의 판매 부문 등 세 가지로 나누고 이를 다시 통합해 각각 163, 75 및 26개 부문의 기본 및 통합 부문표를 4개 작성한다.

<표>에서 세로 방향으로 이어지는 수치들은 산업별 생산 비용 즉 '투입'의 구조를 나타낸다. 이는 원료 등의 임금, 지대 등을 나타내는 '부가가치'의 두 부문으로 나누어지며 그 합계를 '총투입액'이라 한다. 표의 가로 방향은 각 산업 부문의 생산물이 판매된 '판로의 구성'을 나타낸다.

이는 중간재로 판매되는 '중간 수요'와 소비재, 자본재나 수출 상

품으로 판매되는 '최종 수요'의 두 부문으로 나누어진다. 중간 수요와 최종 수요를 합한 것을 '총수요'라 하고 여기에서 수입을 뺀 것을 '총산출'이라 하는데, 총산출과 총투입은 항상 일치한다.

<표>에서 총수요액(중간 수요+최종 수요)은 약 474.5조 원이다. 총산출 면에서 보면 컴퓨터, 사무용 기계 부문은 2.9조 원, 전자기기 부품은 8.2조 원 그리고 나머지 산업 부문에서 405.5조 원 등 총 416.6조 원이 국내에서 생산되었고 총수요를 메우지 못한 부분을 위해 57.9조 원이 수입됐다.

국내 생산 과정에서 모두 416.6조 원이 투입되었는데, 이 중 임금 부문 79.7조 원, 지대 등 기타 부문 98.4조 원 등 178.1조 원이 본원적 생산 요소(노동, 자본)에 대한 비용으로 지출(부가가치)되고, 나머지 238.5조 원이 중간재 투입비용으로 사용됐다.

산업연관표를 이용하면 특정 산업 부문의 수요나 정부 경제 정책

산업연관표의 구성 사례 (단위: 1,000억 원)

		중간 수요				최종 수요			총수요 A+B	수입 (C)	총산출 A+B-C
		컴퓨터사무용기계	전자기기부분품	기타산업	계 (A)	소비	투자	수출	계 (B)			
중간투입	컴퓨터, 사무용기계	5	0	3.0	8.0	3	13	18	34	42	13	29
	전자기기부분품	9	28	42	79	0	−1	44	43	122	40	82
	기타산업	8	32	2258	2298	1145	668	470	2283	4581	526	4055
	계	22	60	2303	2385	1148	680	532	2360	4745	579	4166
부가가치	임금	4	12	781	797							
	기타	3	10	971	984							
	계	7	22	1752	1781							
총 투 입 계		29	82	4055	4166							

또는 원자재 가격이나 환율이 각 산업에 미치는 파급 효과를 계측할 수 있다. 예컨대 자동차 수요가 1단위 발생하면 자동차 산업은 이를 생산하기 위해 엔진, 타이어 등의 원재료를 구입하게 되며 또 엔진, 타이어 생산업체도 타산업으로부터 필요한 재료를 구입하게 된다. 이처럼 자동차 수요의 증가가 관련 산업 전체에 미치는 직·간접적인 생산효과를 파악할 수 있게 된다. 이런 파급원리는 생산뿐만 아니라 소득, 고용, 수입에서도 똑같이 적용된다.

그러나 산업연관표는 관련 정보의 수집이 매우 어렵고 또 시간이 많이 걸리기 때문에(5년 간격) 정보의 신뢰도는 희석될 수밖에 없다.

29 부가가치율

국내 경제의 침체 양상이 심화되면서 수출산업의 경쟁력 제고에 대한 논란이 끊이지 않고 있다. 이 과정에서 고부가가치 산업에 대한 기대가 높아지고 있지만 고부가가치 산업이라고 해서 반드시 국제경쟁력을 갖추고 있는 것은 아니다. 부가가치의 높고 낮음에 대한 인식을 제대로 해야 할 필요성이 높다.

재화나 서비스를 생산하기 위해 다른 산업 부문에서 생산한 재화나 노동을 사용하는 것을 중간투입이라 하고 노동이나 토지 등 본원적 생산 요소의 대가로 임금이나 지대를 지불한 것을 부가가치라 한다. 이 부가가치를 총투입액으로 나눈 값을 부가가치율이라 한다. 따라서 부가가치율이 높다는 것은 제품생산에 투입된 재화보다는 생산활동에 의한 임금이나 이윤 등의 소득 발생 비율이 높다는 것을 말한다. 일반적으로 부가가치는 국내총생산(GDP)과 일치하므로 부가가치율이 높은 산업일수록 국민 소득의 유발도 크다고 할 수 있을 것이다.

1억 원어치의 컴퓨터를 생산하기 위해 하드디스크, CPU, 반도체

칩 등 각종 부품을 6,000만 원어치 구입하고 총 임금으로는 2,000만 원이 들어간 경우를 생각해 보자. 1억 원에서 중간 투입비 6,000만 원을 제외한 4,000만 원이 임금과 기업의 이윤인 부가가치가 된다. 이때 부가가치율은 부가가치액 4,000만 원을 총투입액인 1억 원으로 나눈 값인 40%가 된다.

부가가치율은 3년 내지 5년마다 한국은행이 발표하는 산업연관표를 통해 알아볼 수 있다. 지난 1993년에 국내 생산 활동에서 창출된 부가가치액은 총 272조 5,793억 원으로 1990년에 비해 52.9% 증가하였고 전산업의 부가가치율도 3.2% 상승했다. 항목별 비중을 보면 1993년의 경우 피용자보수 46.3%, 영업잉여 33.7%, 고정자본소모 10.3%, 순간접세 9.7% 순이다.

부가가치율을 이해할 때 몇 가지 주의할 것이 있다. 첫째, 부가가치율의 상승이 반드시 바람직한 것만은 아니다. 부가가치율의 상승이 산업 구조의 고도화로 일어나는 것이 아니라, 생산성 증가를 초과하는 단순한 임금상승 또는 독과점 기업의 출현으로 인한 독점이윤 증가 등에 기인한 것이라면 오히려 좋지 않은 현상이기 때문이다. 이 경우에도 피고용자 보수(임금)와 영업잉여(기업의 이윤)가 증가해 부

우리 나라 산업별 부가가치율 변화 추이 (%)

업종 \ 연도	1985	1990	1993
농림 어 업	66.7	64.0	65.0
광 업	61.5	67.4	68.6
제 조 업	24.7	27.2	29.4
전기 가스 수도	53.4	52.6	47.0
건 설	39.9	45.9	45.8
서 비 스 업	64.3	65.7	66.3
전 산 업 평 균	41.3	42.8	44.5

자료: 한국은행, 『1993년 산업연관표』, 1996. 5.

가가치율이 상승한 것으로 나타날 수 있다.

둘째, 고부가가치 산업이라고 해서 모두 첨단산업은 아니다. 표에서 보듯 농림수산업과 광업과 같은 1차 산업이 제조업, 건설업, 전기·가스·수도업보다 부가가치율이 훨씬 높은 것으로 나타나 있다. 이는 대부분 노동집약적 생산을 하는 경우다. 이에 비해 제조업은 30% 미만으로 농림어업과 광업의 절반에도 미치지 못하고 있으며 이는 중간투입이 타산업보다 훨씬 많기 때문으로 풀이된다.

셋째, 고부가가치 산업의 생산유발 효과는 오히려 낮을 수 있다. 고부가가치 산업은 소규모의 원재료를 투입하고도 많은 부가가치를 생산한다는 점에서 그 가치를 평가할 만하지만 타 산업에 대한 생산유발 효과는 낮을 수도 있다. 부가가치율에서는 제조업이 최하위를 기록했지만 생산유발 효과를 나타내는 생산유발계수는 1993년 현재 제조업이 2.036으로 농림어업의 1.626, 광업의 1.583, 전기·가스·수도업의 1.944, 서비스업의 1.568에 비해 훨씬 높다.

진정한 의미에서 부가가치율을 높이려면 정보통신산업, 소프트웨어산업, 지식서비스업 등 미래 지향적 고부가가치 산업 위주로 경제구조가 재편돼야 한다. 이를 위해서는 인재를 양성하는 교육의 개혁, 특허 등 지적 재산권에 대한 철저한 보호 등이 있어야 한다.

30 노동장비율

노동장비율을 정확하게 표현하자면 '노동의 자본 장비율'이며 자본 장비율이라고도 한다. 노동장비율(Labor Equipment Ratio)을 간단하게 정의하자면 상용 근로자 1인당 자본 설비액을 의미한다고 할 수 있다.

우리 나라의 노동장비율 통계는 한국은행에서 작성된다. 노동장비율은 '(유형고정자산-건설가 계정)/종업원 수'라는 산식을 통해 계산

우리 나라 주요 산업의 노동장비율(1995년)		단위 : 100만 원
산 업		노동장비율
		55.26
제조업	음식료품	47.45
	섬유	47.75
	목재	42.47
	코크스, 석유정제	312.68
	제1차 금속	131.82
	자동차	49.19
건설업		8.40
전기·가스 및 증기업		453.26

자료: 한국은행, 『기업 경영분석』, 1996.

된다. 장비율을 작성할 때 대상으로 삼는 산업은 어업, 광업, 제조업, 건설업 및 서비스업 등 10개 부문이고 제조업은 다시 음식료, 섬유, 목재, 석유화학, 자동차 등 21개 업종이다. 한국은행은 모든 산업에서 1992년 중 매출이 10억 원 이상이며 결산일이 6월 1일에서 12월 31일 사이에 있는 국내 영리법인 기업 중 3,097개 업체를 표본으로 매년 발간하는『기업 경영분석』을 통해 다른 지표와 함께 발표된다.

노동장비율 지표는 물가 상승률이나 부가가치율 등 다른 경제 지표들과는 뚜렷이 구별되는 몇 가지 특징이 있다. 첫째, 높은지 또는 낮은지를 판단할 만한 기준이 되는 수치가 없다. 예를 들어 물가 상승률이 7%라고 하면 대부분의 사람들은 물가수준이 높다라고 생각한다. 더욱이 1990년에 운수 및 창고 업종의 노동장비율이 3,448만 원이라고 할 때 이 수치가 높은 수준인지 아닌지를 판단하는 것은 어렵다. 다만 여타 업종과 비교해 자본집약 업종인지 아닌지를 가늠할 수 있을 뿐이다. 둘째, 노동장비율은 부가가치율이나 저축률처럼 일정 범위 내의 값만 갖는 이른바 '비율' 지표가 아니다. 부가가치율이나 저축률 등은 0과 1 사이의 값만 가질 수 있으나 노동장비율은 이론적으로 계속 증가하는 지표이다.

장비율 지표를 잘 활용하면 산업 관련 정보를 많이 얻을 수 있다. 첫째, 투자 관련 정보이다. 노동장비율의 증감을 통해 특정 업종의 설비투자에 관한 정보를 얻을 수 있다. 물론 다소간의 주의가 필요하다. 노동장비율 지표가 증가하는 것은 설비투자 이외에도 자본의 감가상각 속도, 설비투자된 자본의 가격 등에도 영향을 받기 때문이다.

둘째, 노동장비율은 관련 업종이나 산업의 특성을 나타내 준다. 다른 산업보다 장비율이 높은 산업은 주로 대규모 설비를 사용하는 중화학 공업일 경우가 많다. 반면 설비 규모에 비해 많은 노동력을 사용하는 산업은 노동장비율이 타산업보다 낮게 나타난다. 예를 들어 1995년 우리 나라 의류 산업의 노동장비율은 1인당 1,840만 원, 가죽 및 신발 산업은 1,940만 원으로 정유 산업의 3억 1,268만 원, 1차 금속 산업의 1억 3,182만 원에 비해 월등히 낮은 수준을 보이고 있다. 따라서 노동장비율이 타산업에 비해 월등히 높으면 자본집약적 산업, 반대로 월등히 낮으면 노동집약적 산업이라고 할 수 있다. 그런데 중화학 공업이라 할지라도 자동차 등과 같이 조립라인에 많은 인력이 투입되는 업종은 노동장비율이 낮게 나타난다.

셋째, 노동생산성의 상태를 알 수 있다. 노동생산성은 생산에 투입된 단위 노동당 생산량이다. 상식적으로도 많은 장비를 갖추고 있다면 그렇지 않은 경우보다 1인당 생산액이 많아질 것이다. 또한 기존의 낡은 장비를 이용해서 생산하다가 최신 자동 설비를 도입할 경우에 같은 인원을 투입하고도 더 많은 생산을 할 수 있을 것이다. 따라서 노동장비율이 높아지면 노동생산성도 높아질 것이라고 추론할 수 있다. 물론 노동생산성의 향상 요인에는 노동장비율의 증가 이외에도 이른바 학습효과에 따른 근로자들의 숙련도 향상이라든가 생산기술의 혁신 등도 있으므로 노동장비율이 절대적인 영향을 끼치는 것은 아니다.
　노동장비율은 향후 계속 증가할 것으로 전망된다. 우리 나라는 이제 노동집약적 산업에서 벗어나 자본집약적 산업 중심의 경제 발전 단계에 있다. 완구, 신발 등 사람의 손이 많이 가는 노동집약 산업은 중국 및 동남아 국가들에게 국제 시장을 빼앗기고 있다. 고령화 현상으로 21세기에는 인구 감소까지 예상돼 노동력의 공급 증가는 한계를 지니고 있다. 산업 구조의 고도화 역시 노동장비율을 높이는 데 기여할 것이다. 이른바 고부가가치를 창출하는 첨단산업은 고가의 설비를 사용하는 것이 보통이다.

31 자본생산성

　흔히들 우리 경제의 문제점으로 고비용-저효율 구조를 지적한다. 고비용이란 생산에 들어가는 노동, 자본, 토지 등의 가격인 임금, 금리 그리고 토지가 경쟁국보다 높거나 또는 이들 요소들이 생산에 기여하는 것 이상으로 대가를 치른다는 뜻이다. 이를 극단적으로 표현하면 생산 요소를 제대로 활용하지 못해 제품을 팔아서 얻는 수입보다 제품을 만드는 데 들어가는 비용이 더 많이 든다는 뜻이다. 이러한 저효율 때문에 고비용이 빚어지고 고비용은 다시 저효율을 야기하는 이른바 악순환 구조가 정착돼 왔다.
　생산 요소의 대표격인 자본의 경우를 살펴보자. 자본을 금융시장에서 일정 기간 빌렸을 때 우리는 이자를 지급하게 된다. 어느 나라나 어느 공장이든 생산 기여도(자본의 한계생산성) 이상으로 자본의 사용료를 치른다면 경쟁력이 제대로 유지될 수 없다.
　자본의 한계생산성이란 자본투입량을 1단위 증가시킬 때 늘어나는 생산량의 크기를 의미한다. 경제학 원론에서는 한 나라의 경제가 안정적이라면 자본의 한계생산성과 실질금리가 동일한 수준에서 결정되는 것으로 파악한다. 따라서 우리 나라 자본의 한계생산성을 살펴보면 현재와 같은 고금리 현상에 대한 실마리를 찾을 수 있을 것이다.

<표>를 통해 지난 20년간 한국, 일본, 대만 3개국의 자본의 한계생산성을 비교해 보자. 첫째로 우리 나라는 경쟁국에 비해 자본의 한계생산성이 매우 낮다. 1990년에 우리 나라 전 산업 자본의 한계생산성은 0.13인데 비해, 일본은 0.22, 대만은 0.18에 달하고 있다. 제조업도 0.11로 일본, 대만의 0.16, 0.20에 비해 크게 낮은 수준이다. 자본의 한계생산성이 낮다는 것은 그만큼 실질 이자율이 고평가돼 있다는 것을 의미하므로 우리 기업이 일본이나 대만의 기업들보다 고비용 조건에서 경쟁하고 있음을 쉽게 알 수 있다. 실제로 1995년에 우리 나라의 실질 금리는 9.35%인데 반해 일본과 대만에서는 각각 1.89%와 3.11%라는 매우 낮은 수준에 머무르고 있다.

두 번째로 우리 나라 자본의 한계생산성은 시간이 갈수록 계속 하락한다. 1975년만 하더라도 우리 나라 자본의 한계생산성이 일본과 대만을 모두 앞섰다. 그러나 1979~80년 이후부터 전 산업 및 제조업

자본의 한계생산성 비교

구 분	전산업			제조업		
	한국	일본	대만	한국	일본	대만
1975	0.29	0.22	0.25	0.23	0.12	0.19
1978	0.24	0.25	0.24	0.19	0.17	0.22
1981	0.18	0.30	0.19	0.13	0.16	0.19
1984	0.15	0.24	0.18	0.13	0.17	0.20
1987	0.15	0.23	0.22	0.13	0.16	0.23
1990	0.13	0.22	0.18	0.11	0.16	0.20

자료 : 남주하, 『금리 논쟁과 금리 안정화 방향』, 1996. 11.
주 : 자본의 한계생산성 = 국민생산의 증가분/투입된 자본량의 증가분

에서 두 나라에게 뒤지게 되었으며, 격차는 더욱 벌어지고 있다. 이는 우리 나라가 일본과 대만에 비해 투자의 효율성이 점점 더 떨어지고 있다는 것을 의미한다.

자본의 한계생산성으로 한 나라의 이자율을 평가하는 데에는 한계가 있다. 자본의 한계생산성은 공식적으로 집계해서 발표하는 지표가 아니다. 그때그때 필요에 따라 추계되는 지표이기 때문에 각각의 추계에서 사용하는 변수의 종류와 성질에 차이가 있다. 자본의 한계생산성을 구하기 위해서는 생산 수준이나 투입된 자본의 양을 알아야 한다. 그런데 생산량을 나타내는 지표로 국민 소득을 이용할 것인지, 아니면 좀더 정확성을 꾀하기 위해 잠재 국민 소득을 사용해야 할 것인지 하는 선택의 문제가 있다. 또한 자본의 범위를 어떻게 정의하느냐에 따라 그 수치가 크게 달라진다. 이러한 문제점에도 불구하고 자본의 한계생산성은 구조적인 문제를 파악하는 데 많이 활용된다.

최근 경제 정책의 관심은 자본의 한계생산성을 높이고 높은 금리 수준을 낮추어서 고비용-저효율의 경제구조를 타파하는 데 있다. 종전에는 기업의 고금리 부담을 정부가 보조해 주었으나, OECD 가입후 불가능하게 됐다. 이제 자본도 효율적으로 사용하지 않으면 경쟁력을 유지할 수 없다는 것을 깊이 인식해야 한다.

32 가계비 충족률

농촌이야말로 도시인의 마음의 고향이며 전통적인 가치관을 지켜주는 최후의 보루라고 할 수 있다. 다행스러운 현상인지 도시에서 농촌으로 회귀하는 젊은 세대가 늘어나고 있다. 오염되지 않는 공기와 물을 접할 수 있고 번잡스럽지 않은 곳을 찾는 것일까. 그런데 최근의 농가통계를 살펴볼 때 염려되는 점이 나타나고 있다.

무엇보다 농가의 본업이라 할 수 있는 농업부문의 소득비중은 줄어들고 오히려 농업 외 부문의 소득비중이 점점 높아지고 있다. 1995년 현재 전체 농가 소득에서 농업 소득이 차지하는 비중은 48%로 나타나, 처음으로 50%를 밑돌기 시작했다. 이는 서비스업·농산물 가공업 등과 같은 겸업소득이 증가함에 따라 농업외소득이 크게 증가하고 있음을 나타낸다. 이외에도 자녀나 친지의 송금과 같은 도시로부터의 이전소득이 날로 커지고 있다. 정부의 정책적 배려에도 불구하고 농가 경제가 전통적인 모습을 잃어가고 있어서 마치 농사가 부업으로 변해가고 있는 느낌이 든다.

　농가의 경제상태를 나타내는 지표들로는 가계비 충족률과, 농가 소득과 도시 근로자 소득의 비교 등이 있다. 이중 가계비 충족률은 농가의 경제상태를 단적으로 나타내는 지표라고 말할 수 있다. 이 지표는 농가의 가계비 가운데 농업 소득이 차지하는 비중(농업 소득/가계비×100)을 말한다. <표>에 따르면, 우리 나라 농가의 경지면적별 가계비 충족률은 1975년에는 73.8~149.5%의 분포를 보였는데 1995년에는 34.5~117.5%의 분포를 나타냈다. 즉, 가계비와 농업 소득 양자간의 격차가 점점 확대되고 있음을 알 수 있다. 이에 따라 '가계비 충족률이 100%가 되는 부유한 농가'를 의미하는 중농(中農)의 경지면적 하한선이 1.5~2ha, 또는 2ha 이상으로 높아졌으며, 특히 0.5ha

농업 소득 및 농가 소득의 가계비 충족률 (%)

구 분 연 도	0.5ha 미만		0.5~1ha		1~1.5ha		1.5~2ha		2ha 이상	
	A	B	A	B	A	B	A	B	A	B
1975	73.8	126.5	107.8	136.8	124.0	142.7	138.4	152.5	149.5	161.9
1985	35.6	109.7	59.8	113.9	82.9	120.6	103.1	132.5	115.2	137.8
1995	34.5	147.6	55.3	138.2	84.2	149.5	95.5	151.1	117.5	170.3

자료: 농림수산부, 『농가경제통계』, 각년도

주: A는 농업 소득의 가계비 충족도, B는 농가 소득의 가계비 충족도임

미만 층과 0.5~1ha 층의 가계비 충족률은 1975년의 70%와 100%대에서 1995년에는 각각 30%와 50%대로 급격히 낮아졌다.

전체 농가 중 영세농이라 할 수 있는 0.5ha 미만 층과 0.5~1ha 층이 차지하는 비중도 각각 30.4%, 28.8%로 나타나고 있다. 이는 농민의 과반수 이상이 농업에 종사하는 것만으로는 가계를 유지할 수 없음을 의미한다. 이러한 현상의 원인으로는 WTO 체제의 출범에 따른 농산물 수입개방과 농산물 가격지지의 후퇴 등이 지적되고 있다.

농업 소득에 의한 가계비 충족률이 저하됨에 따라 중하층 농가는 토지 임차를 통해 영농 규모를 확대하거나, 농한기 등을 이용해 농업 이외의 부문에 부업의 형태로 일자리를 얻을 수밖에 없게 된다. 그러나 농토임차를 통해 영농 규모를 확대하는 것은 영세농에게 현실적으로 부담스럽다. 지대 부담 능력이 매우 열악하기 때문이다. 따라서 임차지 획득을 둘러싼 경쟁에서 상층농에 뒤질 수밖에 없다. 또한 농업 이외의 일자리를 얻는 것도 그렇게 쉬운 일이 아니다. 과거 정부가 의욕적으로 추진한 농공단지 조성이 실패한 것은 이러한 사실을 단적으로 보여주는 예이다.

그래서 기계화와 같이 영농 규모를 획기적으로 키울 수 있는 구체적인 정책수립이 필요하다. 그런데 농가 소득에서 농업 소득이 차지하는 비중을 나타내는 농업 소득 의존도와 가계비 충족률의 추이를 비교해 보면, 양자의 절대치가 근접하고 있는 것으로 나타난다.

이는 가계비와 농가 소득이 서로 비슷한 수준으로 접근해가고 있음을 의미하고, 이것은 농업투자와 농업 잉여폭을 좁히게 만든다. 그 결과 중하층 농가의 농업을 위한 투자 여력은 더욱 줄어들게 되고, 기계화와 같은 농업경제의 확대 재생산을 스스로가 꾸려나가기 어렵게 된다.

농촌의 가계비도 계속 증대돼 상당수의 농민들이 사실상 농업만으로는 생계를 유지할 수 없게 됐다. 이러한 관계를 보다 정교하게 파악할 수 있는 지표로서, 농업 종사자 1인당 농업 소득이 가족 1인당 가계비를 충당할 수 있는지 여부를 나타내는 '농업 부양력'이 있다. 농업 부양력의 향상 정도를 가지고 농업구조조정 정책이 효과가 있는지를 파악하려는 것이다. 가계비 충족률과 함께 농정의 주요 가늠자로 활용되기를 기대한다.

33 지대부담력

1996년 7월 1일부터 쌀을 제외한 모든 농산물의 수입이 개방됐다. 이에 따라 쌀도 2004년 이후에 완전히 개방될 전망이다. WTO 체제의 출범으로 우리 나라 농업은 이제 새로운 국면에 접어들고 있는 것이다. 농업도 다른 산업들과 마찬가지로 세계의 유수한 농업국가와 무한경쟁하는 시대에 접어들게 됐다. 하지만 농산물은 공산품과 달리 외국에 공급을 무한정 의존하기가 힘들다. 그런 까닭에 기초 먹거리인 쌀의 자급 능력은 매우 중요하다.

국내 쌀 농사가 시장을 개방해도 버틸 수 있으려면 무엇보다 가격 경쟁력이 제고돼야 한다. 이를 위한 각종 방안 중 하나가 경작 규모를 확대해 단위당 생산비용을 절감하는 것이다. 그러면 누구의 땅을 누가 임차해 규모를 확대할 것인가라는 문제가 제기되는데, 이 때 농

지대부담력*과 하층농의 쌀 생산 소득 비교 단위: 원/10a

구분 연도	0.5~1 ha 평균 쌀 생산 소득(A)	2 ha 이상 평균 순수익(B)	B/A
1985	292,998	258,994	0.88
1990	454,986	421,293	0.93
1995	42,9805	412,691	0.96

자료: 농림수산부, 『농림수산통계연보』, 각 연도

* 상층농의 평균 순수익

지유동화의 방향을 가늠해주는 지표가 지대부담력이다.

지대부담력이란 농지 수요 농가가 기꺼이 지불하려는 지대를 의미한다. 이론적으로 지대는 토지 순수익(총수익-1차 생산비)에서 자본이자 및 이윤을 뺀 것이다. 현실적으로 농민은 생산 능력과 농기계, 건물 등에 투입된 농업 자본을 다른 용도로 전환하는 것이 어렵기 때문에 그것의 기회비용은 제로에 가깝다. 따라서 농지 수요 농가의 지대부담력은 토지순수익이 된다.

한편 농지 공급 농가는 얼마만큼 지대를 받아야 토지를 임대할 것인가? 만일 농지 공급 농가가 자가농업에 투입해 얻는 가족노동보수와 동일한 임금을 다른 취업처로부터 얻고 있다면 그 농가는 토지순수익만큼의 지대를 받는다면 토지를 임대할 것이다. 그러나 다른 고용기회가 존재하지 않는다면 토지순수익에다 자가노력비를 더한 농업 소득을 지대로 받지 않은 한 토지를 임대하지 않을 것이다. 따라서 농지 공급 농가가 요구하는 지대의 하한은 토지순수익, 상한은 농업 소득이 될 것이다. 그러므로 농지유동화는 농지 수요 농가의 지대부담력, 즉 토지순수익이 농지 공급 농가의 농업 소득을 상회하면 이루어진다.

우리 농업현실에서 기계 보유율이 높은 상층농을 잠재적 농지수요계층, 농업만으로는 가계비를 충족할 수 없는 하층농을 잠재적 농지공급계층으로 볼 수 있다. <표>는 각 연도별 상층농의 토지 순수익과 하층농의 쌀 생산 소득을 비교한 것인데, 1985년에는 상층농의 토지 순수익이 하층농 쌀 생산 소득의 88% 수준밖에 되지 않던 것이 1995년에는 96% 수준까지 높아졌음을 알 수 있다. 이러한 수치는 상층농의 지대부담력이 투하자본에 대한 이윤을 획득할 정도는 아니지만 최하층농의 소득을 지대화할 수 있는 수준에 이르렀음을 보여주는 것이다.

특히 과거보다 가족 노동력의 농업외 취업기회가 많아져 임대농이 요구하는 지대도 농업 소득 이하인 경우가 많을 것이라는 점을 고려할 때, <표>에 나타난 수치는 상층농이 임차를 통해서 대규모 경영으로 발전할 수 있는 경제적 조건이 서서히 형성되고 있다는 점과 함께 농지유동화의 주도성이 그들에게 넘어오고 있음을 시사한다.

경지규모를 확대하기 위해 추가로 경작지를 임차할 경우 추가 경작지가 대규모가 아니라면 고정자본의 추가 투자를 필요로 하지 않는다. 따라서 지대부담률은 평균 순수익을 웃돈다. 이때는 한 단위를 추가 생산해서 얻게 되는 한계순수익을 지대부담력이라고 보는 것이 타당하다. 이는 기존의 평균 순수익에다 고정자본비용을 더한 값을 말한다. 이를 적용하면 현재보다 상층농의 지대 부담력은 더욱 높게 나타나고 향후 임대차 시장에서 상층농을 중심으로 한 경영규모 확대는 보다 빨리 실현될 수 있음을 알 수 있다.

34 수송분담률

최근 우리 나라의 경제침체는 그 동안의 고속 성장에 따른 후유증인 것으로 파악된다. 고속 성장의 원동력이었던 수출은 수송물동량을 급증시켰지만 이를 수용할 사회간접자본이 제때에 건설되지 못했다. 이로 인한 물류비 상승과 수출 가격 경쟁력의 하락은 지속적인 경제 성장에 대한 우려를 낳고 있다.

물류란 원재료의 조달과 생산의 단계에서부터 소비 또는 이용의 단계에 이르기까지 모든 재화의 이동을 취급하거나 관리하는 것을 말한다. 물류는 이처럼 경제 활동의 밑바탕임에도 불구하고 우리 나라의 산업경쟁력을 약화시키는 요인으로 지적받고 있다. 국내 산업의 물류비는 1994년을 기준으로 보면 총 48조 원으로 국내총생산 대비 15.7%, 제조업 매출액 대비 17.1%에 달하고 있다. 이렇듯 물류비가 높은 이유는 수송과 관련된 사회간접자본에 대한 투자가 제대로 이루어지지 않았기 때문이다. 수송비를 포함한 물류비의 증가는 바로 제품의 가격 경쟁력 약화로 이어져 산업의 전반적인 경쟁력 하락을 가져올 수밖에 없다.

물류비 가운데 가장 중요한 요소는 수송비용이다. 수송은 산업에 있어서 물적 유통의 중핵을 이루고 있으며, 수송수단은 크게 철도, 자동차, 선박, 항공기 등으로 나눌 수 있다. 수송수단의 선택은 수송비용의 정도, 수송시간의 신속도, 수송의 정확도, 수송의 안정도, 기타 수송의 편의성 등에 의해서 이루어진다. 산업과 기술의 발전에 따라서 수송수단의 발달도 함께 이루어져, 우리 나라에서도 경제발전의 초기 단계에는 철도수송의 중요성이 높았으나 점차 자동차로 전이되는 현상을 보여주었다. 근래에는 경제 규모의 확대에 따라서 해운의 중요도가 높아지고 있는 실정이다.

이렇듯 산업활동 과정에서 나타나는 수송수단의 선호도 및 중요도를 표현하는 것이 바로 수송분담률이라고 할 수 있다. <표>에 나타난 수송분담률은 특정 해에 개별 수송수단에 의해 수송한 화물량과 수송거리를 곱해서 개별 수송량을 구하고, 이를 취합해서 국내 총화물 수송량을 산정한 다음, 개별 수송량이 전체 수송량에서 차지하는 비율을 구한 것이다. 1995년 현재 해운이 57.7%로 점유율이 가장 높고, 도로 수송이 23.9%, 철도가 18.2%, 그리고 항공이 0.2%를 담당하고 있다.

해운은 1987년 이전까지만 해도 점유율을 도로 수송에 빼앗기고 있었으나 그후 반전해 점유율을 급속히 늘려오고 있다. 1990년에 47.8%이던 수송분담률은 1995년에 57.7%로 급증해 5년 동안 무려 10% 포인트나 늘어났다. 이는 그 동안 사회간접자본에 대한 투자 부진으로 인해 도로와 철도 등 육상교통의 체증이 심화됨에 따라 해상 운송으로의 전환이 이루어졌기 때문이다.

한편 도로수송은 1987년에 가장 높은 분담률(38.4%)을 보인 이후 점유율이 지속적으로 하락해 왔다. 도로의 경우 계속적인 시설투자에도 불구하고 자동차 보급 속도를 따라가지 못해 상대적인 기능 약화를 가져온 것으로 보인다. 이에 따라 수송분담률도 1995년에 23.9%로 급락했다.

철도 역시 분담률이 지속적으로 하락하고 있다. 1990년에 30.9%였던 높은 분담률이 1995년에는 18.2%로 떨어졌다. 1995년 현재 총연장 3,101km에 달하는 철도는 산업화 초기에는 수송수단의 근간이었지만 육로 및 해운 육성책에 따라서 비중이 크게 낮아졌다. 더욱이 철도의 주요 노선은 이미 한계 용량에 도달해 열차의 추가 투입이 어렵기 때문에 획기적인 투자 계획이 만들어지지 않는 한 앞으로도 철도의 수송분담률은 계속 낮아질 것으로 보인다.

물류의 핵심은 수송이라고 할 수 있다. 총수송비용은 1993년을 기준으로 24조 원에 달해 GDP의 9.3%를 차지하고 있다. 이렇듯 화물수

국내 화물 수송분담률 추이 (단위: 백만 톤-킬로미터, %)

	1990		1991		1992		1993		1994		1995	
	수송량	분담률	수송량	분담률	수송량	분담률	수송량	분담률	수송량	분담률	수송량	분담률
철도	13,663	30.9	14,494	29.1	14,256	23.1	14,658	22.1	14,070	21.8	13,838	18.2
공로	9,325	21.1	10,530	21.1	11,364	18.4	12,666	19.1	15,446	23.9	18,213	23.9
해운	21,127	47.8	24,737	49.6	36,008	58.3	38,765	58.6	34,935	54.1	43,936	57.7
항공	72	0.2	79	0.2	94	0.2	105	0.2	116	0.2	123	0.2
합계	44,187	100.0	49,840	100.0	61,772	100.0	66,194	100.0	64,567	100.0	76,110	100.0

자료: 건설교통부, 『건설교통통계연보』, 1996.

주: 백만톤-킬로미터는 화물수송톤수에 수송 거리를 곱한 것임

송비가 높은 이유는 철도, 도로, 항만, 공항 등 전반적인 기간교통시설이 제때에 공급되지 못했기 때문이다. 이외에도 수송체계 상호간 연계성이 낮은 데서 야기되는 비용도 중요한 원인이라고 할 수 있다.

앞으로 우리 나라 산업의 국제경쟁력 향상을 위해서는 물류비용의 절감은 필수적이다. 이를 위해서는 수송수단별로 비용 분석을 정확히 하고 관련 시설 투자의 효율성 분석을 통해 수송부문에 대한 장기적 투자계획을 수립하고 집행해야 한다. 이에 앞서 정부 차원에서 현행 수송망의 정보화를 추진하고 수송수단간의 연계성을 높여야 한다.

35 연구개발 지표

경쟁력을 회복시키는 데 연구개발이 중요하다고 한다. 임금과 같은 중요한 생산 요소의 가격이 너무 높아서 기존의 저부가가치형 업종으로는 임금이 싼 신흥공업국을 상대로 국제 시장에서 경쟁력을 유지할 수가 없으니 기존 제품의 부가가치를 좀더 높여야 한다는 뜻이다. 이를 위해서는 기술개발이 중요하지만 우리 나라의 기술개발 관련 투자는 크게 미흡하다는 비판은 이제 익숙해진 지적이 됐다.

연구 개발(R&D; Research and Development)이란 기업에서 볼 때 주로 신제품을 연구하는 것이다. 설비나 기계 및 장치와 같은 공장 부문에서 제조 공정의 연구 개발도 포괄한다. 이를 통해 경쟁력을 확보하거나 유지하고 장기적으로 보다 큰 이윤을 추구한다. 장기적인 안목에서 볼 때 일종의 보험의 의미를 갖는 것이다.

한 나라의 연구개발 능력을 나타내는 지표로 흔히 '국민총생산(GNP)에서 차지하는 연구개발 투자비의 비중'이 이용되고 있다. 연구개발비의 대표적인 것이 개발비와 시험연구비이다. 우리 나라의 재무제표 규칙을 보면 개발비는 신기술의 채용, 생산설비의 배치방법 개선과 같은 경영 조직의 개선 등에 지출되는 비용을, 시험연구비

주요 나라의 연구개발 투자비 비교							
개발비	국가	한국	미국	일본	영국	독일	프랑스
GNP 대비 비율 (%)	1990	1.88	2.73	2.78	2.21	2.77	2.42
	1991	1.94	2.80	2.77	2.15	2.64	2.42
	1992	2.09	2.77	2.73	2.12	2.57	2.44
	1993	2.32	2.67	2.66	2.19	2.48	2.41
	1994	2.61	2.56	-	-	-	-
최근 5년간 증가율(%)		20.4	3.3	9.3	2.2	7.5	7.6
총연구개발비 (100만 달러)		9,826 (1994)	172,550 (1994)	112,665 (1993)	20,618 (1993)	47,396 (1993)	30,147 (1993)

자료: 과학기술처, 『95 과학기술연감』, 1996.

는 제품의 시험적 제작과 제조방법의 연구 등을 위해 특별히 지출된 비용을 일컫는다.

우리의 연구개발투자는 적어도 지표상으로는 낮은 수준이 아니다. <표>에서 보면 연구개발 투자비가 국민총생산에서 차지하는 비중은 꾸준히 상승해 1990년의 1.88%에서 1992년에는 2% 수준을 넘어섰으며, 1994년에는 2.61%에 이르고 있다. 흔히 G5라고 불리는 선진국들은 대체로 2~3% 수준을 나타내고 있어서 우리와 큰 차이를 보이지 않고 있다. 오히려 프랑스를 제외한 나머지 국가는 점차 하락하는 추세를 보이고 있다.

국민총생산 대비 연구개발비 비율을 볼 때 우리 나라는 이미 1993년에 영국을 앞질렀고, 1994년에는 미국을 앞섰다. 현재와 같은 추세라면 2~3년 내에 선진국 수준을 따라잡을 수 있을 것이다. 이러한 예측을 뒷받침하는 것은 최근 5년간의 연구개발 투자비 증가율 추이이다. <표>에서 보듯이 우리 나라는 무려 20%가 넘는 연평균 증가율을 기록하고 있으며, 이것은 세계 2위인 일본보다 2배 이상 높은 신장률이다.

그러나 한꺼풀 더 벗겨 보면 낙관적인 것만은 아니다. 연구개발비의 절대 규모가 아직 크게 낮고 첨단 기술에 대한 연구개발이 미흡하며, 연구개발 관리도가 매우 미약하다.

우리 나라의 연구개발비는 G5 국가 중 연구개발 투자비 규모가 가장 작은 영국의 절반에도 미치지 못하고 있다. 세계에서 규모가 가장 큰 미국에 비해서는 5%를 약간 웃도는 수준에 불과하다. 이렇게 연구개발 투자비가 절대적으로 작다는 것은, 예컨대 '게놈 프로젝트1)'와 같이 장기간에 걸쳐 엄청난 규모의 자금이 소요되는 대형 프로젝트를 수행할 수 없다는 것을 뜻한다.

따라서 연구개발을 통한 경쟁력의 개선이나 여타 산업에 주는 파급 효과도 크게 기대하기 어렵다. 선진국의 경우 우주항공, 생명공학 등 최첨단 분야에 대한 연구개발투자가 주로 이루어지고 있는 반면에, 우리 나라는 조립금속이나 음식료품 산업과 같이 상대적으로 부가가치가 적은 분야의 연구개발 투자가 상위를 차지하고 있다. 그러나 영세한 규모의 연구라도 짜임새 있게 진행하면 소기의 성과를 거둘 수 있다. 연구개발비 규모가 우리와 비슷한 대만은 국제특허 획득 수에 있어서 우리보다 훨씬 많다. 우리도 연구개발 활동이 개발 과제 간 서로 상승효과를 가져올 수 있게끔 뚜렷한 목표를 설정해야겠다.

---

1) Genome Project: 미국이 추진중인 게놈 연구개발 계획. 게놈이란 생명체의 유전정보를 말한다. 이에 대한 연구를 통해 생명현상에 대한 구체적인 접근이 가능하며 이를 응용함으로써 유전자 치료 및 농업, 화학 산업에 막대한 파급 효과를 줄 수 있다. 미국은 이를 위해 2004년까지 약 30억 달러를 투자할 계획이다.

36 산업재해율

1인당 국민 소득이 1만 달러를 넘어서면서 '삶의 질'에 대한 관심이 급격히 높아지고 있다. 이러한 현상을 대변하는 것으로서 종전에는 큰 관심을 끌지 못했던 여러 지표들이 새롭게 중요성을 더해가고 있다. 그러한 것 중의 하나가 '산업재해율'이라는 지표이다.

과거 1960~70년대는 성장 일변도의 경제 정책으로 노동조건이나 근로자의 권익이 무시되는 경우가 많았다. 하지만 경제성장과 더불어 사회 전반에 걸쳐 민주화가 진행되고 정부나 경영자들도 근로여건의 개선을 통해 산업재해를 줄이는 것이 오히려 생산성 향상에 도움이 된다는 것을 인식하면서부터 산업재해율 지표는 사회복지와 기업 경영이라는 두 가지 측면에서 관심을 끌게 됐다.

한 나라의 산업안전지표를 나타내는 척도에는 재해율 말고도 근로자 1명이 100만 시간 동안에 몇 번의 재해를 입었는지를 나타내는 도수율(度數率), 1,000 시간의 작업중 재해로 인한 근로 손실 일수를 나타내는 강도율(强度率), 그리고 1,000명당 재해자의 비율로 재해율의 10배에 해당하는 천인율(千人率) 등이 있는데 그중 재해율이 가장 많이 이용된다.

산업재해율 1%란 100명의 근로자가 일하는 사업장에서 1년 동안 안전 사고로 사망하거나 혹은 4일 이상의 치료를 필요로 하는 부상을 당한 근로자가 1명 정도라는 것을 뜻한다. 이 지표는 1965년 이후 해마다 작성되고 있는데, 현재는 노동부가 『산업재해분석』이라는 자료를 통해 매년초 발표하고 있다.

<표>에서 보듯이 우리 나라의 산업재해율은 지난 30년간 줄곧 하락하는 추세를 보이고 있다. 1995년에는 최초로 1% 미만의 재해율을 나타내 산업 안전 지표상으로 볼 때 선진국에 진입한 것으로 평가되고 있다. 이는 근로조건이 선진화되고 노사관계가 안정돼 근로 의욕

이 상승하면서 심리적으로 매우 안정된 상태에서 일하기 때문인 것으로 분석된다.

산업재해율을 이해하는 데 있어서 유의할 사항은 특히 지표의 국가간 비교에서 발생한다. 각국에서 정의하는 산업재해율의 내용이 조금씩 다르기 때문이다. 우리 나라와 대만, 프랑스 등은 '보상된' 재해를 기준으로 삼는 반면에 미국, 일본, 영국 등은 '보고된' 재해를 기준으로 삼고 있다. 또 독일은 출퇴근시의 재해를 인정하고 있고, 미국은 직업병까지를 재해의 범주에 포함하고 있다. 따라서 지표를 통해 산업안전 상태를 상호 비교하는 것은 다소 무리가 따를 수 있다.

우리 나라의 산업재해가 선진국이나 경쟁국에 비해 후진적임을 알려주는 통계도 있다. 산업재해로 인한 사망자의 비율을 나타내는 중대재해율이라는 것이 바로 그것이다. 1992년도 제조업의 경우, 미국, 일본, 프랑스 등의 선진국은 0.01~0.05%, 대만, 싱가포르 등의 경쟁국은 0.07~0.08% 정도의 비율을 보이고 있는 반면에 우리 나라는 무려 0.19%의 수치를 기록해 산업재해로 인한 사망자가 특히 많은 것으로 나타났다.

산업재해율이라는 지표는 우리 사회가 양적인 성장뿐만 아니라 질적인 측면에도 얼마만큼의 관심을 가지고 있는지를 보여준다.

이를 선진국 수준으로 끌어내리는 것이 매우 중요하다. WTO체제 출범 이후 전세계의 상품 및 서비스 시장이 단일화되고 이에 더해 환경, 기술뿐만 아니라 근로조건까지도 협의의 대상에 포함되고 있기 때문이다. 예컨대 블루라운드는 공정한 국제거래를 보장하기 위

우리 나라의 산업재해율 변화 추이 (%)

연 도	1965	1968	1979	1986	1990	1992	1994	1995
재해율	5.91	4.70	3.61	2.99	1.76	1.52	1.18	0.99

자료: 노동부

해 최저한의 근로기준 설정을 목적으로 하고 있다. 따라서 근로조건의 개선을 위해 꾸준히 투자하고, 관계 법령 및 제도를 개선해 산업재해율을 지속적으로 감소시켜야 선진국들의 통상 압력을 피할 수 있을 것이다.

37 전력예비율

여름철만 되면 전력 부족 문제가 생긴다. 국민 소득 수준이 높아짐에 따라서 에어컨이나 선풍기 같은 각종 냉방용 가전제품의 사용으로 전력 수요가 급증한 탓이다. 이에 정책 당국이나 한국전력은 여름철만 되면 예비전력을 확보하기 위해 비상이 걸린다.

전력은 석유나 석탄같은 다른 에너지 자원과는 달리 장기간 보관이 어렵다. 따라서 생산과 동시에 소비가 이루어지기 때문에 늘 예비전력을 가지고 있어야 한다. 그러나 여기에는 막대한 투자비가 소요돼, 전력회사의 재무구조를 악화시키거나 전기 요금을 상승시키는 원인으로 작용할 수 있다. 그러나 예비전력이 부족한 상태를 지속하다가 만의 하나 전력공급이 모자라는 사태가 발생할 경우 사회·경제적인 활동에 주는 파장은 이루 말하기 어려울 정도로 막대하다. 따라서 적정량의 예비전력을 유지할 필요가 있다.

이러한 취지에서 전력예비율이란 지표가 활용되고 있다. 전력예비율은 전력수요 예측이 불확실하거나, 발전설비를 보수하거나 또는 뜻하지 않은 고장·정지 등으로 인해 전력공급에 차질이 발생하는 것을 예방하기 위해 사용된다. 전력예비율은 두 가지 측면에서 접근이 가능하다.

첫째로, 해당 기간의 최대 수요에 대한 공급 예비력(공급 능력이 최대 수요를 초과하는 양)의 백분율로 나타낼 수 있다. 이를 공급예비율이라 한다. 둘째로 최대 전력 수요를 초과해 보유하는 여유 설비로 나타낸다. 이것을 최대 전력수요로 나눈 수치를 설비예비율이라 하는데, 이는 발전기의 운전상태를 고려하지 않은 총설비 용량과의 대비율을 말하며, 연간 최대 수요에 대한 설비예비력(연간 최대수요를 초과해 보유하고 있는 설비 여력)의 백분율이다. 통상적으로는 전력 예비율로는 공급예비율을 사용한다.

공급예비율은 최대수요에 대한 예비설비량의 비율로 표시된다. 전력의 최대 수요가 발생하는 시기의 각 설비별 예측 가능한 감발 용량(발전소 정기 보수, 설비 노후로 인한 성능 저하, 가뭄에 의한 댐수위 저하 등)을 제외한 실제 공급능력을 기준으로 한다. 이를 통해 최대수요에 대해 실제 공급할 수 있는 능력을 판단해 설비운용 및 전력공급의 안정성을 판단하는 데에 사용된다. 일반적으로 전력예비율은 12~15%가 적정한 수준인 것으로 알려지고 있으며 최소 10%는 확보해야 한다.

1997년에 나타난 이상고온 현상으로 6월에 이미 전력예비율이 목표치인 7%를 벗어나는 전력비상 상황이 벌어졌다. 이처럼 전력수급이 불안해진 원인으로는 에어컨, 냉장고 등 가전제품의 대형화 추세를 들 수 있다. 이로 인해 한두 개 발전소에 고장이 나거나 이상고온으로 냉방 수요가 급증할 경우 제한 송전의 가능성까지 우려되는 상황이다.

통상산업부의 전력수급 동향분석에 따르면, 전력공급능력은 1996년에 3,430만 Kw에서 1997년에는 3,852만 Kw로 증가했다. 그리고 최대수요는 경기부진과 지속적인 수요 관리 활동에도 불구하고 1996년 3,228만 Kw보다 11.5% 증가한 3,600만 Kw에 달했다. 보통 '7%' 전력예비율이란 원자력 발전소 2기와 대용량 화력발전소 1기에 해당하는 전력량이다.

연례행사가 되다시피 한 전력부족 소동을 근본적으로 해소할 방안

연도별 전력 수급의 추이
단위 : 만Kw, %

전력 \ 연도	1991	1992	1993	1994	1995	1996	1997
최대 전력 수요(A)	1,912.4	2,043.8	2,211.2	2,669.6	2,987.8	3,228.2	3,600.8
전력 공급 능력(B)	2,014.8	2,173.7	2,440.5	2,743.1	3,196.8	3,429.5	3,852.2
전력예비율 ((B-A)/A)	5.4	6.4	10.4	2.8	7.0	6.2	7.0

자료: 에너지경제연구원, 『에너지통계월보』, 1997.
주: 1997년 자료는 정부 전망치 및 목표치임.

은 없는가. 첫째는 공급 능력이 확충돼야 한다. 판에 박힌 절전대책 등 미봉책보다는 중장기 전력수급 계획을 전면 손질하고 발전소 건설의 차질을 최소화할 수 있는 방안이 시급히 마련돼야 한다. 발전용량 확대에는 시간이 많이 걸리는 만큼 수요 예측의 정확성을 꾀해야 한다. 둘째, 수요관리가 보다 강화돼야 한다. 즉, 에너지 과소비형 산업구조 개선, 절전형 가전제품의 개발과 보급 등 수요 측면에서의 합리화도 강력히 추진돼야겠다.

part II 물가와 금융

경제 기사 쉽게 읽는 법

1
물가

38 물가 지표

　매월 초만 되면 신문 지상에는 지난달의 물가 지수가 발표된다. 정부 발표에 의하면 1998년 6월 소비자물가는 전년동월대비 7.5% 상승하였고, 생산자물가는 15.3%가 올랐다. 한편 분기별이나 연평균 물가 상승률은 1997년부터 전년말 대비보다는 매월 전년 동기 대비 상승률을 산술 평균해 측정하고 있는데 이는 정부가 물가목표를 미리 설정(전년말 대비)하고 이를 관리한다는 입장에서 벗어나려는 취지로 보인다. 계절적 요인이 많이 가미된 전월대비보다는 전년 동기 대비 물가 상승률이 더 정확하다.

　물가지수는 수많은 개별 상품의 가격을 종합적으로 평균해서 작성된다. 물가지수는 상품이 거래되는 성격에 따라 크게 다섯 가지로 나뉘어진다. '물가가 몇 % 올랐다, 내렸다'하는 것은 특정 시점의 물가지수(예컨대 115)가 비교 시점(100)에 비해 얼마나 변동했느냐(15% 상승)하는 것이다.

　첫째, 생산자가 파는 단계, 즉 공장인도 가격을 기준으로 만드는 것이 생산자물가이다. 둘째, 일반 도시 가구가 구매하는 생필품의 거래가격을 기준으로 작성되는 것이 소비자 물가지수이다. 셋째, 수출

혹은 수입되는 상품의 가격(수출입 계약 시점)을 기준으로 만드는 것이 수출입 물가지수이다. 끝으로 GDP 디플레이터2)는 명목 GDP를 실질 GDP로 나누어 구하는데, 성격상 GDP 추계에 관련되는 모든 재화와 서비스의 국내거래가격뿐만 아니라 수출입가격 변동까지도 포함하는 가장 포괄적인 물가지수이다. GDP와 연관되기 때문에 매분기 중간쯤 전 분기 GDP(분기별 작성)와 함께 발표되며 디플레이터는 소비자와 생산자 물가의 산술평균의 성격을 띤다.

물가지수의 작성은 대부분 한국은행에서 담당한다. 단 소비자 물가지수는 통계청에서 작성한다. 현행 물가지수는 1990년을 기준으로 측정된다. 작성시 모든 거래 상품이나 서비스가 포괄되기는 현실적으로 어렵다. 그래서 상품군별로 가격변동의 대표성이 있는 품목을 선정한다. 생산자 물가지수의 경우 시장에서 거래되는 모든 상품 거래액 중 1만분의 1 이상의 비중을 차지하는 품목 869개를 대상으로 한다. 소비자 물가지수는 서울을 비롯한 32개 주요 도시 가계의 총소비지출액 중에서 1만분의 1 이상의 비중을 가지는 470개 소비 품목을 대상으로 조사된다. 한편 수출입 물가지수 작성에는 총수출입액 중 2,000분의 1 이상의 거래 비중을 가지는 품목이 조사대상인데 수출의 경우는 228개, 수입은 201개 품목이 있다.

선정된 품목 속에는 여러 가지 품질과 규격이 뒤섞여 있기 때문에 시장점유율을 감안해 대표적인 상품 몇 개의 거래가격을 평균해서 품목별 지수가 산출된다.

물가지표상 소비자 물가와 생산자 물가는 왜 다를까. 이는 무엇보

---

2) Deflator : 일정 기간의 경제현상을 분석하는 경우 그 기간의 가격변동을 무시할 때는 분석에 왜곡이 생긴다. 따라서 실질적인 분석에는 가격변동을 참작해 수정할 필요가 있으며, 이때 쓰이는 가격수정요소를 디플레이터라고 하며 가격수정인자라고도 한다.

물가 상승률				단위: %
물가 \ 구분	전월 대비	전년 동월 대비	전년말 대비
소비자 물가	-0.4	7.5	8.6
생산자 물가	-0.1	15.3	6.1
수출 물가	-0.8	30.4	-3.5
수입 물가	-1.0	30.1	-2.1

* 1998년 6월 기준

다 양자의 조사 대상 품목간 비중이 서로 다르기 때문이다. 예컨대 서비스의 경우 생산자 물가에는 2.99%의 비중으로 반영되지만 소비자 물가에는 40.55% 반영된다.

또다른 관심사는 왜 소비자가 시장에서 피부로 느끼는 물가, 즉 체감물가가 정부 발표치와 거리감이 있느냐는 점이다. 그 원인은 첫째, 물가지수가 평균 소비(대표적 품목, 평균 소비행태)를 기준으로 하기 때문에 특정 소비자가 선호하는 품목의 가격이 비교적 크게 상승하였을 경우 이 같은 거리감이 느껴진다. 둘째, 물가지수 작성 대상 품목의 선정이 5년마다 이루어지기 때문이다. 셋째, 소득증가에 따라 고급 소비재, 제철이 아닌 농산물이나 사치품 등의 소비가 늘어나서 체감물가 상승도가 더욱 커지기도 한다.

물가는 대부분 수요와 공급에 의해 결정된다. 수요에 영향을 주는 주요한 요소로는 통화량, 국민 소득, 또는 물가가 얼마나 오를 것인지에 대한 기대 인플레이션 심리 등이 있다. 공급에 영향을 주는 것은 생산기술이나 설비, 수출입 그리고 홍수와 같은 자연 조건 등이 있다. 그외에도 임금이나 금리는 생산 요소의 가격변동을 통해 물가에 영향을 주기도 한다. 이러한 여러가지 요인에 의해 물가가 지속적으로 상승(하락)하는 현상을 인플레이션(디플레이션)이라고 한다. 바람직한 것은 심각한 물가의 상승이나 하락이 없는 것인데 이는 물가가 사람으로 치면 혈압과 같기 때문이다. 이처럼 물가 변동은 경제흐름을 반영하는 주요한 지표와 맞물려 있다. 그래서 항상 통화 정책이나 경기 대책의 주요한 판단자료로 활용된다.

39 생활물가지수

현금 1만 원으로 구입할 수 있는 생필품의 개수가 점점 줄어든다고 주부들의 불평이 높다. 특히 이 같은 경향은 물가 오름세가 가파를수록 그 강도가 정비례하는 것 같다. 소비자 물가가 1998년 6월 현재 전년 동월에 비해 7.5%나 상승했다. 7.5%라는 수치는 일반인들이 피부로 느끼는 물가와는 상당한 괴리가 있다. 1년 사이에 몇 십 퍼센트 오른 품목이 적지 않기 때문이다. 그래서 소비자 물가가 몇 퍼센트 올랐다는 정부의 발표에 대해 대다수의 주부들은 못 미더워한다.

소비자들이 일상 생활에서 정부가 발표한 경제 지표를 믿지 못하는 것은 정부정책에 대한 불신 때문일 수 있다. 경제가 어려울수록 이를 위한 정부 정책이 성공하려면 국민의 믿음이 필수적이다.

우리 나라의 물가지수는 크게 소비자 물가지수, 생산자 물가지수, 수출입 물가지수로 구분할 수 있다. 이중 생산자 물가지수, 수출입 물가지수는 한국은행이 조사, 집계해 발표하며 소비자 물가지수는 통계청에서 작성한다. 현재 소비자 물가지수는 1995년을 기준으로 한 종합소비자물가로서, 소비지출 비중이 큰 509개 품목의 가격 변동을 전국적으로 평균해 작성하고 있다.

그러나 일반 소비자들이 체감하는 물가는 구입 품목 및 빈도에 따라 다르며, 이에 따라 소비자 물가지수와 소비자들이 느끼는 체감물가 사이에는 다소 차이가 있다. 통계청에서는 이러한 문제점을 해소하기 위해 1998년 4월부터 일반 소비자들이 주로 소비하는 품목을 대상으로 생활물가통계를 별도로 발표하고 있다. 일반 소비자들은 자주 구입하는 품목과 기본 생필품 구입시에 물가를 피부로 느끼기 때문에, 생활물가지수는 원칙적으로 기본 생필품과 자주 구입하는 품목(총 154개)을 대상으로 작성한다. 이들 품목들은 도시 가계 평균 소비지출액의 47.0%를 차지하고 있다.

이렇게 작성된 생활물가지수의 추이를 살펴보면, 소비자 물가지수와 생활물가지수는 물가 안정기에는 큰 차이를 보이지 않으나, 물가 변동폭이 클 때는 약간의 차이를 나타내고 있다. 통계청의 조사에 따르면, 물가가 상대적으로 안정돼 있던 1997년 1월~11월 사이에 소비자물가와 생활물가지수 간의 차이는 전년동월 대비로 0.7~2.4% 포인트 수준인 것으로 나타났으나, 물가가 폭등한 97년 12월~98년 3월 사이에는 그 차이가 3.1~4.6% 포인트로 확대된 것으로 나타났다.

품목수를 생필품 위주로 한 물가지수가 소비자들의 괴리감을 얼마나 낮출 수 있을까. 어쩌면 이 괴리감은 불가피하다고 볼 수 있다. 지수 물가는 여러 가지 상품의 가격을 일정한 기준에 따라 종합한 평균 가격을 나타내지만 피부로 느끼는 물가는 소득 수준이나 지출하는 대상이 다름에 따라 각자 느끼는 정도도 달라지기 때문이다. 예컨대 쇠고기를 먹지 않는 사람은 그 값이 폭등해도 체감물가 지수는 변하지 않겠지만 쇠고기만 먹는 사람은 전혀 달라진다.

일반 국민들이 피부로 느끼는 체감물가는 주로 생필품에 관련된

소비자물가와 생활물가의 비교 (%)

지수 \ 기간	1997년					1998년		
	1/4	2/4	3/4	4/4	연간	1/4	2/4	7월
소비자물가지수	4.7	4.0	4.0	5.1	4.5	9.0	8.2	7.3
생활물가지수	6.7	5.7	5.0	6.9	6.0	13.1	11.8	10.8

자료: 통계청, 『한국통계월보』, 각호.
주: 전년 동월 대비 상승률(%)

것이 많다. 이른바 '장바구니 물가'라는 것도 일상적인 생활에 필요한 식료품이 많이 포함돼 있기 때문에 붙여진 이름이다. 사실 전체 소비자물가 중 기본 생필품이 차지하는 가중치는 **25.18%**에 불과하다. 따라서 장바구니 물가와 정부가 발표하는 소비자물가 사이에 괴리가 생기는 것은 당연한 일이라 할 수 있다. 따라서 생활물가지수를 별도로 발표함으로써 이 괴리를 좁히는 데 상당히 기여할 수 있을 것으로 기대된다.

40 국제상품시세

신문 지상에 매일 보도되는 경제 지표의 하나로 '해외상품시세'가 있다. 여기서 취급되는 주요 상품으로는 원당, 원면과 같은 농산물, 동·알루미늄과 같은 비철금속류, 금과 같은 귀금속류, 석유와 같은 에너지원 등이 있다. 이 같은 1차 상품과 원재료는 생산과 에너지 공급에 필수적이며 국제간 거래도 매우 활발하다.

국제상품시세는 대체로 세계경제의 중심지에 위치한 상품거래소에서 결정된다. 예컨대 LME(London Metal Exchange·런던금속거래소) 시세는 주로 동, 연 등 비철금속이 가장 많이 거래되는 런던금속거래소에서 결정된 것을 뜻한다. 이외에도 대표적인 거래소로 뉴욕 소재의 NYMEX(원유), NYCE(원면), NYFE(선물)와 COMEX(금선물), CSCE(커피, 원당, 코코아), 시카고 소재의 CBOT(곡물, 금) 등이 있다.

한편 모든 상품거래가 반드시 눈앞에 있는 물건과 현금이 교환되는 방식으로만 이루어지지는 않는다. 현재 시점에서 물건을 사고파는 현물거래와 달리 원하는 상품을 나중에 받기로 하고 대금은 그 상품의 '현재 가격'으로 치를 것을 약속하는 거래 계약을 맺을 수 있다. 특정 상품을 미래에 사고팔기로 한 계약을 선물(Futures)이라 하며 그 계약을 거래소를 통해 거래하는 것을 선물 거래라 한다.

<표>처럼 대표적인 중질원유인 WTI(West Texas Intermediate) 시세는 7월 말 기준으로 1개월 뒤인 9월(인도월)에 인도된다. 거래 가격은 전날보다 0.22달러 하락한 배럴당 14.07 달러로 결정돼 있다. 그런데, 9월 인도 시점에 가서 15달러로 WTI 시세가 오르면 현재의 선물 계약에서는 매수자가 이익(0.93달러/배럴)을 보게 되고 반대로 14달러로 시세가 하락하면 판매자가 이익(0.07달러/배럴)을 보게 되는 셈이다. 따라서, 선물 거래는 거래 당사자가 거래 시점의 현물 가격을 어떻게 예측하느냐에 따라 손익이 엇갈리는 일종의 제로섬 게임의 성격을 띠고 있다.

국제상품시세가 전반적으로 오르는 것은 수요가 공급보다 앞서기 때문이다. 그만큼 세계경기가 좋아진다는 뜻이다. 국제상품시세의 상승은 제조업자에게는 원가상승을 통한 비용부담을 그리고 소비자에게는 물가 상승에 의한 구매력 감소를 유도하며, 1차 상품 공급자에

국제상품시세						
구분	상품명	단 위	인도월	가격	등락폭	거래소
에너지	WTI	달러/배럴	9월	14.07	−0.22	NYMEX
농산물	소맥	센트/부셸	9월	221.00	−1.75	CBOT
	대두		8월	256.00	−4.50	CBOT
귀금속	금	달러/온스	8월	291.78	1.9	COMEX
비철금속	전기동	달러/톤	3개월물	1,745.50	−7.0	LME
	알루미늄		3개월물	1,368.80	−28.00	LME
	니켈		3개월물	1,224.00	−31.00	LME
기타	원당	센트/파운드	10월	8.53	0.09	CSCE
	원면		8월	72.58	−0.27	NYCE
CRB지수 ⟨1967=100⟩				206.63	0.13	NYFE
자료: 매일경제신문, 1998년 7월 28일자						

게는 수입증가를 의미한다. 이처럼 상품시세가 변동함에 따라 각 경제 주체의 입장은 달라지게 된다.

그런데 모든 상품가의 등락이 반드시 세계 경기에만 영향을 받는 것은 아니다. 특히 1차 상품은 수요와 공급이 비탄력적이어서 조그마한 수급차질에도 시세가 크게 변동한다. 예컨대 농산물은 기후변동에 크게 영향을 받기 때문에 세계경기가 불황이어서 수요가 줄어들어도 기상 이변으로 흉작이 되면 가격은 폭등한다. 또는 동(銅)과 같은 비철금속류는 대체로 개도국에서 생산되기 때문에 그 나라의 정세에 더 큰 영향을 받기도 한다.

국제상품시세에 영향을 끼치는 또다른 변수는 국제금융시장의 자금 흐름이다. 국제 금융시장이 침체돼 투자 수익성이 떨어지면 국제 여유자금은 1차 상품을 대체 투기 대상으로 삼기도 한다. 그리고 돈의 가치가 인플레이션으로 인해 떨어질 때 자산 가치를 보전하기 위해 금과 같이 인플레이션을 회피하는 데 도움이 되는 1차 상품의 수요가 급증한다. 그리고 원유의 경우 주로 달러로 거래되기 때문에 달러 가치가 하락하면 산유국들이 수출 수입 보전을 위해 유가를 상승시키는 원인이 되기도 한다.

해외상품시세란에는 개별 상품의 국제시세뿐만 아니라 전체 세계 상품시세를 지수화한 지표를 만들어 국제상품 동향을 한눈에 알아볼 수 있도록 돼 있다. CRB지수는 CRB(Comodity Research Bureau Future Index) 회사가 미국의 상품거래소에 상장된 곡물, 원유, 귀금속 등 21개 품목의 상품선물 시세를 1967년을 기준(100)으로 지수화해 매일 발표하는 것이다. 이 지수가 상승하면 인플레이션이 예견되거나 그 상품의 수요 증가를 의미한다. 그래서 미국내에서는 '인플레이션 지수'로 일컬어지기도 한다.

이처럼 국제상품지수는 세계 경기동향이나 기업의 경영지표로 활용될 수 있으며 관련 기업의 주가시세 판단자료로도 활용 가치가 있다.

41 제조업 원가

국가와 국가 사이에 경쟁력을 직접 비교하는 것이 점차 무의미해지고 있다. 국경이 없어지는 상황에서는 기업간의 경쟁력 비교가 보다 더 실질적인 의미를 갖는다. 이를 위해서는 제조업체의 원가구성이 어떻게 돼 있는지 살펴보아야 한다. 기업이 시장에서 공정한 경쟁여건에 처할수록 누가 더 원가를 최소화할 수 있느냐가 경쟁력의 관건이 되기 때문이다.

제조업체는 결국 최소 비용을 들여서 최대로 이윤을 낼 수 있을 때 그 생존을 보장받게 된다. 제조업체가 이윤을 많이 얻고자 하는 것은 제조업체를 경영하는 기업주만의 관심사가 아니다. 비슷한 생각을 가진 제조업체들이 많이 모이게 되면 자연히 나라 경제의 근간을 이루게 되며, 기업들의 이윤이 축적돼서 이것이 국민 경제의 성장을 위한 투자 자금으로 활용될 때 국가경제가 지속적인 성장을 보장받을 수 있다.

제조업체는 통상 생산시설을 갖추고 인력을 고용한 다음 원재료를 투입해 물건을 만들어서 소비자들에게 판매하는 과정을 거치게 된다. 이 과정에서 이윤에 크게 영향을 미치는 것은 생산 및 판매 과정에서 발생하는 비용이다.

제조업체의 비용은 크게 매출원가, 판매 및 일반관리비, 순영업외 비용 등으로 나뉘어진다. 매출원가는 다시 원재료비, 노무비, 제조경비 등으로 나눌 수 있다. 판매 및 일반관리비는 인건비, 운반·하역·보관비, 광고선전비, 경상연구개발비, 지급임차료, 감가상각비 등으로 구성된다. 그리고 순영업외 비용에는 차입금에 따른 이자비용에서 금융자산을 운용해 벌어들인 금융소득을 차감한 순금융비용

나라별 제조업체 비용 구조 비교			(1994년 기준)
	한국	일본	대만
매출액	100.0	100.0	100.0
매출 원가	80.7	80.1	83.0
판매 및 일반관리비	11.7	16.7	12.0
순영업외 비용	4.9	0.4	-0.2
경상 이익	2.7	2.9	5.3

자료: 한국은행,『우리 나라 제조업의 원가 추이 분석』, 1996. 1. 26.

주 : 대만은 1993년의 자료임

과 외환을 보유하거나 운용하면서 발생하는 환차손 또는 환차익을 나타내는 순외환차손 등이 포함된다.

한국은행이 1996년 1월에 발표한『우리 나라 제조업의 원가 추이 분석』에 따르면 우리 나라의 제조업체들은 1986년 이후 국제원자재 가격의 안정과 생산기술의 향상에 힘입어 원재료비가 점차 낮아지고 있다. 그에 반해 인건비, 운반·하역·보관비, 광고선전비 등의 지속적인 증가로 판매 및 일반관리비는 계속 상승하는 추세를 보이고 있다. 영업외비용도 1989년 이후 계속 상승세를 보였으나, 1994년 이후 IMF 사태 전까지만 해도 경기가 활황세를 지속해, 매출 호조에 따른 금융 비용 부담률의 하락과 원화 절상에 의한 순외환 차익 발생 등으로 영업외비용이 낮아졌고 영업이익의 향상으로 경상이익률은 다시 개선되고 있다.

IMF 이전에 우리 나라 제조업체들의 비용구조를 외국과 비교해 보자. 우선 원재료비의 비중이 꾸준히 낮아지고는 있으나 아직까지는 일본보다 높은 수준을 보이고 있어 원자재를 상대적으로 비효율적으로 이용하고 있음을 시사하고 있다. 판매 및 일반관리비 중 광고선전비의 비중은 우리 나라가 일본보다 더 높은 반면 연구개발비의 비중은 오히려 낮은 수준을 보이고 있어 우리 기업이 상대적으로 제품의 품질향상보다는 광고·선전에 더 치중하고 있음을 알 수 있다.

영업외비용 측면에서도 일본에 비해 크게 뒤져 있다. 전체 비용 중에서 순금융비용의 비중은 우리 나라의 대기업들이 일본의 기업들보다 약 14배 이상 높다.

그런데 제조업 원가지표 비교를 통해 우리 나라 제조업체가 지닌 문제점을 찾아내려는 것은 신중한 판단을 곁들여야 한다. 원재료비의 비중이 일본보다 높은 것은 상대적으로 인건비의 비중이 일본보다 낮기 때문이기도 하다. 영업외비용은 특히 신중한 해석이 필요하다. 우리 나라는 1960년대 이후 급속한 경제성장을 추구하는 과정에서 만성적으로 투자자금 부족에 허덕이는 상태이며, 물가 상승률이 훨씬 높기 때문에 명목 금리가 일본보다 높은 것은 당연한 결과이다. 명목 금리가 높은 만큼 금융비용의 비중이 높을 수밖에 없다. 이는 제조업체들이 스스로 해결할 문제라기보다 우리 경제의 구조적인 문제라 할 수 있다.

이러한 점들을 감안할 때 우리 기업의 경쟁력 제고를 위해 시급한 과제는 다음과 같다. 먼저 원자재 투입의 효율성을 높이고 재무구조 개선을 통한 금융비용 부담을 완화해야 하며 외환관리의 효율화를 꾀해야 한다. 연구개발비의 비중을 높여 제품의 질적 향상을 도모하는 것도 장래에 기업의 경쟁력 확보에 큰 보탬이 될 수 있음을 간과하지 말아야 한다.

42 물류비

물류비는 국가의 경쟁력을 가늠하는 대표적인 경제 지표이다. 왜냐하면 금융비용이나 노무비가 비싸면 해외에서 자금이나 인력을 조달할 수도 있지만 물류 시스템은 이동이 불가능하기 때문이다. 우리 기업의 경쟁력을 약화시킨 주된 요인으로 손꼽히는 것도 같은 맥락

우리 나라의 물류비 추이

단위 : 조 원

구분 \ 연도		1990년	1991년	1992년	1993년	1994년
국가물류비(A)		23.4	30.9	33.8	38.3	43.2
제조업 매출액(B)		154.0	183.3	199.7	226.6	225.4
국민총생산(C)		171.5	206.0	238.7	263.9	287.2
물류비 비중(%)	A/B	15.8	16.9	16.9	16.9	16.9
	A/C	14.2	15.0	14.1	14.5	15.0

자료: 건설교통부

에서이다.

  기업의 생산 활동이 증가하면 할수록 물류비용은 큰 부담이 된다. 물류비가 증가하는 것은 일반적으로 경제 규모가 커질수록 증가하는 사회간접시설에 대한 수요를 공급이 따라가지 못할 때 발생한다.

  <표>에서 볼때 우리 나라 국가 전체의 물류비용은 1994년에 43.2조 원으로 국민총생산의 15%, 총제조업 매출액의 16.9%에 달했다. 이는 미국이 국민총생산의 7%, 일본이 11%를 기록한 것에 비하면 상대적으로 매우 큰 것이다. 특히 지난 1990년 이후 물류비가 차지하는 비중이 줄어들지 않고 있다. 이는 제조업 매출액이나 국민총생산의 증가만큼 물류비가 비슷하게 증가하고 있어 물류비를 줄이려는 노력이 충분하지 못했음을 나타낸다.

  물류비는 통상 수송비, 보관비, 포장비, 하역비 그리고 일반관리비로 구성된다. 이처럼 다양한 구성요소를 갖고 있는 만큼 집계하기도 어려워 정확한 통계를 구하기가 쉽지 않다. 물류비 중에서도 수송비가 가장 큰 비중을 차지해 대체로 전체 물류비의 72%에 달하고 있으며 보관비는 15%, 포장비는 2%, 하역비는 2%, 일반관리비가 9%를 차지하고 있다. 수송비의 부담이 큰 것은 화물량의 증가를 따라가지 못하는 국내 도로 사정에 일차적인 원인이 있다. 총화물량의 91%를 화물자동차가 담당하고 있는 현실에서 화물 수송량이 늘어날수록 도

로의 혼잡이 가중되고, 이것이 다시 수송비를 증가시키는 악순환을 가져왔다.

수송비 이외에도 물류비를 증가시키는 원인은 많다. 창고가 대부분 영세화·노후화돼 있으며 자동창고의 비율은 4.8%에 불과하다. 하역 부문에서도 기계화, 자동화 장비의 부족으로 인력 사용 비율이 58.3%에 달하고 있어 인건비의 과다한 지출과 대기 시간의 증가로 물류비를 가중시키고 있다. 물류의 표준화 또한 미비된 상태로서 수송용 표준 팔레트[3]의 사용률이 10%에 불과한 실정이다. 물류 정보의 네트워크화도 저조해 시간이 많이 낭비되고 있다.

이처럼 물류비가 증가하면 제조업의 가격 경쟁력을 약화시킬 뿐만 아니라 국민 개개인에게도 많은 부담을 준다. 예컨대 농산물의 경우 산지와 소비지와의 가격차이가 많이 나는 것은 물류비에 일차적인 책임이 있다. 여러 단계의 중간상인을 거치는 것도 원인이지만 이것 역시 물류체계의 미흡에서 비롯된다. 따라서 수송, 보관 등 물류체계의 개선을 통한 물류비의 절감이 농산물 가격안정에 매우 중요한 것이다.

장기적인 발전을 위해서도 물류비의 상승을 억제해야 한다. WTO 체제에서는 국가간 상품이동의 장벽이 없어지며 궁극적으로는 생산요소까지 자유롭게 이동할 것이다. 이러한 상황에서는 우리 나라처럼 사회간접자본의 미비로 물류 비용의 부담이 크면 이는 경쟁력 상실을 의미하므로 투자 유치에 부정적인 영향을 끼치게 된다.

국내 기업들은 해외직접투자를 필요 이상으로 확대하게 되며, 해외의 유망기업들 역시 우리 나라에 대한 투자를 꺼리게 될 것이다.

---

3) 화물을 적하(積荷)하거나 짐을 옮겨 쌓을 때에 이용하는 수하대(受荷臺)를 말한다.

이는 산업 공동화 및 일자리 부족에 따른 소득의 감소를 초래하고, 결국 우리 경제는 산업활동의 둔화와 성장의 정체에 직면할 수 있다.

물류비의 절감을 위한 사회간접자본 확충은 단기간 내에 이루어지기 힘들고 또 대규모 투자를 필요로 한다. 특히 투자시기를 놓치면 급증하는 물류 수요를 따라잡지 못해 만성적인 부담을 안게 된다. 따라서 사회간접자본에 대한 수요 예측이야말로 매우 중요한 과제라 할 수 있다.

정부는 2003년에 물류비 비중을 국민총생산의 11%로 낮추기 위한 중장기 계획을 세우고 있다. 첫째, 기존 물류시설을 최대한 활용하기 위해 제도 및 절차를 개선하고 물류 표준화, 기계화, 정보화를 통한 일괄 처리 서비스 기능을 강화하며, 둘째는 정부 예산과 민자의 유치 등을 통해 가용 재원을 최대한 활용해 복합 화물 터미널, 유통 단지 등 거점 중심의 화물 수송 네트워크를 건설할 계획이다.

43 부동산 가격

우리 나라 국민들이 가장 많은 관심을 가지고 있는 경제 지표는 무엇일까. 사람이 살아가는 데 있어서 필수적인 의, 식, 주 가운데 '주'에 해당하는 부동산 관련 정보라 생각된다.

부동산 가격을 나타내는 지표는 다양하지만 크게 토지가격, 주택가격, 전세가격 등 세 가지로 집약된다. 이 지표들은 부동산 가격의 동향을 나타내며 토지나 주택의 구입시 중요한 판단근거로 활용된다.

이러한 부동산 가격 지표들은 주로 '가격지수'의 형태로 작성된다. 지가는 건설교통부가 분기별로 조사하며, 주택가격과 전세가격은 한국주택은행에서 매월 조사해서 발표한다. 지가는 1991년 1월 1일의 지가를 100으로, 주택가격과 전세가격은 1990년 12월 31일을 100으로 하여 조사한다. <표>에서 나타난 자료는 이러한 부동산 가격 지표들의 변동률이다.

　부동산도 기본적으로는 수요와 공급의 법칙에 따라 가격이 결정되지만, 엄격히 따져보면 다른 재화와는 약간 다른 구석이 있다. 예컨대 아파트의 경우 분양가 상한제가 있어서 가격이 시장원리에 따라 정해지기보다는 정부의 정책방향에 크게 좌우된다. 그러나 시장시세는 늘 이러한 규제를 뛰어넘어 부동산 가격을 불규칙하게 변동시키기도 한다. 일례로 정부가 전세 계약 기간을 2년으로 연장하자 전세가격이 폭등한 적이 있었다.

　그러면 부동산 가격지표들간에는 어떤 상관관계가 있는가. 우선 지가가 주택가격의 형성에 매우 큰 영향을 미친다. 통상 주택공급비용의 약 30% 이상을 토지비용이 차지하기 때문이다. 그러나 이것은 지역별로 차이가 매우 크다. 인구가 밀집해 있는 서울을 비롯한 수도권 지역은 지방보다 주택가격에 더 많은 영향을 미친다.

　한편 전세가는 이제까지의 경험에 비추어 보면 주택가격의 변동을 선도해 왔다. 즉, 전세가격이 상승하면 곧 이어 주택가격이 상승할 가능성이 많다는 뜻이다. 전세가격이 오르면, 수요자들이 아예 주택을 사려고 하기 때문이다.

　하지만 요즈음에는 집을 살 형편이 안 되서가 아니라 자녀들의 교육 문제나 직장까지의 출퇴근 문제를 해결하기 위해 전셋집을 얻는 경우가 많다. 이런 경우 도심 외곽에 집을 소유하고 있으면서, 도심

부동산 가격 지표

구분 \ 연도	1991	1993	1995	1996	1997
주택 가격 상승률	−0.5	−2.9	−0.2	1.5	2.0
전세 가격 상승률	2.0	2.4	3.6	6.5	0.8

자료: 건설교통부

주: 전년 동기대비 증감률(%)

근처에 전셋집을 따로 얻는데, 이러한 경향으로 인해 주택가격과 전세가격 간의 관계가 이전처럼 명확하지 않다.

흔히 물가가 많이 오르면 부동산 가격에 주목해 왔다. 부동산 가격은 과연 물가에 어떤 영향을 미칠까. 부동산 가격 자체는 자산 가격이기 때문에 물가통계에 직접 계상되지는 않지만 부동산을 활용하는 서비스는 물가에 잡힌다. 따라서 소비자 물가지수에는 전세가격이 포함돼 있다. 도시 물가의 경우는 전세의 가중치가 7.81%나 돼 전세가격의 상승은 소비자 물가 상승에 상당히 반영된다. 그러나 물가가 상승할 때 부동산 가격도 상승하는지는 분명하지 않다. 이전에는 물가가 오르면 부동산 가격도 으레 상승했으나, 최근에는 그렇지 않은 경우도 많다. 이는 전국의 많은 지역이 토지거래허가제나 토지 초과이득세 부과 등의 대상이 돼 매매에 따르는 제약이 많아졌기 때문이다.

부동산 가격은 다른 지표와 달리 주의해야 할 점이 많다.

첫째, 전국의 부동산 가격이 하락했다는 통계자료가 발표되더라도 실제로 내가 사고자 하는 지역의 땅값, 혹은 집값은 여전히 상승하는 경우가 많다.

둘째, 다른 가격들과는 달리 부동산 가격에는 거품이 존재한다. 최근 일본은 부동산 가격이 지나치게 고평가돼 있다가, 긴축의 결과로 부동산가가 폭락하면서 부동산을 담보로 대출을 많이 한 은행이 파산하는 부작용이 발생해 경제 전반에 심각한 악영향을 끼친 바가 있다. 따라서 지가 총액의 GNP 대비 비율이 일정 수준을 넘어서면 오히려 경제에 좋지 않은 영향을 미칠 수 있다는 것을 염두에 두어야 한다. 끝으로 부동산 가격은 단순히 수요공급에 의해서 결정되는 것은 아니다. 주택은 앞에서 언급한대로 '주'를 해결하기 위한 수단이지만, 고수익을 목적으로 하는 투기적 요인에 의해서도 가격이 변동될 수 있다.

44 공시지가

매년 초에 정부가 전국의 땅값을 발표하면 그때마다 신문 지상에 크게 보도되는데, 어떤 지역은 1평에 1억 원을 넘기도 하고 또 어떤 지역은 몇 백 원짜리도 있어서 세간에 화젯거리를 제공하기도 한다.

종전에는 부동산 가격을 나타내는 지표가 너무 많아 혼란을 가져왔다. 구건설부의 기준지가, 국세청이 국세산정을 위해 매긴 기준시가, 내무부가 지방세를 걷기 위해 만든 과세시가 표준액, 구재무부의 감정시가 등이 그것인데, 이렇게 복잡한 토지가격 체계를 단일화해 지난 1989년부터 매년 1월 1일을 기준으로 건설교통부가 작성해 발표하는 것이 공시지가이다. 이것은 정부가 민간인의 토지를 수용하면서 보상액을 책정하는 기준으로 사용하거나 양도소득세, 상속세 등의 과세기준, 그리고 국공유 재산 사용료의 산정기준으로 쓰기도 한다.

공시지가는 표준지가와 개별지가로 구분되는데, 먼저 표준공시지가가 산정되면 이를 바탕으로 개별 공시지가가 작성된다. 표준지가란 전국의 국공유지 및 과세 대상토지 중에서 표준적으로 선정한 토지의 가격을 말하는 것으로, 1996년에는 지가조사 대상필지의 약 1.7% 정도가 표준지에 해당했다. 표준지가 산정은 감정평가사가 조사·평가하고 토지 소유자와 지방행정 기관장의 의견 청취와 토지평가위원회의 심의를 거쳐 공시된다.

개별 공시지가는 표준지에서 제외된 나머지 대지나 임야의 가격으로 인근 표준지와의 거리나 용도 등을 감안해 산정하는데, 표준지가를 일정 기간 동안 공람한 뒤 건설교통부 장관의 확인을 받아 지방자치단체별로 결정·공고한다. 공시지가는 대체로 시가의 80~90%선에서 결정되지만, 개별지가에는 공시지가가 시가를 상회하는 지역도 있다.

1996년 표준지 공시지가를 보면, 전국 표준지 가운데 절반 가량이 평당 2만 6,446원 이하로 나타났다. 그리고 조사 대상 필지 중에서 62.7%가 1995년과 가격이 동일하였고, 26.5%는 상승했으며 나머지 10.8%는 하락해 전체적으로 지가가 강·보합세를 보인 것으로 나타났다. 전국에서 표준지가가 가장 비싼 곳은 서울의 명동에 있는 상업은행 지점 부지로 평당 땅값이 1억 3,223만 2,000원이며, 전남 여천군과 경남 의령군의 임야가 평당 130원으로 전국 최저를 기록했다.

　공시지가는 이처럼 정부가 객관적 기준을 설정하고 이에 의거해 조사·평가된 적정 가격으로 발표되는 것으로 일반 국민의 토지거래 및 행정기관의 지가산정 등에 활용될 수 있도록 하는 공적 토지평가 제도이다. 그런데 여기에 지가산정이 적정한가 혹은 합리적인가에 대한 논란이 제기되고 있다.

　첫째로 선정된 표준지가 얼마나 대표성과 객관성을 지니고 있는가 하는 문제가 있다. 이를 극복하기 위해서는 표준지 확대가 고려될 수 있겠지만 이 역시 대동소이한 비판에 직면할 수 있다. 둘째, 개별 공

시도별 공시지가　　　　　　　　　　　　　　　　　　　　　(평당 원, %)

공시지가 지 역	구분	지목	1996년	1995년	증가율
전 국	최고 최저	대지 임야	132,232,000 130	132,232,000 100	0 30
경 기	최고 최저	대지 임야	43,967,140 790	44,628,300 460	−1.5 71.7
강 원	최고 최저	대지 임야	34,710,900 150	33,058,000 150	5 0
경 북	최고 최저	대지 임야	45,950,620 200	46,281,200 200	−0.7 0
제 주	최고 최저	대지 임야	25,454,660 1,090	26,115,820 1,190	−2.5 −8.4

자료 : 건설교통부,『96년도 표준지 공시지가』, 96. 2. 28.

시지가 산정에서 있을 수 있는 비합리성이나 담당자들의 자의성을 지역 주민이나 이해 당사자의 의견수렴과 같은 평가 시스템을 통해 과연 얼마나 여과할 수 있는가 하는 것이다. 1996년처럼 714명의 감정평가사가 2개월 여에 걸쳐 45만 개 필지의 표준가를 평가하고 이를 토대로 전문 지식이 충분치 않은 담당 공무원이 2,600만 필지의 토지가격을 합리적으로 평가하기는 힘들다. 이러한 토지평가제도는 일본과 대만에서도 활용되고 있는데 여기서도 표준지의 선정이 자의적이라는 이유로 신뢰도가 떨어지고 있다.

공시지가와 관련해서 가장 예민한 문제는 이를 바탕으로 해서 매겨지는 토지 관련 세금의 실질 부담 수준 및 공평성의 여부이다. 공시지가를 토지 과세 과표로 활용하는 경우 지역간 과표의 격차가 상당히 크기 때문에 국민이 부담하는 세금이 지역별로 차등화되는 현상이 심화될 수 있다. 특히 임야의 과표 현실화율이 낮은데 이는 자칫 임야에 대한 투기를 조장할 수도 있다.

공시지가가 비록 현실을 충분히 반영하지 못하는 한계를 안고 있지만 물가나 주가 등 다른 경제변수에 암묵적으로 영향을 끼친다. 전국의 토지가격 변동에 관한 정보가 경제 주체들에 똑같이 전달돼 부동산 가격에 얽혀 있던 여타 가격이 변동할 명분을 주기 때문이다.

2
통화와 금융

45 통화 지표

경제가 어떠한 상태에 있고 또 어떻게 흘러갈 것인가 하는 일상적인 경제 동향을 알아보기 위해서는 돈, 즉 통화에 관한 이야기를 빼놓을 수 없다. 통화는 말뜻 그대로 물건을 거래하는 데 매개 역할을 한다. 물건의 거래가 빈번해질수록 즉, 통화가 거래의 매개 역할을 하는 횟수가 많아질수록 경제 활동은 왕성해진다.

거래에서 매개 역할을 하는 횟수는 '통화의 회전 속도'라는 개념으로 측정할 수 있으며 통화의 회전 속도에 화폐의 잔고를 곱하면 국민 소득이 산출된다. 시중에 유통되는 통화의 양을 측정하는 통화 지표로서 통화와 총통화 등이 있다.

통화($M1$)는 현금통화와 예금통화로 나눌 수 있다. 현금통화란 1,000원 권 등 우리가 일상적인 거래에서 사용하는 현찰을 일컫는 것이다. 그리고 예금통화, 즉 은행에 예금한 돈도 필요한 경우에 언제든지 인출해 사용할 수 있고 전기료와 같은 각종 공과금이 은행에서 자동 이체되는 등 지불수단의 기능도 갖추고 있어 현금과 다를 바 없기 때문에 통화의 범주에 넣는다.

통화에 관한 양적 지표로 가장 많이 사용되는 용어는 총통화($M2$)

다. 총통화는 앞에서 언급한 M₁뿐만 아니라 정기예금이나 정기적금과 같이 환금성이 높은 예금도 일종의 준통화로서 포함한다. 정기예금은 요구불 예금과는 달리 수시로 인출할 수 없으나 은행이 고객의 정기예금을 기초로 현금 대출을 할 수 있기 때문에 넓은 의미의 통화에 포함된다.

그러면 시중에 어느 정도의 통화가 있어야 하는가? 이에 대한 해답은 이론적으로 아직 완전하지 않다. 우리 나라에서는 경제 규모가 커지는 것을 나타내는 경제 성장률에 물가 상승률을 더해 통화증가의 규모를 정하고 있다. 그런데 이외에도 고려해야 할 점은 경제 규모가 점차 확대되고 거래관계가 복잡해짐에 따라 통화의 회전속도가 느려진다는 것이다. 통화 당국은 느려지는 속도만큼 통화 공급량을 추가로 늘린다. 그러나 통화 공급이 통화 당국에 의해서 전적으로 결정된다고 단정하기는 어렵다. 실제로 현금을 사용하는 국민들도 통화량 수준의 결정에 큰 영향을 미친다. 하지만 통화량이 실물 거래에 필요한 양 이상으로 늘어나면 자연히 돈의 가치가 떨어져 인플레이션으로 연결될 소지가 있고 통화가 부족하게 되면 국민 경제 생활에 지장을 주므로 정부나 한국은행은 늘 통화량이 적절한지 살펴보고 있다. 우리 나라는 통화 공급의 기준 지표로 총통화량 증가율을 활용한다. 총통화량 증가율은 전년 대비 증가율과 전년 동기 대비 증가율의 두 종류가 있다.

그런데 통화량 증가율을 전월과 비교하는 것은 전통적으로 통화 공급이 많은 달이 있는 반면 그렇지 못한 경우가 있어 직접 비교가 곤란하다는 단점이 있다. 예를 들어 추석이 끼여 있는 9월경에는 사람들이 돈을 많이 필요로 하여 통화가 증가하게 마련인데 이를 8월과 비교해 통화가 급격히 증가했다고 말한다면 추석이라는 특수 요인에 따른 통화증가와 이와 무관한 일상적인 통화증가를 구분하기

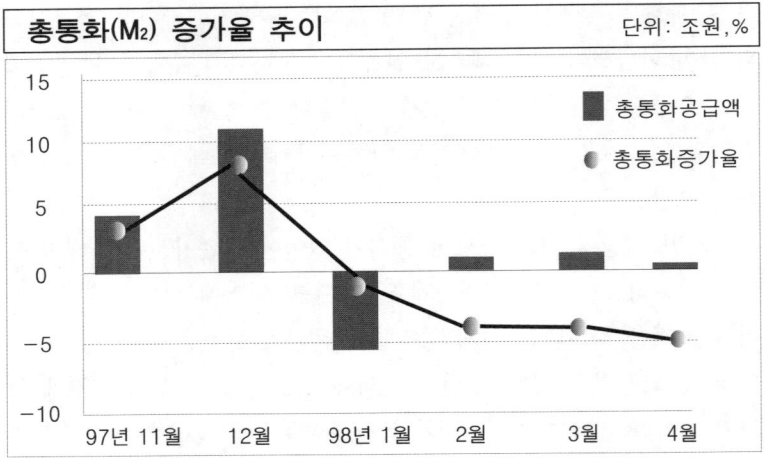

자료 : 한국은행

힘들게 된다. 가급적 계절적 요인이 동일한 전년 동월과 비교하는 것이 보통이다. 우리 나라의 총통화 잔액을 전년 동월비 증가율로 표시하면 1998년 6월에는 18.4%가 늘어났다.

통화 지표를 판독할 때 주의해야 할 점은 통화 증가율이 지난달보다 높거나 총통화 공급액이 더 많다고 해서 이것이 곧바로 인플레이션 불안으로 이어지지는 않는다는 것이다. 통화 공급 규모의 적정성 여부는 실물 거래의 규모와 관련지어 생각해야 한다. 실물 경제 상황은 수시로 파악되지 않기 때문에 금리지표를 통화 공급 조절의 가늠자로 활용하기도 한다. 또 하나, 통화 공급은 경기대책과 밀접히 연관돼 있다는 점이다. 경기가 침체하려 할 때 통화는 통상 적정하다고 생각되는 규모보다 좀더 많이 공급하고 경기가 과열됐다고 판단할 때는 그 반대의 경우가 나타난다.

통화 지표는 국가마다 그 구성요소가 동일하지 않다. 새로운 금융자산이 등장하거나 금융 제도의 변화에 따라서 그 구성이 달라지기도 한다. 통화 지표의 선택에 있어서 포인트는 그것이 실물 경제 활동과 얼마나 밀접히 관련돼 있느냐이다.

46 MCT 지표

한해 동안 통화증가율이 얼마나 될 것인가 하는 정보는 경제 주체들에는 대단히 중요한 것이다. 이는 시중 자금 사정을 가늠하는 데 더없이 중요한 지표이기 때문이다. 한국은행은 1997년 통화운용에 대한 입장 발표에서 MCT(M_2+CD+금전신탁)란 통화 지표를 사용했다. 통화 지표하면 으레 '총통화(M_2) 증가율'에 익숙해 있던 사람들에게는 다소 생소한 단어이다.

왜 이러한 변화가 생겼을까. 그 배경은 금융혁신과 자본자유화라는 금융환경 변화에 따라 그 동안 사용해온 총통화의 유용성이 떨어졌기 때문이다. 첫째, 금융의 겸업화 확산으로 인해 은행이나 증권회사, 심지어 보험회사가 다루는 금융상품의 영역을 뚜렷이 구분하기가 어려워졌다. 따라서 통화 금융기관만을 대상으로 작성하는 총통화 지표를 가지고 통화관리를 하는 것은 효과가 떨어진다.

예컨대, M_2가 총유동성(M_3)에서 차지하는 비중은 1987년의 44.0%에서 1996년 1~10월중 28.0%로 지속적으로 하락했다. 그런데 MCT 비중은 1987년 이후 50% 이상을 유지해 왔다.

둘째, 증가율 추이면에서 MCT가 M_2보다 안정적이다. 1988년 1월부터 1996년 10월까지 MCT 증가율은 월평균 24.2%로 최고 30.3%, 최저 20.0% 범위 내에서 안정적인 변동추세를 나타냈다. 특히 1996년 1월 이후 통화 지표의 동향을 살펴보면, 신탁제도 개편 등으로 금융상품간 대체성이 높아지면서 M_2 증가율이 1996년 5월 이후 크게 높아진 반면 MCT 증가율은 오히려 하향 안정적인 추세를 보여주고 있다. 한국은행이 발표한 『96년중 통화금융 동향』에 따르면 1996년 12월중 M_2 증가율(평잔 기준)은 17.8%로 1995년 12월(13.7%)보다

4.1% 포인트나 높아진 반면, MCT 증가율은 18.8%로 1995년 12월 (22.0%)보다 오히려 3.2% 포인트 낮아졌다. 이는 1996년 5월 신탁제도 개편으로 시중자금이 금전신탁에서 은행의 저축성예금으로 대거 몰림에 따라 M_2 증가율이 높아진 반면 금전신탁까지 포괄하는 MCT 증가율은 낮아진 데에 따른 것이다. 즉 MCT를 사용할 경우에 단순한 금융상품간의 자금이동이 발생해도 M_2처럼 통화증가율이 크게 변동하지 않는다.

셋째, 총통화가 경제 성장률이나 물가에 미치는 상관관계가 점차 약화돼 총통화를 조절해서 성장이나 물가에 영향력을 행사하려는 통화당국의 의도가 예전처럼 제대로 먹혀들지 않는다. 오히려 총유동성이 그런 점에서 더 효과적인 수단으로 등장하고 있다.

이와 같은 이유로 그 동안 중심 통화 지표로 사용해온 M_2 지표의 유용성이 훼손된 것이다. 한국은행은 통화관리의 실효성을 높이기 위해 1997년 1월부터 통화 지표를 MCT 중심으로 운용하기로 했다.

1997년 통화운용 방향을 살펴보면 경제침체기에 경제여건 변화에 신축적으로 대응하려는 의지가 엿보인다. 이를 위해 통화증가율은 지난해보다 낮게 책정하면서도 공급 목표의 범위를 넓혔다. 1997년 통화증가율 목표를 MCT 기준 15~20%로 설정했는데 이를 금액으로

M_2 및 MCT 의 비중과 추이

연 도		1989	1991	1993	1994	1995	1996	1997
비 중	M_2	37.9	33.3	31.5	29.9	28.8	28.1	28.8
	MCT	51.6	50.2	51.9	52.5	53.2	54.4	53.9
연 도		1991	1992	1993	1994	1995	1996	1997
증가율	M_2	18.6	18.4	18.6	15.6	15.5	16.2	19.2
	MCT	24.5	24.7	22.9	23.5	21.6	21.7	15.3

자료 : 한국은행
주: 1. 증가율은 평잔 기준임 2. 비중은 M3에서 차지하는 비중

따지면 MCT 기준으로 50조~60조원 (과거 M_2 기준 24조~33조 원)이 더 풀리는 셈이다.

하지만 MCT를 중심 통화 지표로 했다는 것은 여전히 논란의 여지가 있다. M_2 대신에 MCT를 사용하는 것이 금융시장에 대한 규제를 완화하고 직접규제보다는 간접 규제로 이행해야 하는 궁극적인 목표에 합당하느냐이다. 간접규제 방식으로 통화를 관리한다는 것은 통화량보다는 금리나 환율을 정책의 중심지표로 삼겠다는 것이다. 그런데 국내 금융시장이나 외환시장의 발달이 충분하지 않다는 점을 감안할 때 과도적으로 통화 지표를 좀 더 활용해야 한다. 그럴 경우 M_3와 같이 좀더 유동성을 중시하는 광의의 지표를 써야 한다. 그리고 재정의 역할을 강화해서 정책금융과 같이 금융에 부담을 주는 일을 줄여주고 장단기 금융시장을 발전시켜 통화관리방식의 선진화 여건을 마련해야 한다.

47 자금 순환표

나라 경제의 흐름을 알려면 상품의 이동을 살펴보아야 하며 동시에 돈의 흐름도 파악해야 한다. 그런데 국민 소득 통계는 실물거래만을 나타내고 또 금융통계는 자금 중개기관을 중심으로 작성되기 때문에 실물경제의 흐름을 살펴볼 수가 없다. 이 두 가지의 흐름을 동시에 보여주는 지표가 바로 자금 순환표이다.

자금 순환표란 실물거래와 금융거래 관계를 체계적으로 정리해 놓은 표이다. 여기에서 자금이란 현금이나 수표 외에 예금, 주식 등 여러 가지 금융자산을 모두 포함한다. 국민 경제에 있어서 자금의 역할은 흔히 '인체 속 혈액'에 비유된다. 이는 사람이 건강하게 활동하기 위해서는 혈액이 순조롭게 순환해 인체에 필요한 영양을 몸의 각 부분에 골고루 공급해 주어야 하는 것처럼, 한 나라의 경제가 잘 돌아

가기 위해서는 자금이 생산 각 부문에 원활하게 배분돼야 하기 때문이다. 따라서 진맥을 통해 우리 몸의 이상 유무를 진단하듯이 자금 순환표 분석을 통해서 국민 경제 전체의 상태를 파악할 수 있다.

우리 나라의 자금 순환표는 한국은행에서 분기별과 연간으로 발표된다. 이 표에는 실물경제 부문을 경제 활동주체를 기준으로 금융, 정부, 기업, 개인, 해외 등 크게 다섯 가지로 나누고 있다. 각 부문은 원천과 운용이라는 두 항목을 갖고 있다. 원천란에는 자금조달 형태, 즉 저축을 통해 내부에서 자체적으로 조달한 자금과 금융 기관으로부터의 차입이나 유가증권의 발행 등을 통해 외부에서 조달한 자금 규모가 나타난다. 그리고 운용란에는 조달한 자금을 어떻게 운용했는지 예컨대 투자에 얼마를 쓰고 또한 예금이나 유가증권 등의 금융자산에 얼마를 운용하였는지가 표시된다.

자금 순환표를 통해 우리는 경제부문별로 자금의 과부족 동향을

기업 부문의 자금 조달 운용 현황　　　　　　단위: 10억 원

구 분	1996년	구성비	1997년	구성비
자금원천(조달:A)	118,769		117,041	
- 간접금융	34,566	29.1	44,362	37.9
- 직접금융	56,097	47.2	43,391	37.1
- 해외차입	12,383	10.4	7,162	6.1
금융자산 운용(B)	49,897		47,899	
- 금융기관 예치금	19,008	38.1	16,221	33.9
- 유가증권	10,826	21.7	5,599	11.7
- 대외채권	4,534	9.1	4,342	9.1
- 기타	15,529	31.1	21,737	45.4
기업자금 과부족(A-B)	68,872		69,142	
운용/조달(%)	42.0		40.9	

자료: 한국은행, 『1997년 자금 순환 동향』, 1998.5.

알 수 있으며 자금의 조달이나 운용형태까지 파악할 수 있다. 투자주체인 기업은 대체로 투자가 저축을 초과하는 자금부족 부문이고, 가계는 저축이 투자보다 많은 자금잉여 부문이다. 따라서 기업 이외의 국내부문에서 기업의 자금부족을 메워주지 못할때는 부족분만큼 해외로부터 자금이 유입된다.

<표>에서처럼 기업부문만 떼어서 자금 순환표를 살펴보자. 1997년에 기업들이 조달한 자금은 117조 410억 원에 이른다. 그런데 이중 예금이나 유가증권 등 금융자산의 운용 자금으로 활용된 것은 47조 8,990억 원에 불과하다. 조달자금과 운용자금의 차액인 69조 1,420억 원은 기업이 외부로부터 조달한 자금부족액이다. 자금부족액은 1996년의 68조 8,720억 원에 비해 2,700억 원이 늘어났다. 이는 이만큼 1997년 기업들의 자금 수요가 늘어났음을 의미한다.

기업들의 자금조달 형태를 보면 간접금융 비중이 1996년에 29.1%였으나 1997년에는 37.9%로 늘어났으며, 직접금융은 오히려 47.2%에서 37.1%로 줄었다. 또한 해외 차입(외채 증가)도 줄었는데 1996년 해외 차입액 비중은 10.4%였는데 비해 1997년에는 6.1%로 낮아졌다. 기업의 안정적 투자를 위해서는 자금 과부족 문제를 해소해야 한다. 이를 위해서는 가계부문에서의 저축증대를 통해 여유 자금규모를 늘려야 하고 이를 뒷받침하기 위해서 국내 금융시장이 보다 활성화돼야 한다.

48 금리 지표

일상 경제 활동에 있어서 돈도 하나의 상품이다. 그런 뜻에서 금리는 돈의 가격을 나타내는 지표이다. 내 돈을 남으로 하여금 사용하게 하고 그 대가로 받는 것이 이자인데 이때 빌려준 돈(원금)에 대한 이자 비율이 금리다. 돈이란 제한된 규모라 쓰겠다는 사람이 많을수록 사용료가 올라가고, 또한 제 날짜에 돈을 잘 갚지 않는 사람일수록 사용료에다 위험 부담비용을 더 얹어야 하며, 장기간 돈을 빌려줄 때는 시간이 갈수록 물건값이 오르내리므로 인플레이션 비용까지 감안해야 한다.

금리가 너무 높으면 돈이 필요한 사람의 부담이 커져 돈의 흐름이 원활해지지 않는다. 반대로 금리가 너무 낮으면 돈을 모아야 할 동기가 약해져 소비를 지나치게 부추겨 돈의 흐름이 불건전해진다. 결국 돈의 흐름이 건전하고 원활해야 경제 활동의 활력이 유지된다.

이처럼 중요한 금리의 움직임을 파악할 수 있는 지표에는 어떤 것이 있나? 신문 지상에 가장 빈번하게 등장하는 것은 회사채 수익률, CD 수익률 그리고 콜금리이다. '콜금리'는 콜시장에서 결정된다. 이 시장에서는 주로 금융기관이 자금이 부족할 때 다른 금융기관으로부터 아주 단기간, 예컨대 하루 또는 수일 동안 자금을 융통한다. 이 때 어느 한쪽에서 요청(call)이 있을 경우에 융통 관계가 해소되기 때문에 콜금리란 이름이 붙여졌다.

'CD금리'는 양도성 예금증서(CD: Certificate of Deposit)의 발행조건이라 할 수 있다. 이는 은행이 예금자와 함께 이자율이나 만기 같은 발행조건을 자유롭게 정하는 정기예금으로 타인에게 양도할 수 있다. 시중 은행이 예금을 끌어들일 때 많이 사용하며 통상 3개월짜리 만기물의 금리가 기준금리로 활용된다.

'회사채 수익률'은 주식회사가 거액의 장기자금을 조달하기 위해 발행하는 회사채를 일반대중이 구입할 때 일정금액 할인해 주는데 이 할인율을 의미한다. 대체로 3년 만기물이 대종을 이룬다.

CD 금리나 회사채 수익률의 경우에 통상 발행 수익률보다 유통 수익률이 시중 자금 사정 지표로 사용된다. 이는 발행시장이 제대로 발달하지 못해 최초로 발행될 때보다는 나중에 유통되는 단계에서

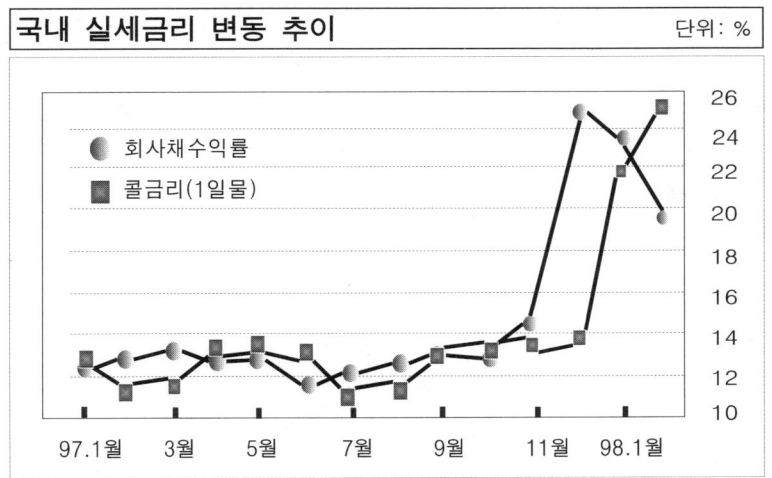

결정되는 금리가 시중 자금 사정을 더 잘 반영하기 때문이다. 국내 장단기 금융시장에서 이 세 가지 금리가 다른 어떤 상품의 금리보다도 시중자금 사정을 더 잘 반영한다는 뜻에서 실세(實勢)금리라는 별칭을 가지고 있다.

단기금리(콜금리)와 장기금리(회사채 수익률)는 <그림>에서 보는 것처럼 상승하거나 하락하는 방향이 반드시 같지 않다. 장기금리의 경우 현재보다는 미래를 더 많이 고려하기 때문에 단기금리와 격차가 발생한다. 예컨대 3년 만기 장기금리의 경우에 투자가들이 3년 후 경기를 불안하게 느껴서 투자를 줄이면 이것이 장기자금 수요를 줄여 장기금리를 떨어뜨리게 한다. 이에 비해 단기금리는 그때 그때 자금시장의 수급 상태를 반영한다.

이 같은 실세금리 지표를 일상 경제 활동에 어떻게 활용해야 하는가. 물론 금리지표를 볼 때 하루하루의 움직임에 연연하기보다는 좀 더 장기적인 흐름(추세)에 신경을 더 써야 한다. 우선은 정부의 통화정책을 가늠하는 데 써야 한다. 실세금리가 지나치게 치솟으면 금융

시장이 마비되므로 정부는 돈을 풀어서 금융시장을 안정시키고 반대로 지나치게 하락하게 되면 소비를 부추겨서 물가 상승을 유발시킬 수 있으므로 정부가 통화 공급량을 줄이든지 해서 경제흐름에 대한 불안을 없앤다.

다음에는 주가와의 상관관계를 살펴서 주식투자에 활용해야 한다. 통상 금리가 오르면 돈이 주식시장에서 빠져나와 은행으로 흐른다. 금리 상승으로 기업의 수익성이 나빠져 주가의 내재가치가 하락할 것으로 기대하기 때문이다. 그리고 금리가 오르기 전에 돈을 빌리고, 반대로 내리기 전에 돈을 예금(시장금리 연동저축)하거나 빌려주는 지혜를 터득하는 것이 가장 중요한 활용법이다.

49 당좌대출 소진율

국내 금융시장의 동향을 파악하는 데 있어서 가장 답답한 일은 시중 자금 사정을 제대로 파악해 주는 가늠자가 없다는 것이다. 시중 자금 사정이 빡빡하면 으레 시중금리가 상승하는 것이 상식임에도 불구하고 어떨 때는 시중금리가 오히려 내리기도 한다. 그래서 시중 금리 이외에 기업들의 자금 사정을 가르쳐주는 보조 지표가 없을까 하는 아쉬움에 접하게 된다. 당좌대출 소진율은 이러한 아쉬움을 덜어주는 데 유용한 지표이다.

당좌대출은 기업이 은행에서 돈을 빌릴 때 가장 많이 활용하는 대출방식이다. 당좌대출을 받기 위해서는 먼저 기업이 은행에 가서 당좌예금에 가입하고 예금거래 계약을 맺어야 한다. 이때 기업은 담보물을 제공(근저당 설정)하고 은행과 당좌차월 계약을 맺는다. 이렇게 되면 기업은 당좌예금 잔액을 초과해 수표나 어음을 발행할 수 있게 된다. 이러한 당좌대출은 주로 기업들의 단기 운전자금으로 활용되며 이때 설정되는 당좌대출 금리는 은행들이 자금을 조달하는 콜금

당좌대출 소진율 추이

(%)

연도 비율		96년 9월	10	11	12	97년 1월	2	3	4	5
당좌대출 소진율		40.0	36.5	26.2	21.2	23.2	26.4	28.9	28.0	25.4
당좌대출 금리		17.13	16.84	15.06	14.61	13.94	13.36	14.85	15.15	13.10
기업대출금리	대기업	11.47	11.68	11.50	10.86	11.45	11.31	11.80	11.75	—
	중소기업	10.77	10.72	10.54	10.97	11.19	11.19	11.21	11.23	
콜금리		13.91	14.42	14.35	12.48	11.24	11.60	13.07	13.12	11.73

자료: 한국은행, 1997

주: 14개 시중 은행 기준

리에 따라 주로 결정된다. 이처럼 기업들이 예금 잔액을 초과해서 수표를 발행하더라도 은행은 이를 제시하는 사람에게 돈을 내주기 때문에 은행은 기업에게 '사실상의 대출'을 해주는 셈이다.

기업에 편리한 당좌대출도 무한정 가능한 것은 아니다. 기업은 은행이 설정한 당좌대출 한도 내에서만 수표 등을 발행할 수 있다. 가급적 한도를 많이 배정받으려고 하겠지만 담보물을 제공해야 하는 한계가 있고 매우 높은 대출금리를 물어야 하기 때문에 한도 내에서 필요한 금액만 대출받게 된다. 이때 이미 설정된 당좌대출 한도에서 기업들이 실제로 대출받은 금액이 차지하는 비율을 '당좌대출 소진율'이라 한다. 당좌대출 소진율은 자금 사정이 좋지 않으면 올라가고 그 반대의 경우에는 내려가는 것이 보통이다.

<표>에서 14개 시중 은행의 당좌대출 소진율 추이는 기업의 자금 사정 변화를 잘 나타내주고 있다. 당좌대출 소진율은 1996년 9월의 경우에는 평상시와 같은 수준인 40%대를 유지하였으나, 그후 줄곧 하락해 1996년 12월에는 14.61%까지 내려갔다. 이는 기업들이 경기 침체를 예상해 자금을 미리 확보한 데다 연말 들어 운전자금 수요까지 감소했기 때문이다.

그러나 1997년에 들어 당좌대출 소진율은 다시 상승세로 돌아섰

다. 한보 부도 이후 은행 등 금융기관들이 거액 여신을 사실상 중단한 데다, 보증기관들의 지급보증 기피로 회사채나 기업어음 발행에 어려움을 겪으면서 자금이 필요한 기업들이 당좌대출을 증가시켰기 때문이다.

또한 환율 급상승에 따라 달러에 대한 가수요가 급증하면서 당좌대출을 사용해 달러를 매입하려는 경향도 컸다. 이에 따라 1997년 1월 이후 당좌대출 소진율은 다시 상승세로 반전해 3월 현재 당좌대출 소진율은 28.9%를, 당좌대출 금리는 14.85%를 기록했다.

그런데 1997년 4월 이후 당좌대출 소진율은 다시 하락세로 반전했다. 하지만 당좌대출 소진율이 하락했다고 해서 기업의 전반적인 자금 사정이 호전되고 있다고 단정할 수는 없다. 대기업의 연쇄부도 이후 기업의 신용도에 따른 자금시장의 양극화 현상이 심화되고 있기 때문이다.

특히 부도방지협약 발표 이후 금융기관들의 대출운용이 극도로 보수화되면서 신용도가 좋은 기업만 자금 사정이 비교적 여유가 있는 편인데 이것이 최근 당좌대출 소진율의 하락 원인으로 작용했다. 반면 중소·중견기업들의 자금조달 여건은 오히려 악화되고 있어 자금시장의 양극화가 심화됐다.

금융기관의 보수적인 대출 운용에 따라 당좌대출 소진율이 하락하고 있음에도 불구하고 당좌대출 금리는 오히려 상승하는 것도 이 같은 금융시장 상황을 반영하는 것이다. 이처럼 시중 자금 사정을 제대로 반영하는 지표를 찾기 어려운 것은 우리 나라의 금융 시장이 아직 선진국 수준에 도달하지 못했기 때문인 것으로 풀이된다.

50 국제금리 지표

국내 금융시장의 개방 폭이 점차 확대되고 있다. 자금부족과 고금리로 늘 어려움을 겪어온 우리 기업에는 값싼 자금을 구할 수 있는 새로운 창구가 열리는 셈이다. 지금까지는 국제금리에 대한 관심이 외채 이자의 상환 부담이 변동되는 것에 국한돼 왔는데 이제 국제금리의 종류와 그 동향을 파악하는 것이 중요해졌다.

예컨대, 미국 금리가 하락할 것이라고 예측해 변동금리로 자금을 차입했으나 이자를 지불할 때에 오히려 미국 금리가 상승한다면 엄청난 손실을 초래하게 된다.

국제금리가 형성되는 국제 금융시장을 이해하려면 먼저 유러통화 시장을 알아야 한다. 유러통화란 일반적으로 한 나라의 통화가 자국이 아닌 다른 나라에 예치돼 있는 자금을 말한다. 물론 자국에 예치돼 있다해도 마치 외국에 예치돼 있는 것처럼 취급될 수 있다면 유러통화의 범주에 포함된다.

유러달러가 유러통화의 시초이다. 이는 과거 미국의 다국적 기업들이 자국 내의 자본 규제나 금융 규제를 피하기 위해 미국에서 빠져나와 유럽을 중심으로 형성된 달러 표시 자금들을 일컫는 말이다. 현재도 유러통화의 70~80%를 이 유러달러가 차지하고 있고 나머지는 일본의 엔화, 독일의 마르크화 등이다. 유러통화 자금들은 주로 런던을 중심으로 거래가 형성되었기 때문에 런던 금융시장에서 결정된 금리를 유러통화시장의 금리 수준을 나타내는 대표적인 지표로 사용하고 있다. 이것을 LIBOR(London Inter-Bank Offered Rates)라고 부른다.

미국 금리의 변화는 세계 경제에서 차지하는 미국의 비중을 고려해볼 때 세계 금융 시장에 엄청난 영향을 미친다. 미국의 대표적인 금리는 연방기금 금리와 재할인율을 들 수 있는데 이는 정책금리와 같은 역할을 한다. 연방기금 금리는 시중 은행간에 통용되는 최단기 금리의 일종으로 예를 들어 연방준비자금(Federal Funds)이 부족한

은행이 초과 준비금을 가지고 있는 은행으로부터 일시적으로 기금을 대출받을 때 적용되는 금리이다. 이 금리는 단기 시중 자금시장의 동향을 파악하는 데 중요한 지표로 활용되며 우리의 한국은행과 같은 역할을 하는 연방준비은행이 그 상한율을 결정한다. 한편 재할인율은 연방준비은행이 민간 은행에 자금을 대출할 때 적용되는 금리로서 연방준비은행이 결정하는데, 재할인율의 변동은 향후 금융정책 결정에 많은 영향을 미친다.

한편 미국 재무부에서는 부족한 국가 재정자금을 주로 정부채를 발행해 조달한다. 이는 곧바로 시중금리를 변동시키는 역할을 한다. 정부채의 종류로는 1년 이내 만기의 단기 재정증권(Treasury Bill), 2~10년 만기 중기 정부채권(Treasury Note), 15~30년 만기의 장기 정부채권(Treasury Bond) 등이 있다. 이러한 국채의 금리 외에도 우대금리(Prime Rate)가 있다. 이는 미국내 상업은행이 일류 기업들에 제공하는 우대 대출 금리이다. 그리고 기업이 상품거래와 관련해 발행하고 은행이 지급 보증을 서는 어음으로서 은행인수어음(BA : Banker's Acceptance)이 있다.

국제 금리 추이

구분 통화	LIBOR		N.Y	
	3개월	6개월	종 류	이 율
US $	5.6875	5.7422	PRIME RATE	8.50
DM	3.5625	3.6875	FED FUNDS	5.5000
UK £	7.8125	7.9023	B/A(3개월)	5.50
¥	0.5508	0.5859	T/BILL(3개월)	5.09
SFr	1.9375	1.9805	T/NOTE(5년)	5.51
FFr	3.5625	3.6641	T/BOND(30년)	5.66

자료 : 매일경제신문, 98년 6월 24일자.

주 : US $ 는 미달러화, DM은 독일 마르크화, UK £ 는 영국 파운드화, ¥은 일본 엔화, SFr는 스위스 프랑화, FFr는 프랑스 프랑화

<표>의 왼쪽을 살펴보면 국제 금리의 대표격인 LIBOR 금리가 각국 통화 표시별로 나타나 있다. 첫번째 칸에서 5.6875란 달러화 3개월 만기 LIBOR 금리를 표시한다. <표>의 우측은 뉴욕 시장에서 형성된 각종 미국 금리가 적혀 있다. 우대금리는 8.50%인데 통상 유러달러 대출금리를 상회한다. BA나 T/BILL 등 단기금리는 자금시장의 유동성 상태를 나타내며 T/NOTE나 T/BOND와 같은 장기금리는 대체로 인플레이션에 대한 기대감을 표시한다. <표>에서처럼 장단기 금리 차이가 미미하거나 장기금리가 단기금리를 하회할 때는 경기가 장기적으로 침체 국면에 빠져든 것을 시사한다.

하지만 해외 차입시에 이 같은 금리지표만 감안해서는 안된다. 환율의 움직임도 함께 파악해서 자금조달에 임해야 한다. 예컨대 달러화 자금 차입시 유러달러 금리가 다소 상승해도 미달러화의 가치가 급격히 하락했다면 달러로 표시된 원금과 이자를 갚고서도 오히려 이익을 볼 수 있다.

51 해외차입금리

국내 기업들도 이제는 해외에서 자유롭게 돈을 빌릴 수 있다. 과거에는 은행, 국책 금융기관들이나 가능했던 일이다. OECD 가입에 따라 국내외 자본이동에 대한 규제가 대폭 완화되면서 기업들까지 일정한 기준 아래서 자유로이 해외 금융기관으로부터 차입이 가능해졌다. 이에 따라 그동안 경상수지 적자 누적으로 인한 외화 부족을 메우는 일이 상당히 용이해졌다. 더욱이 해외자본의 유입으로 국내 외환시장의 달러화 부족이 상당 부분 해소됨에 따라 원화가치의 안정에도 일조하게 됐다.

해외차입 자금에 대한 금리는 리보금리를 기준 금리로 하며 여기에 일정한 가산금리를 덧붙여 결정된다. 리보금리(런던은행간 대출금리)는 국제 금융시장이 오래 전부터 발달한 영국 런던에서 은행간에 금융거래시 사용되는 대출금리를 말한다. 여기에 차입자의 신용에 따라 매겨지는 가산금리가 차별적으로 적용되는 것이 상례이다.

가산금리의 구성요소 가운데에는 차입자의 신용위험도를 중심으로 책정되는 가산금리가 제일 큰 몫을 차지한다. 가산금리는 차입 기업의 재무구조, 성장잠재력 등 기업별 평가(Corporate Rating)나 실현되지는 않았지만 개연성이 농후한 신용위험을 감안해 결정한다. IMF 이후 우리 나라 금융기관이나 기업의 신용도가 크게 떨어졌는데 이에 따라 평상시보다 추가로 더 부담해야 하는 가산금리를 '코리안 프리미엄'이라 한다. 1990년대 초 일본 은행들은 담보로 잡아놓은 부동산가치가 폭락해 부실채권이 크게 증가했다. 이에 외국 금융기관들은 일본 금융기관들에 대해 자금을 빌려줄 때 종전보다 더 높은 금리를 요구했다. 이를 '저팬 프리미엄'이라 한다. 그러나 금리를 높여서 무한정 대출을 받을 수 있는 것은 아니다. 신용도가 급격히 떨어진 은행이나 대외신인도가 열악해진 금융회사의 경우 국제 금융기관은 자금 대여를 중단하거나 아니면 아예 규모를 축소하려 든다. 이를 신용할당(Credit Rationing)이라 한다. 국내 금융기관이 이러한 신용할당의 대상이 되는 경우를 '한국 대출제한'(Korean Limit)이라 한다.

국내 시중 은행의 해외차입 가산금리 추이

연도 구분	95년 말	96년 4월~10월	96년 11월 ~97년 1월	97년 2월~3월	97년 4월
단 기	0.29~0.36	0.25~0.38	0.30~0.45	0.40~0.50	0.50~0.65
장 기	0.35~0.45	0.20~0.45	0.38~0.45	0.50	-

자료: 한국은행, 현대종합금융

주: 1. 표의 숫자는 리보금리에 가산되는 금리를 나타냄 2. 단기 : 3~6개월 기간물, 장기 : 3년물 3. 시중 은행은 주요 8개 은행

<표>에서는 우리 나라 시중 은행들의 해외차입시 부담한 가산금리의 추이가 정리돼 있다. OECD 가입이 본격화된 1996년 7월 이후 국가 신인도 상승으로 국내 금융기관의 국제 신뢰도 및 신용 등급이 향상됐다. 이에 따라 1996년 말까지 국내 금융기관의 장기 해외차입 가산금리가 하락세를 나타내었다. 그러나 OECD 가입에도 불구하고, 대북한 관계가 악화되거나 한보 부도 사태와 같이 국가 신용도나 개별 금융기관 혹은 기업의 대외신인도가 크게 떨어지는 일이 발생하였을 때 어김없이 가산금리가 높아졌다.

　1997년 초 국내 시중 은행의 장기 해외차입 가산금리는 0.25% 수준이었다. 그러나 한보 부도 이후 2월 초에는 여기에 추가로 거의 0.1% 포인트 가까이 치솟았다. 제일은행과 서울은행의 경우 신용도 하락에 따른 리스크 프리미엄이 0.30%포인트 추가돼 가산금리는 1996년말의 0.30%에서 1997년 5월초에는 0.60%로 크게 증가했다. 국책은행인 산업은행과 수출입은행도 0.05%포인트 추가돼 가산금리가 0.20%로 상승했다. 1996년 국내 금융기관 전체의 해외차입 규모가 3,470억 달러 수준임에 비추어볼 때 해외차입금리의 상승으로 국내 금융기관은 약 5,000억 원 이상의 추가 비용을 부담해야 할 것으로 전망된다.

　한편 외국 금융 기관들은 좀더 근원적으로 리스크 부담을 회피하기 위해 장기보다 단기 투자를 선호함에 따라 단기 차입의 비중이 장기 차입에 비해 크게 증가했다. 이러한 단기외채 증가는 외채구조의 악화로 이어지고 그만큼 원리금 상환 비용을 조기에 마련해야 하는 기회비용을 증가시킨다. 우리 나라의 총외채 대비 단기외채 비중이 1994년 말의 45%에서 1996년 말에 59%로 증가했다.

　해외차입 때에는 환율 변동까지 감안해야 한다. 우리 나라 기업이 차입원리금을 상환할 때에는 일단 원화로 자금을 조달한 다음 달러화로 바꾸어서 상환하기 때문이다. 원화의 가치가 돈을 빌린 후 평가절상되면 그만큼 원화로 표시된 이자나 원금이 줄어든다. 반대로 원화가 요즈음처럼 평가절하되면 달러화로 차입금 원금과 이자를 상환할 때 원화 자금이 더 필요해진다. 특히 원화의 평가절하 폭이 클수록 기업이 실제로 부담하는 해외차입 금융비용은 증가한다. 따라서 해외차입금리는 국제금리가 오를수록, 신용도가 낮을수록, 그리고 원화의 평가절하 기대가 클수록 커지게 된다.

52 금융비용 부담률

생산 부문의 경쟁력 제고를 위해서는 무엇보다 금리를 인하시켜야 한다는 목소리가 높다. 기업 부문이 부담하는 막대한 금융 비용이 생산 부문의 경쟁력을 크게 저하시키기 때문이다.

기업의 금융비용 부담률은 매출액에 대해 기업이 치르는 금융비용의 비율을 말한다. 금융비용은 차입금 평균금리와 차입금 의존도에 정비례해 차입금 평균금리와 차입금 의존도가 높아질수록 전체 금융비용이 증가해 금융비용 부담률은 상승하게 된다. 한편 총자본 회전율은 총자본에 대한 매출액의 비율로 이를 통해 매출액을 계산할 수 있다. 따라서 총자본이 일정하다고 할 때 총자본 회전율이 증가하면 매출액도 증가해 금융비용 부담률은 낮아지고 반대로 총자본 회전율이 감소하면 매출액도 감소해 금융비용 부담율이 상승한다.

$$\text{금융비용 부담률} = \text{차입금 평균 금리} \times \text{차입금 의존도} \times \text{총자본회전율의 역수}$$

$$= \frac{\text{금융비용}}{\text{매출액}} = \frac{\text{금융비용}}{\text{차입금}} \times \frac{\text{차입금}}{\text{총자본}} \times \frac{\text{총자본}}{\text{매출액}}$$

금융비용 부담률이 커지면 기업의 경기 대응력은 떨어지고 국제경쟁력이 약화된다. 경기가 둔화될 경우 기업 내의 자금 여력이 악화되고 이에 따라 투자 능력이 위축돼 경기를 더욱 둔화시킬 수 있다. 또

기간 지수	1980 ~84	1985 ~89	1990 ~95	1992	1993	1994	1995	1996	1997
금융비용부담률	6.4	4.9	5.7	6.3	5.9	5.6	5.6	5.8	6.4
차입금 평균금리	16.2	13.0	12.1	12.3	11.2	11.4	11.7	11.2	—
차입금 의존도	48.5	45.0	46.5	43.8	46.8	44.5	44.8	47.7	54.2
총자본회전율	1.23	1.20	0.98	0.95	0.93	0.97	1.00	0.95	—

기업 금융비용 부담률의 변화 추이 (단위 : %, 회)

자료: 한국은행(1998. 5.)

한 기업의 수익성이 악화돼 외부 자금을 더 많이 차입하게 되는 악순환을 초래한다. 나아가서 한계기업의 증가로 부도가 늘어나 금융시장이 불안해질 수 있다.

　우리 나라 기업의 금융비용 부담률은 한국은행에서 작성하는데 1980년대 이후 꾸준히 하락하는 양상을 보이고 있다. 1980년대 전반에는 평균 6%대의 높은 수준을 나타내었다. 이는 당시 높은 시장금리와 과도한 차입금 의존도에 기인한다. 그러나 1980년대 후반에 들어서는 5% 아래로 하락했다. 3저 호황을 바탕으로 기업의 수익성이 크게 호전되었고 차입 금리와 차입금 의존도가 동시에 떨어졌기 때문이다. 한편 1992년에 6.3%로 다시 높아졌는데, 이는 평균 차입 금리의 하락에도 불구하고 매출신장세가 둔화되고 재무구조가 악화되었기 때문이다. 1993년 이후에는 다시 5%대로 하락했는데 금리 수준이 낮아지고 매출이 호조를 나타내고 재무구조가 개선되었기 때문이다.

　그런데 최근에는 금융비용 부담률이 별로 줄어들고 있지 않다. 시장금리가 하락해 금융비용 부담을 경감시키는 요인으로 작용하였으나, 총자본 회전율이 하락해 금융비용 부담 경감에 기여하지 못하고 있기 때문이다. 특히 총자본회전율은 1980년대 중 대체로 1.2회 내외의 수준을 유지해 금융비용 부담률에 큰 영향을 미치지 않았으나, 1990년대 들어서는 경기 부진으로 매출 신장세가 둔화됨에 따라 회전율이 1회 이하로 떨어져 금융비용 부담률을 상승시키는 요인으로 작용했다. 1996년에는 이러한 맥락에서 최근의 경기 부진상을 반영해 전년보다 금융비용 부담률이 소폭 늘어난 것으로 추정된다.

현재 우리 나라의 금융비용 부담률은 선진국 및 경쟁국에 비해 3배 이상 높은 수준이다. 주요국의 매출액 대비 금융비용 부담률을 비교해 보면, 우리 나라는 1997년 현재 6.4%인데 반해 일본은 1.6%(94년), 대만은 1.7%(94년) 수준에 불과하다. 이처럼 우리 나라 기업의 금융비용 부담률이 외국에 비해 높은 것은 전반적인 금리 수준과 기업의 차입금 의존도가 모두 높기 때문이다. 경쟁국인 일본과 대만의 경우, 1994년의 평균 차입금리는 각각 4.3%, 6.2%를 기록했으며, 차입금 의존도도 대만은 24.4%이고 일본 기업은 39.6%이다. 이에 비해 우리 나라 차입금의 평균 금리는 1996년 기준으로 11.2%이며 1997년 차입금 의존도는 54.2%를 기록했다.

기업의 금융비용 부담률을 경쟁국 수준으로 낮추기 위해서는 무엇보다 금리 하락을 유도해야 한다. 그러기 위해서는 우선 물가 안정 기반을 확고히 하고 인플레이션에 대한 기대심리를 낮추어야 한다. 또한 기업의 재무구조를 적극적으로 개선해야 하며 이를 위해 기업 신용도에 따른 차등 금리 적용폭을 확대하는 것이 좋다. 또한 소비자 금융제도 확충을 통해 마케팅 차원의 외부 자금 조달 필요성을 낮추어야 하며 직접 금융 시장에 대한 규제를 완화해서 기업의 직접 금융 활용도를 높여야 한다. 그리고 과감한 금융규제 완화를 통해 금융 중개를 활성화시키고 금융 기관의 경쟁력 제고를 통해 시중 금리가 지속적으로 하락할 수 있도록 해야 한다.

53 외국 환율 고시표

매일 보는 신문 한 귀퉁이에는 복잡하게 그려진 외환 시세표가 있다. 국명과 그 나라 통화 단위 그리고 통화에 대한 원화의 교환액이 적혀 있다. 이것은 특정 국가의 통화 1단위에 대해 원화가 얼마쯤 돼야 상호 교환(賣買)이 가능하다는 '원화의 시세판'과 같은 것이다.

외국 돈(외화)이 필요한 경우가 여러 가지로 나뉠 수 있기 때문에 그때마다 적용되는 교환 비율 즉 환율이 다를 수 있다. 원화나 외국 돈의 거래는 주로 외국환은행을 통해 이루지는데, 거래 방법에 따라 원화와 외국 통화간의 교환 비율 즉 환율이 달라진다. 외환시세표는 통상 전신환 기준, 현찰 기준 그리고 매매기준율의 세 가지 기준으로 나누어 표기돼 있다. 여기에서 가장 중요한 것은 매매기준율이다. 이것은 국민들이 원화를 은행에 가서 바꿀 때 기준이 되는 환율이기 때문이다.

매매기준율은 국내 외환시장에서 결정되는 원화 대비 각국 통화의 환율시세이다. 우리 나라는 '시장평균환율제'라는 외환제도를 채택해 이를 결정하고 있다. 미국 달러화 대비 원화 환율은 국내 외환 시장에서 수요와 공급의 균형점에 의해 매일 매일 결정되는 환율 시세를 거래량으로 가중 평균해 결정한다.

시장평균 환율제도는 1990년 3월부터 도입되었는데 금융결제원에서 당일에 거래된 은행간 환율을 거래액으로 가중 평균해 산출해서 다음날 외환 거래의 기준으로 삼는다. 매일 매일 결정되는 환율의 변동폭이 클 경우 외환 거래자들의 위험 부담이 높아지므로 처음에는 일일 변동폭을 제한했다. 그러나 1997년 말 외환 위기에 직면해 보다 효율적으로 외환시장을 운용하기 위해 변동 제한폭을 없애고 자유 변동 환율제로 이행했다.

한편, 미 달러화를 제외한 엔이나 마르크화의 경우 재정환율로 결정한다. 동경 외환시장에서 결정된 미 달러화에 대한 엔화와 마르크화 환율을 미 달러화에 대한 원화 환율로 나누어서 엔화나 마르크화

외국환은행 대 고객 매매율

국 명	통화명	전신환		현찰		매매 기준율
		매도	매입	매도	매입	
미 국	달러	1,412.70	1,357.30	1,425.80	1,344.20	1,385.00
일 본	엔	1,026.30	986.06	1,035.86	976.50	1,006.18
영 국	파운드	2,365.56	2,272.80	2,387.59	2,250.77	2,319.18
독 일	마르크	787.76	756.88	795.10	749.54	772.32
캐나다	달러	960.16	922.52	969.10	913.58	941.34

주: 98년 6월 24일 기준

에 대한 원화 환율을 결정한다.

 이 매매기준 환율을 중심으로 외국환은행이 매매기준율에서 거래에 필요한 비용을 감안해 일정 비율을 빼거나 더해 결정하고 있다. 한편 매도율은 은행이 고객에게서 원화를 받고 원하는 외화를 팔때 적용하는 교환 시세이며, 매입은 그 반대이다. 이 경우 매도율이 매입율보다 큰 것은 은행도 외화거래 차익을 활용해 거래 비용을 조달하기 때문이다.

 전신환[4] 매매율은 전신에 의해 당일에 자금이 결제될 때 적용되는 환율로 외국환 거래에 소요되는 은행의 비용 부담이 가장 적어 기준율로부터 마진 폭이 가장 낮다. 그리고 외국 돈을 직접 사고 팔 때 이루어지는 환율이 현찰 기준 환율이다. 현찰매매율의 경우 주로 해외 여행자들이 많이 활용하는데 국내 외국환 은행이 외국으로부터 현찰을 들여와서 보관해야 하기 때문에 가장 비싼 마진을 적용한다.

 외환시세표를 자세히 들여다보면 원화 환율은 787.76(마르크)에서

---

 4) 전신환(電信換. telegraphic transfer) : 외국환을 매매할 때 외화 수불의 지시를 전신으로 행하는 것. 환을 파는 경우에는 외국에 있는 거래처(환거래계약처)에 타전하여 매수자가 지정하는 자에게 일정한 외화를 지불케 하며, 사는 경우 매도인은 관계가 있는 외국 거주자에게 타전해서 일정한 외화를 특정한 은행에 지불하도록 의뢰한다.

2,365.56(파운드)까지 분산돼 있다. 교환 비율의 격차가 큰 까닭은 마르크화와 파운드화의 미국 달러화에 대한 교환 비율 격차가 크기 때문이다. 이 격차는 각국 통화의 기본 단위간 교환 비율이 오래전부터 정착됐기 때문에 특별히 경제적 의미를 부여하기는 어렵다.

54 빅맥지수

고전적인 의미에서 환율이란 각국에서 거래되는 같은 규격과 같은 품질의 제품 가격을 비율로 나타낸 것이다. 예컨대 달걀 하나가 미국에서 1달러이고 한국에서 1,400원이면 미국 1달러에 대한 한국 원화의 교환 비율 즉, 미 달러화에 대한 원화 환율은 1,400원이 된다. 이와 같이 동일한 재화에 대한 구매력이 다른 통화 사이에서도 동일하도록 환율이 결정돼야 한다는 이론을 구매력 평가설(PPP: theory of purchasing power parity)이라 한다. 구매력 평가설에 따르면, 환율은 장기적으로는 각국 통화의 비율로 결정돼야 한다. 그런데 요즈음은 달걀과 같은 제품만 국가간에 거래되는 것이 아니라 주식과 같은 자산까지 거래되기 때문에 각국의 물가 수준만 가지고 환율을 가늠하기는 어렵다.

이러한 구매력 평가설에 기초해 영국의 시사경제지 『이코노미스트』는 빅맥 지수를 개발했다. 각국의 환율 및 물가를 비교하기 위해 세계 80여 개국에 공통된 규격과 품질로 판매되고 있는 맥도날드의 햄버거 '빅맥'의 각국별 가격을 활용해 고안한 지수이다. 지난 1986년부터 매년 발표하고 있는데, '햄버거경제학'(Burgernomics)이라는 유행어를 낳으며 일종의 적정 환율을 측정하는 도구로 사용되고 있다. 이에 따르면, 빅맥을 사는 데 드는 비용이 미국과 다른 국가에서 모두 같도록 환율이 결정돼야 한다. 그런 뜻에서 '빅맥 구매력 평가설'(Bic Mac PPP)이라고도 한다. 빅맥 구매력 평가설을 기초로 한

국가별 빅맥지수 비교

국 가	빅맥 가격		빅맥PPP 환율(대달러)	실제환율 (96.4.22 기준)	저평가/고평가 정도(%)
	자국통화	달러			
미국	$2.36	2.36	—	—	—
스위스	SFr5.90	4.80	2.50	1.23	+103
일본	¥228	2.70	122	107	+4
한국	Won2,300	2.95	975	779	+25
중국	Yuan9.60	1.15	4.07	8.35	-51
대만	NT$65.0	2.39	27.5	27.2	+1
싱가포르	S$3.05	2.16	1.29	1.41	-8
멕시코	Peso14.9	2.02	6.31	7.37	-14

자료 : *The Economist*, 1996년 4월27일자

대 달러 환율은 특정 국가의 빅맥 가격을 미국의 빅맥 가격으로 나누어 산출한다.

1996년에 『이코노미스트』가 발표한 빅맥지수에 따르면 선진국 화폐의 대부분이 미 달러화에 비해 과대 평가돼 있으며 그 중에서도 스위스의 프랑화(Swiss Franc)가 가장 고평가돼 있는 것으로 보고 있다. 당시 미국의 빅맥 가격이 2.36달러인데 비해, 스위스의 빅맥 가격은 5.90 스위스 프랑이므로 빅맥지수 기준 환율은 2.50 스위스 프랑이다. 그러나 실제 교환환율은 1.23으로, 스위스 프랑화는 달러화에 비해 103%나 고평가돼 있었던 것이다.

일반적으로 실제환율이 빅맥 구매력 평가설을 기초로 해 결정된 환율로 조정해 가는데 있어서는 환율의 움직임보다는 상대 가격의 변화가 더 중요한 역할을 한다. 일본의 경우가 단적인 예인데, 1997년 하반기에 빅맥 가격이 1/4 이상 떨어졌고, 이에 따라 엔화의 고평가 정도가 100%에서 14%로 대폭 하락했다.

이와 같이 빅맥 가격으로 구한 환율과 실제 환율을 비교하면, 해당 국가의 통화가치가 고평가돼 있는지 저평가돼 있는지를 판단할 수

있다. 빅맥지수는 환율의 장기적 추세를 설명하는데 타당하며, 빅맥지수로부터의 단기적 이탈은 일시적일 뿐이라는 것을 입증하는 연구 결과가 발표되기도 했다. 그러나 상당수의 경제학자들이 빅맥지수의 타당성에 의문을 제기하고 있기도 하다. 왜냐하면 구매력 평가설 자체가 관세나 운송 비용의 차이와 같은 국가간 무역 장벽이 없다는 것을 전제로 하고 있으며, 환율 결정에 있어서도 실물적 요인의 영향을 배제하고 지나치게 물가 수준에만 의존하고 있기 때문이다. 또한 빅맥의 가격에는 빅맥의 재료로 구성된 상품 바스켓 외에도 건물 임대료, 부가가치세 등도 반영돼 있다. 그리고 햄버거 시장의 경쟁 구조에 따라 국가간 햄버거의 이윤 폭이 달라질 수 있으며, 이러한 마진폭의 차이가 빅맥지수에 반영될 수도 있다.

55 선물 환율

외국환율고시표 한 켠에는 주요 통화선물환율이란 난이 있다. 그 옆에는 시장 환율표가 나란히 게재돼 있다. 외환 거래에만 관심을 가져온 사람들에게는 선물 거래가 다소 생소해 보이기 십상이다. 현물환시장이 현재의 환율에 따라 외환을 직접 거래하는 것인데, 이에 비해 선물환시장에서는 미리 결정한 외환가격으로 미래의 특정 일자에 외환을 매매하고자 하는 약속을 거래한다. 이와 같이 선물환시장에서 거래되는 약속을 선물환이라고 하며, 미리 결정한 가격은 선물 환율이 된다. 물론 이러한 선물환 가격은 현물환시장과 밀접한 관계를 가지고 있다.

<표>에서 보는 것처럼 1998년 6월 24일자 일본 엔화 환율의 경우 현물환율은 미화 1 달러당 138.06인데 3개월 선물 환율은 135.85로 나타나 있다. 즉, 3개월 선물환율이 현물 환율보다 더 낮게 나타나 있다. 이 같은 현상은 엔화의 경우 선물환 가격이 현물환 가격보다

더 비싸다는 것을 의미한다(환율과 해당 통화 가치는 역의 관계임). 따라서 만일 미 달러화를 대가로 일정액의 엔화를 매입할 경우, 현물환으로 매입할 때보다 선물환으로 매입할 때 더 많은 달러화를 지불해야 한다. 이것은 엔화가 프리미엄 상태에 있음을 뜻하며, 선물환과 현물환 사이의 격차(2.21엔=138.06엔-135.85엔)는 그런 의미에서 일종의 선물환 프리미엄을 나타낸다. 즉 엔화의 현물가격에 일정 프리미엄을 부가해 선물환 거래를 한다는 뜻이다. 반대로 엔화의 선물환 가격이 현물환 가격보다 낮다면 엔화 선물환이 디스카운트(discount) 됐다고 한다.

선물환시장에 왜 참여해야 하느냐는 질문에 대해서는 일반적으로 다음과 같이 크게 2가지로 나누어서 답할 수 있다. 첫째, 향후 환율의 등락이 심할 것으로 예상돼 사업상 예측을 하고 계획을 수립하기가 어렵기 때문에 장래에 거래될 환율을 확실히 결정해 두고자 하는 것이다. 예를 들어 3개월 후의 엔화 환율을 100으로 하여 선물 거래를 했다면 3개월 후의 환율이 어떻게 변하든 거래는 1달러당 100엔의 환율로 이루어질 것이다. 따라서 선물 거래를 한 사업가는 장래 환율의 변동을 걱정할 필요없이 정해진 환율에 따라 장래 사업의 수

현물 환율 및 선물 환율

	기간 통화	1개월	3개월	6개월	국제통화시장환율 (뉴욕시장 종가)
주요 통화 선물 환율	DEM	1.7900	1.7839	1.7751	1.7942
	GBP	1.6718	1.6661	1.6570	1.6755
	JPY	137.05	135.85	134.02	138.06
	CHF	1.4919	1.4828	1.4688	1.4982

자료: 매일경제신문, 1998년 6월 24일자

주: DEM은 독일 마르크화, GBP는 영국 파운드화, JPY는 일본 엔화, CHF는 스위스 프랑화를 의미함. 수치는 은행간 매도환율이며, 미 달러당 외국통화 표시 환율임.

익을 예측하고 계획을 세울 수 있게 된다. 선물 환율을 이러한 취지에서 활용할 경우 거래 당사자들은 가능한 한 3개월 후 예상되는 환율을 감안해 선물 거래를 할 것이다. 선물 환율은 계약 만기 시점의 환율에 대한 현물 거래 당사자들의 예측치를 반영해 결정된다.

그러나 선물 환율 시장에 참여하게 되는 동기에는 투기적 요인도 있다. 최근에는 이 같은 동기가 더 크다. 예를 들어 엔화의 3개월 선물 환율이 100인 거래를 하였는데 실제 3개월 후의 현물 환율이 102라면 100엔을 1달러와 교환하기로 계약을 했던 선물 거래자는 100엔을 1달러로 교환한 다음, 다시 현물 시장에서 엔화와 교환해 102엔을 가짐으로써 1달러당 2엔의 이득을 누릴 수 있게 된다. 이와 같은 투기적 목적으로 선물 환율 거래를 하는 사람들을 환(換) 투기자라고 한다. 이들은 선물 환율과 실제 실현될 환율 사이에 차이가 없게 되면 이득도 손실도 보지 않아 선물 시장에 참여할 유인이 없어지게 된다. 따라서 환투기자들은 환율이 어느 정도 등락을 거듭해 선물 환율과 실제 실현 환율이 차이가 생겨야만 이득을 누릴 여지가 생기게 되므로 이들의 수요와 공급에 따라 선물 환율이 영향을 받게 된다. 물론 선물 환율 예측을 잘못해 큰 손해를 입기도 한다. 1997년 영국계 베어링은행의 파산도 이러한 점에 크게 연유한다.

<표>에서 보면, 대부분의 통화가 선물환 프리미엄 상태에 있다. 이는 1998년 6월 현재 향후 달러에 비해 이들의 통화가 강세를 보일 것이라는 전망이 있음을 의미한다. 그러나 선물 환율이 투기자들에 의해서도 영향을 받기 때문에, 이 전망은 언제든지 뒤바뀔 수 있다.

선물 환율은 장래의 현물 환율 지표의 예상치로서 활용될 수 있다. 하지만, 선물 환율이 실제 시장 참여자의 수요·공급에 의해 일어나고, 그 수급상의 변화뿐만 아니라 심리적(투기적)인 변화가 매우 신속하게 시장에 반영되고 있기 때문에, 장래의 현물 환율에 대한 예측

치로서 단지 선물 환율만을 사용할 경우에는 유의해야 한다.

56 실질실효환율

무역 수지 적자폭이 예상외로 커지는 경우에 흔히 원화 환율이 적정한 수준에 있는지 논쟁이 가열된다. 수출업계에서는 원화가 턱없이 고평가돼 있어서 수출 경쟁력을 훼손하고 있다고 주장한다. 반면에 정부 일각에서는 원화 환율이 절하되면 수입 물가를 올려 국내 물가만 불안케 할 뿐 수출 경쟁력 제고에 큰 도움이 되지 않는다는 입장을 표명한다.

이 같은 환율 논쟁을 종식시키기 위해서는 적정성 여부를 결정해 주는 지표가 필요하다. 이를 위해 주로 활용되는 것이 구매력 평가에 의한 실질 환율 개념이다. 실질 환율이란 원래 동종 동류의 재화가 A, B 두 나라에서 동시에 생산되고 소비될 때, 그 재화가 각국 화폐로 표시된 판매 가격의 비율을 나타낸다. 그래서 A의 통화로 표시된 재화 가격이 B보다 더 높아질수록 A의 화폐 가치는 떨어진다. 이처럼 환율의 적정성 여부를 판단하기 위해서는 화폐의 구매력을 기준으로 평가하는 것이 통례이다.

실질 환율 지수는 비교적 간편하게 작성될 수 있는 지표이다. 이는 명목 환율에다 물가 상승률을 감안한 것이다. 즉, 각국의 화폐가 구매할 수 있는 능력을 상대적으로 비교하는 것이다. 통상 무역 수지가 균형을 이루는 시점을 100으로 삼아 실질 환율 지수를 계산한다. 우리 나라의 경우 가장 최근에 무역 수지가 균형을 이루었던 시기가 1993년 1월에서 12월이므로 이때 실질 환율을 100으로 잡는다. 그 이후 특정 연도나 달의 지수가 예컨대 110이면 그때의 실제 환율이 적정환율에 비해서 10%정도 저평가돼 있다고 한다. 즉, 그 기간중 원화의 실질 구매력이 강화되었음에도 불구하고 시장에서 결정되는 명목

적정 환율 지표 추이

기간 환율지수	97년 11월	12월	98년 1월	2월
실질 환율지수	90.6	124.7	140.1	137.3
실질실효환율지수	85.9	115.7	129.1	125.8

자료: 현대경제사회연구원

주: 1. 지수는 93년 1월 부터 12월까지 환율을 100으로 했을 때의 상대적인 수준임 2. 원/달러 환율 기준

환율이 이를 제대로 반영하고 있지 않다. 반대로 90이면 10% 정도 고평가돼 있음을 뜻한다. 실질 환율은 특정국과의 환율이 적정하느냐만 살펴준다. 따라서 특정국에 대한 교역 의존도가 낮을수록 자국 통화의 적정성을 가늠해주는 정확도가 떨어진다. 이를 보완하기 위해 실질실효환율 지수가 개발됐다. 이는 특정국의 교역 상대국과의 환율을 교역량 등으로 가중 평균한 명목실효환율에다가 교역 상대국과의 물가 지수를 가중 합산한 것을 곱해 결정한다.

<표>에서 볼 때 1998년 2월 말 현재 우리 나라 원화 환율은 실질환율지수에 의하면 미국 달러화에 대해 약 37.3% 저평가돼 있다. 당시 원화 환율이 1,640원이었는데 이를 감안하면 1,028.3원까지 원화가 평가절상돼야 한다는 뜻이다. 한편 실질실효환율 지수에 의하면 원화는 달러화에 대해 1998년 2월 말 현재 약 25.8% 저평가돼 있다. 이를 명목환율에 적용할 경우 달러당 1,216원대가 적정한 수준으로 나타난다.

이러한 지표들은 나름대로 미흡한 점이 있다. 우선은 기준 시점과 가중치 선정 문제이다. 무역 수지가 균형을 이루는 시점을 기준으로 삼는다고 하나 국가와 국가 간에는 재화와 같은 상품 시장만 열려 있는 것은 아니다. 주식과 같은 자산 시장도 감안한 자본수지도 고려해야 한다. 한편 실효환율의 산정에 이용되는 가중치는 수출, 수입

또는 양자의 합을 사용할 수 있는데 때에 따라 가변적이다. 그리고 실질 환율의 산정에는 물가 지수가 필요하기 때문에 현재 상황을 몇 달 후에나 알 수 있다는 점이 또 다른 문제점으로 지적된다. 그러나 지금까지 개발된 적정 환율 지표가 이처럼 다소 미흡함에도 불구하고 많이 활용되고 있다. 명목 시장 환율이 적정성을 벗어날 때 정부가 외환시장에 개입할 명분을 제기하기도 하며, 기업에서는 예측자료로 활용하기도 한다.

환율 논쟁에서 환율이 수출 경쟁력을 무한정 늘려준다는 가설은 타당성을 가지기 어렵다. 평가 절하는 다른 한편으로 수입 물가 상승을 통해 수출용 원자재 값을 올려 최종재의 경쟁력을 떨어뜨리기 때문이다. 따라서 근본적인 수출 경쟁력의 향상은 가격 경쟁력 약화를 보전할 수있는품질과 같은비가격경쟁력을높이는 데 있다고 하겠다.

57 환차손

1997년 말부터 원화 환율이 급등했다. 1997년 초에 미화 1달러당 원화 환율이 800원대였는데 1998년 9월 5일 현재 1,342원에 이르렀다. 이처럼 원화 환율이 오르면 달러화로 표시된 수출 가격이 인하될 여지가 크기 때문에 수출 가격 경쟁력이 개선될 것으로 기대하고 있다. 그러나 다른 쪽에서는 원화 가치가 폭락해 달러화로 빌려온 빚을 갚을 때 소요되는 자금이 턱없이 크게 늘어났다고 걱정하고 있다.

이 같은 현상을 환차손이라 한다. 반대로 원화 가치가 상승하면 달러화로 얻어온 빚을 갚는 데 소요되는 원화 자금이 줄어들 수 있다. 이 경우 기업은 일종의 이익을 얻게 되는데 이를 '환차익'이라 한다. 하루하루 이루어지는 수출입 결제를 할 때 환율의 변동을 제대로 감안하지 않을 경우 수출입 업체에 따라 환차손과 환차익이 엇갈리는 일이 빈번하게 발생하게 된다.

국제거래가 늘어나면서 환율은 매우 중요한 변수가 됐다. 환율은 나라와 나라 사이의 재화나 자본 거래에 있어서 일종의 매개 수단이다. 더욱이 세계 경제가 개방 체제로 이행하면서 환율은 이제 국내 물가 못지않은 중요한 위치를 차지하고 있다. 예컨대 환율이 상승하면 수출이 증가한다. 하지만 수입품의 가격이 올라서 수입물가를 부추기고 이에 따라 국내 물가가 상승하게 된다. 이렇게 되면 국내 시중 금리는 상승하며 동시에 대외 채무의 원리금 상환 부담이 커지는 악영향도 생긴다. 이렇게 환율이 변동하면 국내 경제의 거의 대부분이 영향을 받게 된다.

외환을 보유, 운용하게 되면 그 시세가 수시로 변하기 때문에 늘 손실의 위험을 안게 된다. 환차손과 직접적으로 관련된 지표 중에 '외환수지'라는 것이 있다. 외환수지는 외환 관련 이익에서 손실을 뺀 것인데, 외환 관련 손실은 환차손에 외화 환산 손실을 더한 것이다. 환차손이 외화 자산을 회수하거나 외화 부채를 상환할 때 발생하는 손실로서 거래가 완료된 후에 발생하는 계정인데 반해, 외화 환산 손실은 외화 자산이나 부채를 원화로 환산할 때 환율 변동으로 인해 발생한 손실로서 거래가 완료되지 않은 상태에서 장부상으로 평가되는 항목이다. 양자를 통칭해 환차손이라고 하는 경우가 일반적이다.

주요 기업의 외환수지 비교

단위: 억 원

환차손		환차익	
기 업	금 액	기 업	금 액
대한항공	1,115	현대건설	166
유공	1,008	대림산업	50
포스코	811	삼성엔지니어링	45
한화에너지	610	동아건설	42

자료: 동원경제연구소, 『96년 12월 결산법인 결산내용 분석』, 1997. 3.

환차손의 규모를 보면 거시적으로는 그 나라 경제의 대외 거래 의존 정도를, 그리고 미시적으로는 기업들의 외환 운용 및 관리 능력 정도를 알 수 있다.

우리 나라의 외환수지는 지난 1995년의 8,546억 원의 흑자에서 1996년에는 무려 1조 1,613억 원의 적자로 반전했다. 이처럼 적자 폭이 크게 증가한 것은 미국 달러화에 대한 원화 가치가 계속해 하락하고 있는 데다, 기업들의 해외 차입금이 1995년보다 48% 증가한 약 30조 4,800억 원에 달했기 때문이다. <표>에서 보면 1996년 우리 나라의 주요 기업이 기록한 환차손, 혹은 환차익의 규모가 나타나 있다. 기업의 환차손은 많게는 1,000억 달러, 적게는 수백 억 달러에 달하고 있다. 한편 규모는 작지만 환차익을 본 기업들이 있는데 이들은 대부분 건설업체들이다. 이는 활발한 해외 사업을 통해 축적한 해외 자산이 외화 부채보다 크기 때문인 것으로 보인다.

환차손의 감소를 위해서는 무엇보다도 환율이 안정돼야 한다. 하지만 경상수지 적자의 개선 없이는 이를 기대하기가 어렵다. 환차손을 줄이거나 예방하기 위해서는 환율 예측을 정확히 하거나 선물환을 이용해야 한다. 그러나 변동이 심한 경제 여건 속에서는 환율을 정확히 예측하기 어렵고 선물환 이용도 어디까지나 비용을 수반하는 일이어서 환차손 축소에 제한된 기능을 할 뿐이다. 거시적으로는 무역 수지 적자를 줄이는 것이 최선의 방책이다. 그리고 궁극적으로는 다른 선진국에 비해 지나치게 높은 대외 무역 의존도를 점차 낮추어 가는 구조적인 변화도 꾀해야 한다. 미시적으로는 개별 기업들이 환차손으로 인해 경상 이익의 막대한 감소에 직면하지 않도록 외환 운용에 신중을 기할 필요가 있다.

58 외환위기 측정 지표

한국 경제는 1997년 말에 외환 위기를 맞고 'IMF 관리 체제'에 놓여 있다. 외채 위기가 대외 채무의 이자나 원금을 상환하기 어려운 상태를 의미한다면 외환 위기는 이보다 좀더 포괄적인 뜻을 가진다. 외환 부족을 메우려 할 때 밖에서 빌려오는 외환(채무 행위) 이외에도 국내 주식을 사려 하거나 공장을 지으려는 경제적 동기에 의해서 자발적으로 들어오는 외환까지 포함하기 때문이다. 따라서 외환 위기는 외환의 수급 여부에 그리고 외채 위기는 외환의 상환 능력 여부에 초점을 두는 것이다.

외환 위기를 사전에 알아차릴 수 있게 하는 경제 지표는 없는가? 특정 기업의 부도를 사전에 예고해주는 마땅한 지표가 없듯이 국가의 부도 가능성을 사전에 예견해주는 지표를 상상하기 어렵다. 국제 금융 기관에서는 각국에 자금을 빌려주어야 하는 입장이기 때문에 부도 가능성에 대한 기준은 마련하고 있지만 아직 국제적으로 공인된 지표는 가지고 있지 않다.

국제통화기금(IMF)의 골드스타인 박사는 외환 위기가 초래될 수 있는 외환위험도 기준을 설정하고 다음의 7가지 경우에 그 위험도가 높아진다고 했다. 첫째, 국제 금리의 상승. 둘째, 외환보유고에 비해 높은 단기 외채의 비중 셋째, GNP의 5%를 넘는 경상수지 적자 넷째, 인위적으로 고평가된 환율 다섯째, 자금 유출 방지를 위한 국내 고금리. 여섯째 은행의 과다 대출 끝으로 경제적으로 의존도가 높은 주변국 경제의 불건전성 등이다.

한편 미국 하버드대 교수인 삭스(J. Sachs)는 외채 위기를 결정짓는 조건으로서 실질 통화가치의 절상도, 금융기관의 건전성 여부, 외환보유의 적정성 여부 등 세 가지를 들었다. 특정국의 통화 가치가 적정 수준 이상으로 절상됨으로써 경상수지 적자가 누적되고, 금융

외환위기 측정 지표
(%)

구 분	지표	한국(96)	멕시코(94)
경제의 건전도	GDP 성장률	7.1	3.5
	경상수지 적자/GDP	-4.9	-7.9
	환율 고평가 정도	13.1	5.0*
단기 지불능력	외채원리금 상환부담률(DSR) (외채원리금/경상외환수입액)	6.7	44.1
	외환보유고/1개월 수입금액 (개월)	2.7	1.0
	단기 외채/총외채	58.5	23.5
장기 지불능력	재정 적자/GDP	-0.2	-0.7
	총외채 /GDP	22.5	35.0

자료: 중앙일보, 1997년 4월 9일자.

* 페소화 폭락 이후의 수치, 멕시코 외환위기가 촉발된 시점인 1994년 12월 20일에는 페소화가 약 40%가량 고평가돼 있었음

기관들이 과도한 부실채권으로 자산운용 상태가 불건전해지며, 외환 보유고가 적어 외환 부족 상태를 극복하지 못하는 3가지 조건이 충족되면 외채 위기가 발생하는 것이다. 마치 골드스타인 기준의 축소판 같다.

끝으로 외환위기를 진단하는 지표로서 국내학계에서 널리 통용되는 기준이 있다. 이 지표는 경제 전체의 건전성을 짚어보는 지표와 단기적인 대외지불 능력과 관련된 지표 그리고 장기 지불 능력을 측정하는 지표 등 대략 세 가지 범주로 나누어진다. 이는 앞서 제시한 조건들을 종합한 것으로 판단된다.

<표>에서 제시한 지표를 통해 1996년 기준으로 당시 우리 경제의 외환 위기 가능성을 짚어 보자. 첫째, 경제의 건전도를 살펴보자. 경제가 전반적으로 양호한 상태를 유지한다면 일시적인 대외지불 능력 여부는 큰 문제를 일으키지 않는다. 예컨대 1996년 국내총생산(GDP)

성장률은 7.1%로 1994년 외환위기를 겪은 멕시코의 3.5%보다 높다. 그러나 경상수지 적자의 GDP 비율은 -4.9%로 멕시코의 -7.9%보다는 낮지만 IMF 기준인 -5%에 근접하고 있다. 둘째로, 단기 지불 능력도는 1년 내의 외화 지급 능력을 재는 척도이다. 외채원리금 상환부담률(DSR)은 1년간 갚아야 할 외채 원리금 합계액을 외화 수입액으로 나눈 것으로 이 비율이 높을수록 대외채무 불이행 가능성이 높아진다. 다만 우리 나라의 단기 외채 비중은 58.5%로 94년 멕시코의 23.5%보다 높은 상황이다. 끝으로, 경제 규모에 비해 재정 적자가 크거나 외채가 지나치게 많으면 장기적으로 지불 능력이 나빠진다. 이 시기 우리 나라의 재정적자 비율이나 외채비율은 큰 문제가 없어 보였다.

외환 위기의 가능성을 나타내는 여러 지표를 살펴볼 때 1996년 당시만 해도 단기간 내에 위기의 가능성은 낮았던 것으로 평가된다. 다만 각종 지표가 개선되는 징후가 없었던 점은 이에 대한 대응을 신속히 해나갈 필요성이 있었음을 알려준다. 특히 경상수지 적자가 빠른 시일에 축소되지 않는다든가 또는 그럴 가망성이 엿보이지 않으면 대외지급 능력이 큰 타격을 입게 되므로 이에 대한 대비책을 시급히 강구해야 한다는 문제가 심각하게 제기됐다.

59 증시 시황

주식시장은 우리 경제 생활에서 떼어낼 수 없는 일부분이 돼 버렸다. 이 시장에서는 누구든지 자산을 증식시킬 기회를 얻을 수 있고, 기업들은 자기 회사의 주권을 이 시장에 상장시킴으로써 필요한 자금을 조달할 수 있다.

개인에게는 여유자금을 투자할 장이 되고, 어느 업종의 어떤 기업 주식을 사야하는지 하는 대목에 이르게 되면 자연히 국내경기나 특정 업종의 경기, 좀더 구체적으로 수익력이 좋은 기업을 찾아 보게 된다. 이런 까닭에 주식의 가격(주가)은 개별기업의 수익성을 우리 경제에 관한 모든 관점에서 종합 정리해 보여준다. 주가는 투자자가 기업에 주는 평가이다. 이 기업이 국내외 경쟁에서 살아갈 수 있는지, 또는 향후 매력적인 수익력을 가지고 있는가 등에 대한 정보인 것이다.

주식시장의 상황을 가장 잘 나타내주는 지표가 종합주가지수이다. 주가의 움직임에 대한 종합적이고 연속적인 가격 지표의 필요성이 대두되면서 증권거래소가 1964년부터 주가지수를 산정해서 발표해 왔다. 몇 차례 시행착오를 거친 후 지난 1983년부터 현재 사용하고 있는 방식으로 전환했다. 종합주가지수는 증시에 상장된 전 종목을 대상으로 1980년 1월 4일의 시가총액(100으로 환산)과 비교 시점의 시가총액을 대비해 산출한다. 단, 신규 상장이나 유상 증자 또는 상장 폐지 등이 있는 경우에는 기준 시점의 시가총액에 이를 반영하고 수정해 지수의 영속성을 유지시켜 준다. 종합주가지수는 증권시장에 상장된 모든 상장 기업의 현재 가치가 비교 시점과 비교해 얼마나 변동되었는가를 나타내 주는 것이다.

종합주가지수 다음으로 증시의 시황을 파악하거나 예상하는 데에

증시 시황 지표 (일 평균, 포인트)

연도 지표	98년 2월 28일	3월 31일	4월 30일	5월 31일
종합주가지수	558.9	481.0	421.2	332.0
주식거래량(만주)	7,978	7,042	4,849	5,438
주식거래대금(억원)	8,505	6,047	3,659	3,357
시가 총액(10억원)	108,476	93,819	82,814	66,057
상장 수식수(10만주)	94,067	96,640	100,221	101,163
거래대금 회전율(%)	19.42	15.31	10.93	11.02

중요한 지표는 주식 거래량이다. 이러한 주식거래량을 금액으로 표시한 것이 주식거래대금이다. 주식거래량은 주가의 전환점에서 주가에 선행해 변화한다. 즉, 거래량이 먼저 감소하고 다음에 주가가 하락하며, 거래량이 먼저 증가하고 그 다음에 주가가 상승한다. 따라서 거래량의 변동은 개별 주식만이 아니라 시장 전체에 대해서도 장세의 전환점을 알려주는 신호로 받아들여지고 있다.

시가총액은 전 상장 주식을 시가로 평가한 금액인데 전 상장 종목별로 그날 종가에 상장 주식 수를 곱한 후 합계해서 산출한다. 시가총액은 주식시장의 규모를 표시하는데 국민총생산과 비교함으로써 국민 경제 전체에서 차지하는 주식시장의 비중을 알 수 있다. 또한 시가총액 증감률을 경제 성장률과 비교하면 주식시장 성장이 경제 성장에 선행하는지도 살펴볼 수 있다.

한편, 거래량 회전율은 변환지표로서 활용되는데 100% 이상이면 과열로 보아 천정권으로 판단하며, 30% 이하이면 침체로 보아 바닥권으로 판단한다. 거래량 회전율에 의해 보다 자세한 거래상태를 알아보기 위해서는 거래대금 회전율(당일 거래대금/시가 총액)을 활용한다. 거래대금 회전율과 거래량 회전율(당일 거래량/상장주식수)을 비교하는 것이다. 만약, 거래대금 회전율이 거래량 회전율을 크게 상회할 때 전반적으로 고가주 거래가 많음을 나타낸다.

고객예탁금은 증권회사가 유가증권의 매매 거래 등과 관련해 고객으로부터 예탁받아 일시 보관 중인 예수금을 말한다. 고객예탁금은 신주(新株) 공모청약자의 예수금, 위탁자 거래 및 증권저축계좌의 예수금 등으로 구성된다. 고객예탁금이 증가할수록 증권 시장의 주식 구매력은 커지는 것이며 주가의 단기 전망을 밝게 해주는 중요한 근거가 된다.

<표>를 예로 설명하면 다음과 같다. 1998년 5월 31일 장세는 2월

말에 비해 악화됐다. 이에 따라 주식거래량이나 거래대금 모두 감소했다. 이는 경기침체에 따른 국내외 주식 투자가들의 자금이 주식시장을 이탈하였음을 시사해 준다.

60 주가지수선물

언제부터인가 주식시황표에 추가된 정보가 있다. 선물시세 동향이 그것이다. 예컨대 1996년 7월 5일자 일간지 주식시세란을 보면 종합주가지수가 종가 기준으로 845.12를 기록해 전일에 비해 3.61포인트가 상승했다. 그 바로 아래에 KOSPI 200이라는 항목에 같은 날 역시 종가 기준으로 91.81을 기록했다. 그리고 1996년 9월물과 12월물이 각각 89.60과 92.60포인트를 기록했다. 이것이 바로 우리 나라의 주가지수 선물시세이다.

정부는 지난 1987년 11월 제9차 증권거래법 개정에서 증권거래소의 업무 중 선물 시장 개설 업무를 포함시킴으로써 동 거래소의 선물시장 개설을 위한 법적 근거를 마련했다. 그 후 8년 반만인 1996년 5월 3일 주가지수 선물시장이 개설됐다.

선물거래란 매매 대상물에 따라 일반 상품을 대상으로 하는 상품선물거래와 금융 자산을 대상으로 하는 금융선물거래로 구분된다. 금융선물거래는 다시 그 구체적 대상물에 따라서 통화 선물거래, 금리 선물거래, 주가지수 선물거래로 구분된다.

금융 선물시장은 상품 선물시장과 달리 개설된 역사가 일천하다. 1970년대에 들어서 달러를 중심으로한 고정 환율 체제가 변동환율제로 전환되었고 세계 각국이 통화 공급 중심의 통화 정책 기조를 채택함에 따라 환율과 금리의 변동성이 크게 확대됐다. 이에 따라 미국에서는 1970년대에 통화와 금리 선물 시장이, 1982년에는 주가지수 선물 시장이 개설됐다. 이후 주가지수 선물 시장은 급속히 확산돼

주가선물 시세표					단위:포인트, 계약·현물 거래량은 1,000 주	
분류 지수	기준 가격	종 가	전일 대비	거래량	미결제약정
KOSPI	841.51	845.12	3.61	23,466	—
KOSPI 200	91.47	91.81	0.34	9,258	—
96년 9월물	89.30	89.60	0.30	3,086	4,531
96년 12월물	92.00	92.60	0.60	12	114

주: $KOSPI200 = \dfrac{\text{지수구성종목의 비교시점의 시가총액 합계}}{\text{지수구성종목의 기준시점의 시가총액 합계}} \times 100$

1995년 말 현재 세계적으로 25개국 26개 거래소에서 주가지수 선물 거래가 이뤄지고 있다.

우리 나라에서 주가지수 선물거래의 거래대상은 KOSPI 200(Korea Stock Price Index 200)이다. 상장된 상품은 3월물, 6월물, 9월물, 12월물 등 4개이며, 편입 대상종목은 매년 6월 정기심의일 전년도의 1년간 종목별 평균 시가총액 및 연간거래량을 기준으로 선정된다.

주가지수 선물시장을 개설하면 어떠한 효과를 기대할 수 있을까. 주식시장의 가격 변동 위험을 효과적으로 관리할 수 있다. 현물시장에서 적극적인 주식 투자가 가능하게 됨으로써 주식 시장의 거래를 활성화시키고 규모를 확대시킨다. 선물시장의 가격은 신뢰도가 높아 주식 현물시장의 장래 가격을 예측하는 데 매우 유용하다.

주가지수 선물을 이용하면 지수에 포함된 전 종목을 사고 파는 것이나 다름없으므로 적은 비용으로 기보유 자산 포트폴리오[5]의 시장 위험을 관리할 수 있다. 선물시장과 현물 시장의 일시적인 가격 차이

---

[5] 포트폴리오란 원래 서류가방 또는 자료 수집철이라는 뜻이 있으나 증권투자에서는 투자자가 보유하는 주식이나 채권 등의 유가증권 일람표를 말한다. 즉, 포트폴리오를 구성한다는 것은 투자의 위험을 최소화하기 위해 주식을 분산 투자한다는 것을 의미한다.

를 이용한 차익거래자의 활발한 개입으로 현물 시장의 유동성이 확대돼 가격 안정화에도 기여할 수 있다. 한편 적은 증거금으로도 큰 규모의 거래가 가능하므로 고수익·고위험 투자의 성격을 가지게 되는데, 이에 따라 투기성 자금이 시장 제도로 편입돼 경제적 기능을 하게 될 가능성이 높다.

거래 제도의 안정성을 보장하기 위한 몇 가지 안전장치가 있다. 위탁증거금으로서 개시 증거금률은 거래금액의 15%(가격 제한폭의 3배 수준)이며, 유지 증거금률은 10%이다. 위탁 증거금률 중 가격 제한폭 5%를 현금 징수율로 하고 나머지 부분에 대해서는 대용 증권으로 납입이 가능하다. 한편 신규로 거래를 개시하는 위탁자는 3,000만 원 이상(최소증거금)을 예탁해야 한다. 그러나 최소증거금제도는 시장과열 내지 예상치 않은 사회적 문제를 미리 방지하고 시장을 안정적으로 육성하자는 취지로서 좋으나 대부분의 계좌가 3000만 원 미만인 점을 감안하면, 일종의 진입 장벽이 되는 셈이다. 소액 개인 투자자의 선물 시장 참여를 사실상 제한하기 때문이다. 거래 단위는 거래 단위 승수가 50만 원이므로, 가령 지수가 110인 경우 거래 금액은 5,500만 원(110×50만 원)이 되는데, 일반투자자의 투자금액(상기일 현재 1계좌당 평균투자금액 2,500만 원)에 비해서 너무 큰 액수이다. 소액투자자의 시장참여를 유도하고 유동성확보를 위해서 호가 단위와 일일변동폭을 낮추고 대용증권6) 납입비율도 상향조정할 필요가 있다.

선물시장이 성공적으로 정착하기 위해서는 제도적 정비와 시장유동성의 확보가 무엇보다 중요하다. 우선 제도적으로는 증시의 자율

---

6) 증권시장에서 위탁증거금, 신용거래보증금 및 기타 보증금을 거래소에 납입할 때 현금을 대신할 수 있는 유가증권.

성을 보장하고 효율성을 높이는 노력이 절실히 요청된다. 선물거래는 제로섬 게임의 성격에다 불확실한 미래의 주가 예측을 토대로 매매를 한다는 점 때문에 증시의 효율성 향상은 선물시장의 사활을 좌우하게 된다. 따라서 증시 정보의 왜곡 및 독점을 예방하고 단속하는 일이 시급하며 증권 당국의 시장 개입은 절대적으로 피해야 한다. 또한 유동성 확보를 위해 동일한 거래에 대한 거래 비용을 줄여 적은 증거금으로 보다 적은 규제하에서 자유로이 거래가 이루어지도록 해야 한다.

61 주가지수옵션

투자 위험은 낮으면서도 높은 수익을 보장해 줄 수 있는 금융 상품이 있다면 얼마나 좋을까. 수많은 투자가를 끌어 모을 수 있을 것이다. 이 같은 역할을 해줄 수 있는 파생금융상품이 우리 나라에도 속속 등장하고 있다. 기존의 '단순히 시장 현장에서 자산을 사고 파는'식의 거래가 아니라, 미래에 있을 거래를 현재 시점에서 매매하는 것이다. 또는 미래 거래에 여러 가지 조건을 붙이고 이 조건도 거래 대상에 포함시켜 투자가 개인이 주관적으로 예상하는 위험을 회피할 수 있는 길을 터 준다.

밭농사로 배추를 재배하고 있는 농부를 예로 들어보자. 농부는 추수기에 배추 값이 어떻게 결정될지 미리 알 수가 없다. 배추 값이 높게 형성돼 이익을 얻으면 다행이지만, 대풍년으로 배추 값이 폭락하기라도 한다면 한해 농사를 망치게 된다. 농부는 이러한 위험을 회피하기 위해 추수기에 앞서 미리 적정 이익을 보장하는 가격을 확정받고 싶을 것이다. 마찬가지로 농산물 중개인이나 김치 공장 주인도 기상 악화로 배추 값이 폭등할 위험을 회피하기 위해 미리 적정 가격에 배추를 확보하려 할 것이다. 이러한 상황에서 양자 사이에 현재 시점에 미리 추수기에 거래될 배추의 가격과 수량을 결정하고 배추의 인도와 대금지불을 추수기에 이행하기로 약속하는 거래가 체결된다. 이를 '밭떼기'라고 하는데, 이것이 다름아닌 선물거래이다.

한편 농부는 추수기 배추 값이 미리 정한 가격보다 낮으면 이 거래를 기꺼이 이행할 것이나, 추수기 배추 값이 미리 정한 가격보다 높게 결정되면 이 거래를 이행하고 싶지 않을 것이다. 따라서 농부는 추수기 배추 값이 미리 정한 가격보다 낮을 경우에만 거래를 이행하는 권리를 사고 싶을 것이다. 만약에 중개인이 올해 기상악화로 배추 값이 폭등할 것을 확신한다면 중개인은 농부가 원하는 권리를 일정한 대가를 받고 팔려고 한다. 왜냐하면 배추 값이 폭등해 농부가 거래를 포기할 경우 중개인은 그 권리를 판 대가를 챙길 수 있기 때문이다. 이때 양자사이에 성립된 거래를 옵션거래라 한다. 이상의 예에서 보는 바와 같이 선물거래는 거래체결시점에 매수자와 매도자가 모두 거래에 응해야 하는 반면, 옵션거래에서는 매수자가 자신에게 유리한 경우에만 거래에 응할 수 있다. 그 대신 선물거래에서는 현재

주요 주가지수선물 및 옵션시장의 거래량 비교

(단위 : 계약 건 수)

거래대상지수	거래단위	거래소	거래량 (1997.1~5)	
			선물	옵션
S&P 500 Option	500 달러	CBOE	8,603,044	2,549,683
Dax Option	10 마르크	DTB	2,727,319	13,465,445
Swiss Market Index Option	5 스위스프랑	Soffex	708,311	4,601,099
FTSE 100 Option	10 파운드	Liffe	1,511,897	3,537,244
Nikkei 225 Option	500엔	OSE	1,908,993	298,481

주: 1. CBOE — 시카고선물거래소 (Chicago Board Options Exchange), DTB — 독일선물옵션거래소 (Deutche Terminbörse), Soffex — 스위스옵션선물거래소 (Swiss Options & Financial Futures Exchange), Liffe — 런던국제금융선물거래소(London International Financial Futures Exchange), OSE — 오사카증권거래소 (Osaka Securities Exchange. 2. 선물의 거래단위는 Dax(100 마르크), FTSE 100(25 파운드) 제외하고는 옵션과 동일

시점에 대금이 오가지 않는 반면, 옵션거래에서는 매수자가 거래 성립의 대가를 매도자에게 제공해야 한다.

  주가지수선물이나 주가지수옵션은 증권시장에서 매매되고 있는 전체 주식 또는 일부 주식의 가격수준을 나타내는 주가지수를 매매 대상으로 하는 선물 및 옵션거래를 말한다. 우리 나라에서는 1996년 5월 3일부터 한국증권거래소에 주가지수 선물시장이 개설되면서 본격적인 파생금융상품 시대가 개막됐다. 그리고 주가지수 선물시장 개설에 따른 긍정적인 효과를 극대화하기 위해 1997년 7월 7일부터는 주가지수 옵션시장이 세계에서 25번째로 개설됐다. 거래대상물은 증권거래소가 개발해 1994년 6월 15일부터 발표하기 시작한 한국주가지수(KOSPI 200)으로 1990년 1월 3일을 기준으로 한다. 구성종목은 전체 상장종목중 산업별 분류를 기준으로 시가총액, 거래량 순을 원칙으로 하여 구성종목의 시가총액이 전체 시가총액의 70% 이상이 되도록 선정한다. 시장 개설 첫날 옵션거래는 상당히 부진한 것으로 나타났다. 7월 7일 증권거래소는 주가지수옵션 거래량은 3,077계약, 거래대금은 12억 100만 원(거래대금은 1계약당 '지수×10만 원'으로 계산됨)에 그쳤다고 밝혔다. 그러나 <표>에서 보는 바와 같이 선진국에서는 주가지수 옵션시장이 주가지수 선물시장 못지않은 거래량을 나타내고 있다.

  주가지수옵션의 도입은 우리 나라 증권시장의 효율성을 증진시킬 것으로 기대된다. 첫째, 주가지수옵션은 개별종목의 선택이 필요없고, 단지 시장전체의 장세전망으로 투자를 할 수 있으므로 정보수집이 빈약한 개인은 물론 다양한 투자전략이 필요한 기관투자가에게도 새로운 투자수단을 제공한다. 둘째, 주가지수옵션은 주식시장 및 선물 시장과의 유기적인 관계를 통해 과도한 가격차를 막는 역할을 해 공정한 가격 형성 및 안정에 기여할 것이다. 또한 주식, 선물, 옵션간

차익거래를 하는 과정에서 반드시 주식 및 선물거래가 수반되기 때문에 주식 및 선물시장의 활성화에도 기여할 것이다. 셋째, 우리 나라 증권시장이 현물, 선물, 옵션시장을 구비함으로써 종합증권시장으로 발전해 시장의 효율성이 증대될 것으로 기대된다. 이러한 기대대로 옵션시장이 정착되기 위해서는 불필요한 증시 규제를 완화하고 불공정거래에 대한 사후 감독을 철저히 해 주식시장의 건전한 발전과 선물시장의 정착을 도모해야 한다.

62 은행 경영 성과

우리 나라 금융산업은 금융시장이 대폭 개방돼도 아무런 문제가 없는 것일까. IMF 졸업에 필수적이라는 우리 나라 금융산업의 경쟁력에 대한 관심이 고조되고 있다. 금융산업의 대표 선수라 할 수 있는 은행은 어떠한가. 얼마전 국내 모 일간지의 위촉을 받은 미국의 금융기관 신용 평가회사인 톰슨뱅크워치는 국책은행의 재무 상태는 '위험한' 지경에 이르렀다고 진단해 우리의 경각심을 불러일으켰다.

은행기관의 경영성과를 나타내는 대표적인 지표로는 총자산이익률과 자기자본이익률이 있다. 이 지표들은 일정 기간 동안의 은행기관의 경영 성과, 즉 자산을 얼마나 효율적으로 운용했나, 이익을 창출하는 능력은 어떠했는가, 영업성과는 어떠한 상태인가와 같은 점 등을 분석하기 위해서 사용된다.

총자산이익률(ROA: Return On Assets)은 은행기관의 경영에 투하된 자산이 얼마나 효율적으로 운용되었는가를 나타내준다. 이는 은행 기관의 신탁계정을 포함하는 총자산에 대한 당기순이익의 비율로 산정된다. 이때 총자산은 은행계정 자산과 신탁계정 자산의 연평균 잔액을 합해 구해진다. 은행계정 자산은 은행총자산에서 지급 보증이나 신용카드 채권 매출과 감가상각 충당금을 제한 것이다. 그리고 신탁계정 자산은 신탁총자산에서 은행계정의 대·차변 손익을 차감한 것이다.

자기자본이익률(ROE: Return On Equity)은 투하 자본에 대한 수익성을 나타낸다. 이는 은행기관의 자기자본(납입자본과 자본잉여금 및 이익잉여금을 합한 데에서 자기 주식을 뺀 것)에 대한 당기순이익의 비율을 말한다. ROE가 크다고 반드시 좋은 것은 아니다. 특히 ROA가 낮은 상태에서 ROE가 높은 것은 은행 기관의 재무위험도를 나타내

은행기관의 총자산이익률 및 자기자본이익률 추이 (%)

지수 은행	ROA				ROE			
	1994	95	96	97	1994	95	96	97
시중은행평균	0.40	0.28	0.23	-0.90	6.17	3.91	3.49	-14.09
조 흥	0.51	0.39	0.34	-0.72	7.60	5.30	5.04	-11.91
상 업	0.20	0.34	0.35	-0.45	3.32	5.23	5.85	-8.57
제 일	0.46	0.06	0.02	-4.61	7.43	0.82	0.29	-79.98
한 일	0.48	0.31	0.19	-0.73	7.55	4.04	2.82	-12.71
서 울	0.23	0.02	-0.67	-3.25	3.70	0.32	-10.30	-52.06
외 환	0.34	0.35	0.29	-0.15	5.55	5.09	4.58	-2.76
국 민	N.A	0.41	0.56	0.31	N.A	7.70	9.33	3.59
신 한	0.82	0.70	0.63	0.19	9.59	6.85	6.85	2.39
한 미	0.42	0.28	0.40	-0.38	6.77	4.25	6.76	-7.26
동 화	0.16	0.39	0.10	-1.51	1.79	4.83	1.41	-24.63
동 남	0.20	0.02	0.22	-0.62	2.85	0.25	3.72	-11.88
대 동	0.16	0.18	0.16	-1.67	2.21	2.69	2.72	-32.98
하 나	0.49	0.55	0.55	0.39	10.01	7.91	8.28	5.85
보 람	0.10	0.37	0.31	0.11	9.43	5.81	5.47	1.94
평 화	0.33	0.63	0.16	-0.88	2.85	6.36	2.15	-13.78
지방은행평균	0.53	0.56	0.47	-1.17	5.73	5.63	5.41	-14.77
일반은행평균	0.42	0.32	0.26	-0.93	6.09	4.19	3.80	-14.18

자료: 『은행경영통계 1996』, 한국은행 은행감독원

주: 1. 총자산 이익률(ROA) =(당기순이익/총자산)×100
    2. 자기자본 이익률(ROE)=(당기순이익/자기자본)×100

는 레버리지 비율(자기자본에 대한 부채 비율)이 높은 상태를 의미하며, 이는 그만큼 위험도 크다는 것을 의미한다.

1997년도 우리 나라 일반 은행의 ROA는 평균 -0.93%로 당기순이익이 감소함에 따라 전년의 0.26%에 비해 1.19%포인트 낮아졌으며, ROE도 -14.18%로 전년의 3.80% 대비 무려 17.98%포인트 하락했다. 은행 그룹별로 보면 지방은행의 ROA 및 ROE가 각각 -1.17%, -14.77%로 시중 은행의 -0.90%, -14.09보다 낮은 수준을 기록했다. 국내은행의 경영성과가 이처럼 전반적으로 부진한 원인으로는 증시 침체 및 금리자유화에 따라 예대 금리가 축소(1.5%)되고 은행들의 당기순이익이 크게 감소되었기 때문이다. 지방은행의 경우에는 지방 중소기업의 침체와 밀접히 연관돼 있다.

증시침체는 은행기관의 레버리지비율도 악화시켜, 시중 은행의 수익성뿐만 아니라 안정성까지 악화시킨 것으로 나타났다. 주식시장 보호를 위한 금융권에 대한 증자 억제 조치는 시중 은행의 레버리지 비율을 높이게 된다. 국제결제은행(BIS)은 은행의 파산 위험을 막기 위해 자기자본 비율의 기준을 8%로 규정하고 이를 각국에 강력히 권고하고 있다. 그런데 국내 은행의 레버리지 비율 상승은 이러한 국제적인 흐름과 달리 국내 은행의 재무구조가 악화된다는 것을 뜻한다. 더욱이 우리 나라 대부분의 은행들이 증권시장에 지나치게 의존하고 있어 주식시장이 강세로 돌아서지 않는 한 은행의 수익성이 개선되기는 어려우며, 레버리지 비율도 계속 악화될 전망이어서 안정성까지 위협받고 있다. 이에 따라 대기업의 여신규제 범위 축소와 같이 은행의 경영을 개선하기 위한 정부의 정책이 실제 은행의 수익성을 개선시키는 데 별다른 효과를 나타내지 못하고 있다.

은행의 경영성과를 높이기 위한 방안은 무엇인가. 무엇보다 취약한 자기자본의 비율을 높이는 조치가 필요하다. 물론 증시부양책이 선결 조건으로 놓여있다. 그리고 자산 건전성을 향상시키기 위해서는 유가증권 평가손 적립 기준을 강화해야 하며 부실여신의 정의를 명확히 해야 한다. 특히 지방은행의 경쟁력을 높이기 위해서는 협소한 영업 지역을 터주어야 한다. 지방 중소기업에 대한 지방은행의 지나친 대출은 지방 중소기업이 취약해지면 지방은행이 취약해지는 구조적인 문제를 유발한다.

63 지급준비율

한국은행은 1997년 초에 은행 요구불예금의 지급준비율을 인하했다. 2월부터 평균 7.0%에서 평균 2.0% 포인트 인하해 평균 5.0%로 정했다. 현재 우리 나라의 지급준비율은 미국, 일본, 프랑스 등 선진국의 2.0% 안팎 수준보다 상당히 높은 편이다.

은행의 지급준비율 제도는 어떻게 생겨났는가. 은행의 기본적인 역할은 고객에게서 여러 종류의 예금을 받아 이를 기초로 돈을 빌려주거나 실물 경제에 투자해 이익을 낸 다음 일부는 돈을 맡긴 예금주에게 이자로 돌려주고 나머지는 스스로 필요한 데 사용하는 것이다. 그런데 돈을 빌려간 사람이 일부를 은행에 예금하고 은행은 이를 다시 대출하는 과정을 되풀이하는데 이를 '신용 창조'라 한다. 이렇게 되면 고객이 맡긴 금액의 몇 배가 대출되는데 이 과정에서 고객 예금의 상당 부분이 은행에 보관되지 못한다.

만약 예금주들이 한꺼번에 예금을 인출하려 들면 은행은 지불 불능 상태에 빠지게 된다. 사실 은행이 발달하던 초창기에는 이 같은 일이 빈번해 은행이 파산하는 사례가 종종 있었다. 그 후 이러한 사태를 방지하는 여러 가지 장치가 생겨났는데 그 중의 하나가 '지급준비 제도'이다. 이처럼 은행의 유동성을 강제적으로 보장해 고객을 보호하기 위한 취지로 등장한 지급준비 제도는 1863년에 미국에서 처음 도입됐다. 그후 1950년대부터는 우리 나라를 포함한 거의 모든 국가에서 통화 관리 수단으로 널리 사용되고 있다.

　은행의 지급준비율이란 대출하지 않고 보관해야 하는 예금의 비율을 말하는데 줄여서 지준율이라고도 한다. 즉 금융기관으로 하여금 예금 등 금전 채무의 일정 비율을 시재금(時在金 ; 당장 가지고 있는 돈)이나 중앙은행 예치금 등 즉각적인 지급 수단으로 보유하도록 하는데 이때의 '일정 비율'이 바로 지급준비율이다.

　지급준비율은 오늘날 단순히 예금주나 은행의 보호를 위한 것이 아니라 훨씬 다양한 기능을 수행하고 있다. 첫째, 통화 정책 수단의 하나로서 유용성을 지닌다. 예컨대 중앙은행이 지준율을 높이면 은행의 대출을 통한 신용 창조 능력이 그만큼 축소되므로 결과적으로 시중의 통화량은 줄어든다.

　둘째는 자원 배분의 효율성을 가로막을 수 있다. 지준 제도는 은행이 예금 채무의 일정 비율을 무수익 자산인 현금 또는 중앙은행 예치금 등으로 보유하도록 강제한다. 이에 대응해 은행은 대출 이자를 높이거나 예금 이자를 낮추어 이를 고객에게 전가하는데 결과적으로 사회의 후생 수준은 저하된다. 또한 은행과 비은행 금융 기관간의 공정 경쟁을 저해하는 효과를 가져온다.

　그런데 최근에는 지준 제도의 유용성이 점차 저하되고 있다. 금융 자유화가 진전되면서 지준 제도가 금융 자원의 효율적 배분이나 금융기관간 공정 경쟁을 저해하는 금융 규제라는 인식이 확산되고 있다. 통화 정책에 있어서도 통화량보다는 금리를 중시하는 경향이 증대됨에 따라 지준 제도의 존립 근거가 크게 약화되고 있다. 이에 따라 뉴질랜드, 호주, 캐나다 등은 지준 제도를 아예 폐지하였고, 영국, 미국, 독일, 일본 등에서는 지준율을 대폭 인하했다.

　우리 나라에서는 그 동안 지준 제도를 유동성 조절 수단의 하나로서 적극 활용해 왔다. 70년대 말까지 20%의 높은 지준율 수준을 유지해 본원통화의 급증을 억제하였고, 80년대 후반에도 몇 차례 지준율을 인상한 바 있다. 그러나 최근 금융 자유화와 함께 지준율 인하의 필요성이 제기됐다.

지준율이 인하되는 만큼 은행은 수지 개선을 위한 투자나 대출 여력을 가지게 되기 때문이다. 이에 따라 은행은 대출 금리의 인하 여력이 증대돼 금리 인하의 여건이 조성된다.

그러나 우리 나라의 지준율은 아직 다른 선진국에 비해 높은 수준이다. 이는 국내 금리가 다른 경쟁국에 비해 높은 요인으로 작용할 뿐만 아니라 은행의 경쟁력 제고에도 부정적인 영향을 미치고 있다. 이를 해소하기 위해서는 첫째, 한국은행의 재할인 및 정책금융의 규모를 축소해 통화 관리를 제대로 할 수 있도록 제도적 여건이 개선돼야 한다. 둘째, 지준 부과 대상의 범위를 비은행 금융기관이 취급하고 있는 예금 유사 상품에까지 확대해야 한다. 이를 통해 금융기관 간 공정 경쟁 여건을 개선하고 뿐만 아니라 은행 예금으로부터 비은행 예금 유사상품으로의 자금 이탈을 방지해 통화 관리의 효율성을 제고할 수 있다. 셋째, 물가 안정 기조를 확립해야 한다. 이를 통해 통화 정책의 조작 목표나 중간 목표로 금리를 중시하는 체제로 전환할 수 있으며, 지준율을 아주 낮게 유지하거나 지준 제도 자체를 폐지할 수 있을 것이다.

우리 나라 은행의 지준율 추이 (%)

구분	1985.7	1987.11	1988.12	1990.2	1996.4	1996.11	1997.2
지준율	4.5	7.0	10.0	11.5	9.0	7.0	5.0

주: 1. 요구불 예금의 경우
    2. 지준율=요구불 예금에 대한 지급준비금/요구불 예금

64 자금 부족률

잇단 부도 사태는 우리 경제가 안고 있는 여러 가지 복합적인 문제점들을 여실히 보여준 사태이다. 빚을 진 기업은 이자와 원금을 상환해야 하는데, 우선 물건을 팔아서 마련한 돈으로 이 같은 자금 수요를 감당하지 못할 때에는 자금 부족이 발생한다. 이러한 경우에는 외부에서 돈을 꾸어와야 한다. 돈을 빌려주는 쪽에서는 자금을 빌려가는 기업의 자금 상환 능력을 감안하게 된다. 이때 차입 기업의 상환 능력이 좋게 평가되지 않을 때 기업은 부도를 낼 수밖에 없다. 대체로 경기가 침체돼 매출이 위축될수록, 기업의 경쟁력이 취약해져 시장에서 밀릴수록 그리고 금융시장 내 자금 공급이 충분하지 않을 때일수록 자금 부족이 심화돼 부도는 자주 발생하게 된다.

우리 나라 기업들이 평균적으로 얼마나 자금 부족을 겪고 있는지를 가늠해주는 지표가 자금부족률이다. 자금부족률은 자금부족액을 경상 GNP로 나누어서 구한다. 즉, 일상적인 국민 경제 활동에 비해서 기업 부문에서 소요되는 자금이 얼마나 부족한가를 의미한다.

기업부문의 자금부족액은 기업이 외부로부터 조달한 자금총액에서 기업이 금융자산을 통해 운용하고 있는 몫을 차감한 것이다. 기업의 조달자금 총액은 매출 수입과 차입금으로 구성된다. 차입금은 금융 기관을 통한 간접금융, 주식시장을 통한 직접금융 그리고 해외차입으로 구성된다. 기업은 이렇게 조달한 자금의 대부분을 중간재 구입이나 임금 등 경비 지급과 투자 지출에 사용하고, 또 일부는 거래 목적을 위해 금융자산 형태로 보유하게 된다.

이 때 자체 저축(매출수입에서 경비를 제외한 부분)으로 충당하고 모자라는 부분을 외부로부터 차입해 조달하는데, 이때 외부로부터의 순차입액(금융부채-금융자산)이 자금부족액이 된다. 이와 같이 국민경제 내에서 생산과 투자 활동을 주로 하는 기업 부문은 저축보다 투자를 많이 해 언제나 자금이 모자란다는 것이 특징이다.

한국은행이 발표한 『97년 1/4분기 자금순환 동향』에 따르면, 1997년 1/4분기의 자금부족률은 전년 동기(22.9%)에 비해 약 3.7% 포인트 높은 26.6%를 기록했다. 이는 1975년 1/4분기에 28.7%를 기록한 이후 22년 만에 최고 수준이다. 이 기간에 기업부문이 외부로부터 조달한 자금은 39조 6,710억 원으로 전년 동기 대비 38.8% 증가했다.

한편 기업부문의 자금운용 규모는 전년 동기보다 68.9% 늘어난 15조 5,680억 원을 기록했다. 이에 따라 1997년에 들어서 3개월간 기업의 자금부족 규모는 전년 동기 대비 24.4% 늘어난 24조 1,030억 원에 달했다. 이는 경기침체로 인한 설비투자 부진으로 기업의 자금수요가 많지 않을 것으로 예상되었으나, 수출감소와 경기침체 지속으로

기업부문의 자금조달, 운용 및 자금부족률 추이 단위: 10억 원, %

부문		연도	1991	1992	1993	1994	1995	1996	1997 (1/4)
기업부문	자금조달(A)		58,180	54,888	64,981	89,040	100,016	118,201	39,671
		간접금융	24,343	19,911	20,373	39,649	31,854	36,995	16,792
			(41.8)	(36.3)	(31.4)	(44.5)	(31.8)	(31.3)	(42.3)
		직접금융	22,079	21,348	31,927	32,490	48,070	55,600	16,524
			(37.9)	(38.9)	(49.1)	(36.5)	(48.1)	(47.0)	(41.7)
		해외차입	2,402	3,891	995	29,576	8,392	12,062	2,575
			(4.1)	(7.1)	(1.5)	(3.3)	(8.4)	(10.2)	(6.5)
	자금운용(B)		25,954	23,922	29,024	39,918	41,062	47,206	15,568
	자금부족(A-B)		32,225	30,966	35,957	49,122	58,954	70,994	24,103
	자금부족률		15.0	13.0	13.5	16.2	16.9	18.1	26.6
개인의 기업부족 자금 보전율			68.3	78.6	78.3	67.0	66.9	56.7	38.9
자료: 한국은행									

주: ( )는 구성비(%)

인한 내수둔화에 따라 매출이 부진하고, 재고가 누증되었으며, 수익성이 악화됨으로써 기업의 자금부족 규모가 워낙 크게 확대되었기 때문이다. 게다가 한보 부도와 같은 경제불안 요인이 가중되면서 단기운전자금 수요가 크게 늘어난 것도 기업의 자금부족 현상을 더욱 심화시키는 요인으로 작용했다.

97년 1/4분기의 대표적인 자금 잉여 주체인 개인부문의 자금잉여율(자금잉여액/경상GNP)이 전년 동기의 9.1%보다 증가한 10.4%를 기록하였음에도 불구하고, 개인의 기업부족자금 보전율은 38.9%로 전년 동기의 39.6%보다 오히려 낮아졌다. 이는 기업의 부족자금이 더 큰 폭으로 증가했음을 보여준다.

이로 인해 발생하는 막대한 금융비용 부담이 기업 경영에 커다란 어려움으로 작용하고 있다. 특히 재무구조가 취약한 상태에서는 경기침체가 심화되거나 금융시장이 불안정해질 경우 기업의 부도가 더욱 늘어날 수 있다. 따라서 무리한 외부차입을 통해 양적 팽창에만 주력해왔던 그 동안의 경영 방식에서 벗어나 수익성 위주의 경영방식으로 전환해 기업의 재무구조를 건실하게 유지하는 것이 시급해졌다.

65 부실여신 비율

경기침체가 심화되면서 부도율이 급증함에 따라 은행의 부실채권이 증가하고 있다. 이런 까닭에 일부 시중 은행의 경우 상장된 주식의 시가가 액면가액을 하회하는 이변을 드러내고 있다. 이는 실물경기가 침체되면 곧바로 금융 부문의 침체로 이어짐을 잘 보여주고 있다. 그래서 은행들은 부실 징후를 보이는 기업을 찾아내어 정상화를 재촉하고 은행이 가지고 있는 부실채권의 효율적인 관리를 위해 부실채권정리 전담기구를 발족시키는 것과 같은 집단적인 자구책을 강구하고 있다.

그러면 금융권의 주된 관심사인 '부실채권'이란 무엇을 말하는가. 은행의 부실채권은 은행이 취급한 여신 중에서 '회수 의문'이나 '추정 손실'로 분류되는 여신의 합을 말한다.

통상 은행이 보유하고 있는 자산은 회수 가능성이 있느냐를 '정상', '요주의', '고정', '회수의문', '추정손실' 여신 등 5단계로 분류한다. 첫째, '정상'이란 금융거래 내용, 신용상태 및 경영 내용이 양호한 거래처에 대한 총여신을 나타낸다. 둘째, '요주의' 란 '통상' 이상의 주의를 요하는 여신이며, 셋째, '고정'이란 구체적인 회수 조치나 관리 방법을 강구할 필요가 있는 여신 중 회수예상가액에 해당되는 여신을 지칭한다. 넷째, '회수의문'이란 손실 발생이 예상되나 현재 그 손실규모를 확정할 수 없는 회수예상가액을 초과하는 여신을 나타낸다. 끝으로 '추정손실'이란 손비 처리가 불가피한 여신을 말한다.

<표>에서 보면 1997년 말 현재 우리 나라 일반 은행(시중 은행 및 지방은행)의 부실여신은 모두 10조 845억 원에 달한다. 이중 회수의문 여신은 9조 5,949억 원, 추정손실 여신은 4,896억 원에 달해 총여신 대비 부실여신 비율은 2.7%로 1990년대에 들어 가장 낮은 수준이다. 부실여신에 고정여신까지 포함한 불건전 여신은 1997년 말 현재 10조 845억 원에 달해 총여신 대비 불건전여신 비율은 1997년 현재 6.0% 수준에 달한다. 한편 일반 은행의 부실여신 비율도 1997년에 크게 증가했다. 1993년 말의 1.7%에서 1997년 말에는 2.7%로 크게 늘어난 것이다. 이는 경기 침체에 의한 기업의 부실화에 의한 것이라 할 수 있다.

우리 나라 일반 은행의 실제 부실여신 비율은 미국이나 일본 등 선진국과 비교하면 지표상 인위적으로 축소돼 있다는 문제점이 있다. 미국, 유럽, 일본의 경우 3~6개월 이상 이자를 연체한 여신은 모두 부실여신으로 분류하는 데 반해, 우리 나라의 경우 6개월 이상 연

체중이지만 담보가 있는 여신(고정 여신) 대부분이 부실여신 통계에서 제외돼 있다. 그래서 기업이 부도를 내거나 법정관리에 들어가도 담보에 해당되는 금액은 고정으로 잡히고 있어서 부실여신 규모가 축소되는 경향이 있다.

은행에 부실여신이 급증하면 무슨 파급 효과가 있을까. 첫째, 부실여신 상각을 위한 대손충당금은 은행의 비용 부담을 증가시킨다. 둘째, 은행이 부실여신을 보유하게 되면 은행의 운용자금이 고정됨에 따라 유동성 부족 문제가 야기된다. 셋째, 과도한 부실여신은 대손 비용의 증가로 인해 금융 중개비용의 상승을 초래하게 되며, 은행이 이를 자금 차입자에게 전가할 경우 대출금리를 올리는 요소로 작용한다.

부실여신을 축소하기 위한 방안은 무엇일까. 기본적으로는 여신에 대한 정부의 정책적 개입을 지양해야 한다. 부실기업에 대한 다량의

일반 은행의 부실여신 현황 (단위 : 억 원, %)

연도 현황	1993	1994	1995	1996	1997
총여신(A)	1,734,078	2,103,649	2,418,270	3,117,261	3,754,364
부실 여신(B)	29,551	19,253	22,944	25,249	100,845
회수의문 추정손실	21,356 8,195	16,634 2,619	19,095 3,849	20,242 5,007	95,949 4,896
고정(C)	91,341	97,974	101,895	97,080	125,582
대손충당금(D)	20,040	24,473	31,647	38,213	58,197
부실여신 비율(B/A)	1.7	0.9	0.9	0.8	2.7
불건전여신비율 (B+C) / A	7.0	5.6	5.2	3.9	6.0
적립비율(D/B)	67.8	127.1	137.9	151.3	57.7

자료 : 한국은행 은행감독원

주 : 부실여신= 회수 의문+추정손실, 불건전여신= 부실여신+고정, 정상여신= 불건전여신+요주의

정보를 보유하고 있는 관련 은행의 주도하에 부실여신 정리를 추진해야 한다. 그리고 부실여신의 분류 기준을 선진국 기준으로 변경해 부실 가능성이 있는 채권을 조기에 정리할 수 있는 여건 마련이 필요하다. 또한 부실 금융기관을 정리하는 담당기구의 재원을 확충하고 기능을 확대해 부실 금융기관 정리 체제를 사전에 정비할 필요가 있다.

66 부도율

일반적으로 어음부도율은 기업의 자금 사정을 나타내는 지표이다. 어음이란 미래의 어느 시점에 일정 금액을 지급하겠다고 약속한 증권을 말한다. 예를 들어 부품을 납품받은 공장에서 납품업자에게 3개월 후에 납품 대금을 지불하겠다는 것을 약속하고 이 내용을 담은 증서를 발행할 수 있다. 이때 발행한 증서가 어음이다. 기업이 대금을 결제할 때 어음, 현금, 자기앞수표, 당좌수표, 은행 지로, 신용카드 등 다양한 방법을 이용하지만 가장 보편적으로 사용되는 결제 방식은 어음이다.

어음은 어디까지나 대금을 지불하겠다는 약속이지, 아직 지불한 것은 아니다. 따라서 어음을 발행한 기업은 일종의 빚을 지고 있는 셈이다. 경기가 좋고 사업이 잘되는 경우에는 빚을 갚는 게 힘들지 않겠지만, 경기가 나빠 사업이 잘되지 않거나 사업 자체가 경제성이 없을 경우 자금 융통은 어렵게 된다. 이처럼 빚을 갚는 게 어려워져 결국 대금을 지불하겠다는 약속을 지키지 못하는 것을 부도라 한다. 통상 금융시장 전체의 자금 사정이 풍족할 경우에는 부도 가능성이 낮아지고 경기가 침체돼 업체들의 자금 사정이 나빠지는 경우에는 부도 기업이 늘어나게 된다.

어음부도율이란 전체 어음 교환액 중에서 부도 어음액의 비율을 뜻한다. 물론 이때의 어음은 자기앞수표, 당좌수표, 자금이체 등의 결제 수단을 모두 포함하는 넓은 의미의 어음을 뜻한다. 한국은행은 매월 서울과 전국의 어음부도율을 조사해서 발표하고 있다. 통계에 따르면 1990년에 금액 기준으로 0.04%, 장수 기준으로 0.05%의 낮은 수준이었던 어음부도율이 1992년 이후 치솟기 시작해 95년에는 금액 기준으로 0.20%, 장수 기준으로는 0.11%로 높아지고 있음을 알 수 있다.

한국은행은 어음부도율이 높아진 원인으로 전자결제 수단의 급속한 확대를 지목했다. 사실 전자결제는 부도가 날 가능성이 거의 없는 양질의 어음 교환을 대체하는 경우가 대부분이므로, 이를 제외하면 기존 계산 방식에 의한 어음부도율은 자연히 높아지게 된다. 은행 등 금융기관간에 기존의 소액 수표로 결제하던 것을 전자결제로 대체할 경우 그만큼 어음교환액이 줄어든다. 그리고 1994년 12월 시작된 한국은행의 금융망을 통한 결제도 종전의 어음교환을 대체하는 효과를 갖게 됐다. 따라서 한국은행은 이와 같은 결제수단의 변화가 어음부도율 수치를 증가시키는 데 기여했다고 판단해 1995년에 어음부도율 산정 기준을 변경했다.

하지만 최근 우리 나라의 어음부도율은 한국은행의 어음부도율 산정 방법 개선을 감안해도 상당히 높은 편이다. 특히 1994년과 1995년

어음부도율 추이

단위: %

구 분		1990년	91년	92년	93년	94년	95년	96년	97년
조정이전	금액 기준	0.04	0.06	0.12	0.13	0.17	0.20	-	-
	장수 기준	0.05	0.05	0.06	0.08	0.11	0.11	-	-
전자결제방식 조정 이후 (금액 기준)		0.04	0.06	0.12	0.12	0.15	0.17	0.14	0.40
자료: 한국은행									

은 과열이 우려될 정도로 호황이었는데도 어음부도율은 계속 높아짐으로써 어음부도율이 높아진 원인에 대한 의문을 증폭시켰다. 경기 호황의 혜택이 중소기업에 미치지 못했음을 반영해 준다. 실제로도 부도가 난 어음의 대부분은 중소기업이 발행한 것이다. 또한 영세업자의 가계수표 부도도 한몫한 것으로 보인다.

 어음부도율 증가가 반드시 국민 경제에 나쁜 것일까. 최근 중소기업의 자금난 심화와 부도율 증가 원인은 무엇보다 우리 나라가 산업구조 조정기를 맞고 있다는 데서 찾아야 한다. 과거 1980년대 초 일본도 산업구조 조정기에 처해 어음부도율이 매우 높았으며, 결과적으로 어음 부도라는 현상이 경쟁력을 상실한 기업을 과감히 정리하는 역할을 했다.

 어음부도율의 해석에는 많은 주의가 필요하다. 우리 나라의 경우 1990년 0.5%에 불과하던 전자결제 방식은 1995년 상반기에 이르러 5.3%까지 높아졌다. 미국이나 영국과 같은 선진국의 전자결제 방식 비율이 90%에 이르고 있다는 점을 감안할 때 우리 나라에서도 전자결제가 더욱 더 늘어날 것이다. 장표 방식에 의한 어음 교환은 점차 감소할 것으로 전망되며, 그런 뜻에서 어음부도율은 그 의미가 축소될 수밖에 없다. 과거에는 어음부도율이 시중 자금 사정의 지표로서 회사채 수익률 못지않은 역할을 했지만, 앞으로는 현실 반영의 정확도가 점차 낮아질 것 같다. 따라서 중소기업의 어려움을 진단하고 정책적 과제를 추출할 수 있는 새로운 지표 개발이 필요한 것으로 보인다.

part III

경제 기사 쉽게 읽는 법

대외 거래와 기업 경영

1
국제 거래

|67| 국제수지표

국제수지란 일정 기간중 한 나라의 대외 거래 실적을 나타낸다. 국제수지표는 수출입의 차이를 나타내는 상품수지, 여행, 운임 등의 서비스의 거래를 나타내는 서비스수지, 근로자의 임금 및 투자 수익 거래를 나타내는 소득수지, 교포송금이나 무상원조 등 일방적인 거래인 경상이전수지 그리고 자본수지를 포함한다. 이 많은 거래 내역을 그때그때 집계하기 어렵기 때문에 특정 달의 국제수지표는 한 달쯤 후에 발표된다.

수출과 수입의 차이를 나타내는 무역 수지는 통상 두 가지의 의미를 가지고 있다. 하나는 매월 초 산업자원부에서 발표하는 월별 통관기준의 수출입 차이를 의미하며 다른 하나는 국제수지표에 들어있는 국제수지기준의 수출입 차이를 의미한다.

통관기준은 관세청에서 작성하는데 세관을 통과하는 모든 상품이 기재되며 이 경우에 수출품은 본선인도가격(FOB), 수입품은 운임보험료 포함가격(CIF)으로 산정된다.[7] 한편 국제수지 기준은 관세청 무역 통계를 기초로 한국은행이 작성하는데 통관기준에서 소유권이 이전된 것만 계산에 넣는다. 여기서는 수출입 모두 본선인도가격을 기준으로 작성되며, 단순한 통관 무역이나 재수출입 등은 제외된다. 따라서 통관기준과 국제수지기준의 수출입이 차이를 보일 수밖에 없는데 1998년 상반기를 기준으로 할 때 국제수지 기준의 수출과 수입은 통관기준의 수출과 수입의 99%와 97% 정도에 이르고 있다. 수입이 더 큰 차이를 보이는 이유는 가격 평가 기준이 다르기 때문이다. 통관기준은 세관을 통과하는 시점의 가격이기 때문에 화물의 운임과 보험료가 포함돼 있는 반면 국제수지기준으로 평가한 수입은 운임과 보험료를 제외하고 계산하기 때문이다. 국제수지 기준은 운임과 보험료를 서비스수지에 포함시키고 있다.

한국은행은 1998년부터 IMF의 권고에 따라 국제수지 편제 기준을 변경했다. 새로운 기준은 과거 경상수지를 무역 수지, 무역외수지, 이전수지로 나누던 것을 상품수지, 서비스수지, 소득수지, 경상이전수지로 나누고 있어, 국제수지 기준에서는 무역 수지란 용어가 더 이상 사용되지 않고 있다. 따라서 이제는 무역 수지라 함은 통관기준의 수출입차를 의미하는 것으로 받아들여도 될 것이다.

무역 수지보다 더 많이 활용되는 지표는 경상수지이다. 이는 나라와 나라 사이의 재화나 서비스 거래에 있어서 현금 기준으로 얼마나 남겼고 또 밑졌느냐의 잣대가 된다. 예컨대 경상수지가 흑자라는 것은 재화나 서비스의 거래에서 흑자 액수만큼 외국으로부터 돈을 벌어왔다는 의미가 된다.

자본수지는 외화의 유입과 유출 차이를 나타낸다. 외화의 유입(즉 대내투자)이 외화의 유출(대외투자)보다 많으면 자본수지는 흑자가

---

7) FOB는 매도인이 약속한 화물을 매수인이 지정한 선박에 적재해 배에서 인도를 끝마칠 때까지 생기는 일체의 비용과 위험을 부담하는 무역상 거래조건의 하나. CIF는 매도자가 상품의 선적에서 목적지까지의 원가격과 운임·보험료 일체를 부담할 것을 조건으로 한 무역 계약 즉 도착항 인도가격을 말한다.

국제수지			(100만 달러, %)
연도 수지	1996년	1997년	1998년 1~4월
경상수지	−23,004.7	−8,618.2	14,427.6
A. 상품서비스수지	−21,144.1	−6,803.0	13,986.8
1. 상품수지	−14,964.7	−3,874.5	13,419.0
수 출(FOB)	129,968.0	138,587.3	44,746.0
수 입(FOB)	144,932.7	142,461.8	31,327.0
2. 서비스수지	−6,179.4	−2,928.5	567.9
B. 소득수지	−1,814.5	−2,676.5	−981.0
C. 경상이전수지	−46.1	861.7	1,422.0
자본수지	23,326.8	5,438.2	4,100.2
준비자산증감	−1,388.6	11,918.8	−15,124.1
오차 및 누락	1,066.5	−8,738.7	−3,403.7

자료: 한국은행, 『국제수지』, 각월호

된다. 대체로 경상수지가 흑자인 나라는 대외투자 여력이 많으므로 자본수지가 적자로 나타나는 것이 일반적 경향이다.

경상수지가 적자가 되면 그만큼 외국으로부터 빚을 얻어 적자를 메워야 한다. 그렇게 되면 원금 상환과 이자 상환 부담이 늘어 그만큼 국민가처분소득이 줄게 된다. 반대로 흑자가 되면 그만큼 외국돈이 한국은행에 들어오게 되고 또 그만큼 원화 공급량이 늘어 통화 관리에 부담이 생기게 된다. 그래서 경상수지 흑자나 적자는 통상 GNP의 2% 내에 있어야 무난하며, 경상수지 흑자가 생기면 상당 부분을 해외에 다시 투자하는 지혜를 발휘해야 한다.

국제수지표는 지난해와 비교해서 발표된다. 지난해보다 적자가 늘었다는 것은 그만큼 외환 보유고가 줄어들거나 외채가 늘었다는 것을 의미한다. 따라서 국제수지표상의 어느 대목이 적자를 확대시켰는가를 살펴서 정책적으로 그 원인을 제거해 나가야 하는 과제가 발생한다. 그러나, 국제수지표는 매월 발표되는 것인만큼 월별로 적자와 흑자가 들쑥날쑥할 수 있으므로 매월 통계 수치에 얽매일 필요는 없다. 다만 국제수지 상태는 그때그때 외환 수급에 영향을 끼치므로 환율 변동의 직접적인 원인이 됨을 주목해야 한다. 대체로 적자가 늘면 원화 가치가 떨어지고 반대의 경우는 상승하게 된다.

68 서비스수지

1997년까지 우리 경제의 큰 문제 중 하나는 경상수지 적자였다. 물론 경상수지 적자가 최고조에 달했던 것은 그보다 1년 전인 1996년이었지만 1997년에도 연말에 경상수지 흑자를 기록하기 전까지는 상당한 적자 상태에 있었다. 그러나 1997년의 경상수지 적자와 1996년의 경상수지 적자는 그 성격을 조금 달리하고 있다. 요인별로 살펴볼 때, 1996년에는 전체 경상수지 적자 중에 상품수지가 65%, 서비스수지가 27%, 기타가 8%를 차지하였으나, 1997년에는 상품수지가 39%, 서비스수지가 39%, 기타가 22%로 상품수지의 비중이 현저하게 줄어들고 서비스수지의 비중이 상품수지와 같은 정도로 커졌다.

경상수지는 상품수지, 서비스수지, 소득수지, 경상이전수지 등으로 구성돼 있다. 1997년까지의 경상수지 적자 추세를 살펴보면 상품수지 적자는 크게 줄이는 반면, 서비스수지의 적자 비중은 커지고 있다. 경상수지가 큰 폭의 흑자를 보이고 있는 1998년에도 서비스수지의 흑자폭은 전체 경상수지 흑자폭의 4%에 불과하다. 이렇듯 서비스수지는 과거 경상수지 적자를 주도하였으며, 현재는 경상수지 흑자 확대에 큰 도움을 주지 못하고 있다.

서비스수지는 외국과의 서비스 거래 결과로 벌어들인 외화와 지급한 외화의 차이를 말한다. 여객 및 화물의 수송 등을 통한 운수 수입, 외국 관광객이 국내에서 소비한 외화, 우리 나라의 통신 시설 이용에 대한 대가, 외국인의 수출입 화물 등에 대한 국내 보험사의 보험료

서비스 및 소득수지 추이

단위: 100만 달러

수지 \ 연도	1995년	1996년	1997년	1998년 1~4월
서비스수지	−2,978.8	−6,179.4	−2,928.5	567.9
운수	−372.9	−1,464.5	551.7	477.6
여행	−1,190.3	−2,602.6	−2,258.1	737.6
통신	−80.9	−62.9	−	−
보험	−128.9	−274.6	−	−
특허권등사용료	−2,085.6	−2,245.6	−	−
사업서비스	954.3	145.6	−	−
정부서비스	282.2	330.1	−	−
기타	−211.0	−172.2	−	−
소득수지	−1,302.8	−1,814.5	−2,676.5	−981.0
급료및임금	641.2	564.9	541.2	108.0
투자소득	−1,944.0	−2,379.4	−3,217.7	1,089.0

수입, 특허권 사용료, 수수료 수입 등이 등이 서비스 수입이 된다. 서비스 지급은 반대로 우리 나라의 거주자가 외국인에게 위와 같은 서비스를 제공받고 지불한 것을 의미한다.

올 들어 서비스수지는 소폭이기는 하지만 꾸준한 흑자를 보이고 있다. 이와 같이 서비스수지가 흑자로 반전된 것은 계속 적자를 지속하던 여행수지가 올들어 흑자로 반전되었기 때문인다. 1997년 11월의 외환 위기 이후 환율이 급등함으로써 해외 여행 경비 부담이 크게 증가하였으며, 또한 해외 여행의 자제를 통해 외화를 절약하자는 분위기가 확산되었던 것이 여행수지 흑자 전환의 주요인이라고 할 수 있다. 한 가지 아쉬운 것은 외국인의 국내 여행 증가에 따른 여행수지 개선 효과는 없었다는 점이다. 따라서 경제가 정상화되고 외환 수급 사정이 호전될 경우 여행수지 악화로 인한 서비스수지 적자 전망은 어렵지 않다. 또한 우리 나라의 특허 등록이 선진국에 비해 크게 뒤지고 있어 특허권 사용료 등의 항목에서도 큰 폭의 적자를 기록하고 있다.

　물론 서비스수지는 다면성을 띤 국제간 거래의 일면만을 요약한 것으로 효율성 면에서 흑자가 반드시 바람직한 것만은 아니다. 예컨대 교역 대상국의 증가로 인한 장거리 수송 수요 증가시 국내선보다는 관련국에 이르는 항로와 항만 시설에 익숙한 해당 지역 선박을 이용하는 것이 보다 효율적일 수도 있다. 그런데 문제는 흑자가 1998년 상반기에 213억 달러로 급증하고 있음에도 불구하고 서비스수지 흑자는 겨우 9억 달러에 그치고 있다는 데 있다. 이는 우리의 서비스 산업 수준이 상당히 낙후돼 있음을 의미하는 것이기도 하다. 앞으로도 서비스수지 흑자를 유지하려면, 해외 여행 억제를 통한 여행수지 흑자와 같은 소극적인 방법으로서는 곤란하다. 정부가 해외 여행객을 인위적으로 억제하는 수단은 애국심에 호소하는 길밖에 없기 때문이다. 오히려 관광 한국을 적극적으로 홍보하고, 그에 맞추어 국내 관광 기반시설을 확충하는 등의 노력이 필요하다. 불필요한 규제가 있으면 즉각 철폐해야 함을 물론이다.

69 직접투자수지

　국가간에 장벽이 무너지면서 세계 경제에 일어난 주요 변화는 대충 두 가지로 요약된다. 하나는 국가간에 상품 유통이 원활해짐에 따라 각국이 꼭 생산하지 않아도 되는 것은 수입을 함으로써 각국의 제조업 비중이 줄어든 것이다. 다른 하나는 국내의 빈부격차뿐 아니라 나라간의 빈부격차도 확대된 것이다. 경쟁력을 갖추지 못한 산업 부문의 임금은 상대적으로 위축되기 때문이다. 이러한 변화를 매개하는 경제 활동의 하나가 직접투자이다.

　한국은행 집계에 의하면 1998년 1/4분기중 우리 나라에 대한 외국인 직접투자는 3.1억 달러를 기록했다. 반대로 우리 나라 기업이 외국에 직접 투자한 금액은 7.9억 달러에 이르렀다. 일정 기간 내에 국내에 들어오는 외국인 직접투자에서 해외로 나가는 우리 나라의 직접투자를 차감한 것을 직접투자수지라 한다. 직접투자수지는 자본수지 항목 가운데 장기자본수지에 속한다. 직접투자수지는 1998년 1/4분기에 4억 2,000만 달러의 적자를 기록했다. 현재 우리 경제가 심각한 외화 부족 상태에 허덕이고 있어서 적자라고 하면 부정적인 느낌을 갖기 쉽다. 그러나 직접투자수지는 적자면 나쁘고 흑자면 좋은 것이라는 일반적으로 잣대로 판단해서는 안된다.

<표>에서 보듯이 직접투자수지는 우리 나라 기업들의 해외직접투자가 크게 증가함에 따라 그 적자 폭이 크게 확대됐다. 지난 1985년에서 1990년까지 6년간 해외직접투자는 모두 23.4억 달러였는데 이는 1994년에는 한해 동안 추가된 금액 수준이다. 게다가 1996년에는 1994년보다 갑절이나 늘어났다. 이렇게 된 것은 1992년 이후 해외직접투자에 대한 규제가 크게 완화된 데도 원인이 있지만 국내에서 기업의 활동 여건이 크게 악화된 데 더 큰 원인이 있다.

우리 나라의 임금 수준은 1980년대 말 이후 계속 상승해 주요 경쟁국에 비해 높은 수준에 이르렀다. 공단 분양가의 경우 개도국에 비해서는 물론이고 선진국인 영국과 미국에 비해서도 10~45배 높은 수준이다. 물론 최근의 세계화 바람도 기업의 해외 진출을 촉진하는 요인이 되고 있다. 국내 기업 여건이 열악하면 국내 기업의 해외직접투자를 촉진하는 데 그치지 않는다. 궁극적으로 외국 기업의 국내직접투자를 부진하게 만들어 직접투자수지를 악화시키는 주요 요인이 된다.

통상 유입된 자본은 어떻게 사용되느냐에 따라 직접투자와 주식투자로 구분된다. 주식투자는 주식 가격의 등락에 따라 단기 차익을 노리고 투자하는 것으로 국내 증시의 활황 여부에 따라 그 유입량이 등락한다. 이와 달리 직접투자란 외국인이 우리 나라에서 직접 사업을 하기 위한 투자를 일컫는데, 우리 나라에서 사업 전망이 좋고 생산비가 저렴할 것으로 예상될수록 직접투자는 증가하게 된다.

　외국인 직접투자는 어떠한 경제적 의미를 갖는가. 우선 국내 경제에 주는 효과면에서 간접투자를 앞선다. 사업 전망이 좋은 기업의 주식을 외국인이 사게 되면 그 기업의 주가가 오르고 이는 관련 기업의 주식 매각을 통한 자금 조달 기회를 넓혀주는 금융 효과가 있다. 직접투자는 간접투자처럼 돈을 가지고 들어오기 때문에 경상수지 적자를 메우는 효과가 있으며 투자 수익에 따르는 조세 효과까지 있다. 직접투자는 이외에도 공장을 지어서 가동하기 때문에 고용 효과가 있고 대체로 기술을 가지고 들어와 기술이전 효과까지 있다. 반면, 외국인 투자는 형태가 어떻든 투자 과실이 송금되거나 때에 따라서 투자 회수가 일어날 경우 자금 유출이 발생한다. 어떤 경우이건 우리 나라의 경상수지가 적자일 때에는 모두 부담스러운 일이 된다.

　우리 나라 국민이 외국에 투자할 경우도 유사한 경제 효과가 있다. 해외에 기업을 설립하거나 해외 기업을 인수해 직접 사업을 할 경우가 직접투자이며 외국 증권시장에 투자하는 것이 해외증권투자이다. 해외직접투자의 경우 특히 수출에 많은 영향을 미친다. 우선, 국내

직접투자수지 추이　　　　　　　　　　　　　　　　　　단위 : 억 달러

연도 투자	1990	1991	1992	1993	1994	1995	1996	1997	98. 1/4
외국인직접투자 (자본 유입)	7.9	11.8	7.3	5.9	8.1	17.8	23.3	23.4	3.1
내국인해외투자 (자본 유출)	10.5	14.9	11.6	13.4	24.6	35.5	46.7	42.9	7.9
직접투자수지	-2.6	-3.1	-4.3	-7.5	-16.5	-17.8	-23.4	-19.5	-4.2

자료: 한국은행, 『국제수지』, 1998. 5.
　　　한국은행, 「1997년 국제수지표 확정」, 1997. 6. 24.

기업이 생산해 수출하던 것을 해외로 공장을 이전해 현지에서 생산해 수출할 경우 그 수출은 공장 소재국의 수출 통계에 포함돼 우리 나라의 수출은 그만큼 감소한다. 또한 그 생산품이 다시 국내로 반입되면(역수입) 국내 무역 수지를 어렵게 만든다. 그러나 해외 투자 공장이 국내에서 생산된 반제품을 이용하면 할수록 해외직접투자는 수출을 확대시키는 역할을 할 수 있다. 게다가 투자에 따르는 과실 송금이 있을 경우 우리 나라의 경상수지에 보탬이 된다.

우리 나라의 해외직접투자 잔액은 1997년 현재 GNP의 2.9% 수준에 머물러 있다. 주요 선진국인 영국의 28.5%, 미국의 10.0%, 대만의 8.5%에 비해 아직 낮은 수준으로서 앞으로 크게 증가할 여지가 많다. 그래서 국내 투자 여건이 크게 개선되지 않는 한 직접투자수지 적자는 더욱 심해질 수밖에 없다. 그러나 경제적 파급 효과는 앞서 언급한 대로 투자의 동기와 형태에 따라 매우 다양한 결과를 가져올 수 있지만 그 경제적 효과를 긍정적으로 만들려는 정책적 노력이 필요하다.

70 자본수지

자본수지는 외국과 자본 거래를 한 결과 국내로 들어온 외화와 해외로 나간 외화의 차이를 나타낸다. 자본 거래에 의해 외화가 국내로 들어오는 경우는 차관처럼 외국에서 빚을 얻어오거나, 외국에 빌려주었던 돈을 되돌려받거나, 외국인이 국내에 투자를 하거나 해외에서 증권을 발행해 자본을 들여오는 것 등이다. 반대로 얻어온 빚을 갚거나 해외에 투자를 하거나 또는 돈을 빌려주는 경우에는 외화가 해외로 나가게 된다. 이러한 자본수지는 통상 상환 기간이 1년을 초과하는 거래를 대상으로 하는 장기 자본수지와 1년 이하의 거래를 대상으로 하는 단기 자본수지로 구분된다.

자본수지의 추이를 살펴보면 자본 시장의 개방이 확대되면서 과거에는 찾아보기 어려웠던 새로운 현상이 나타나고 있다.

과거에는 경상수지 적자를 메우기 위해 해외에서 차입하는 외화로 인해 자본수지가 흑자를 기록하는 이른바 '거울 효과'(경상수지와 자본수지의 상반 관계)가 있었다. 그런데 1992년부터 외국인의 국내 주식 투자가 허용되고, 국내 기관들의 해외 증권 발행에 대한 규제가 점차 완화되면서 자본수지는 경상수지의 적자 유무나 그 규모와 상관없이 크게 확대되는 추세를 보이고 있다. 자본수지는 1990년에 25.6억 달러의 흑자를 기록하였는데 이때 경상수지는 20억 달러 적자였다. 그후 1992년에 자본수지는 65.9억 달러(당시 경상수지 적자 39.4억 달러)에서 1996년에는 233.3억 달러(경상수지 적자 230억 달러)로 크게 늘었다. 그러나 이후에는 국내 경제의 침체 상태가 장기화되자 자본수지 흑자 규모가 급격히 줄어드는 양상을 띠었다. 1997년 자본수지 흑자는 54.4억 달러로 축소되었고 1998년 1/4분기에는 14억 달러의 흑자를 기록했다.

자본수지가 흑자화되고 그 규모가 확대되는 원인은 무엇인가. 이는 그 동안 외환 거래가 급격히 자유화되고 특히 OECD 가입을 위해 자본 거래 자유화 조치가 확대 실시되었기 때문이다. 이에 따라 외화 증권 발행이 허용되고, 외국인 주식 투자가 확대 허용되었으며 무역 신용이 크게 확대됐다. 이 가운데 해외에서 낮은 금리로 자금을 차입하려는 대기업 및 금융 기관이 저리 자금을 조달할 목적으로 외화 증권의 발행을 늘린 것이 가장 큰 원인으로 작용했다.

자본수지의 흑자가 이렇게 확대되는 것은 바람직한 것인가. 외화 자금이 유입되면 먼저 국내 외환시장에서 원화로 교환된다. 과거에는 수출입과 같은 경상거래에서 벌어들인 외화 자금 중심으로 외환 시장이 형성됐다. 그러나 최근 자본수지의 흑자 규모가 확대되면서 자본 거래에 수반돼 유출입하는 외화가 영향력을 행사하게 됐다. 이에 따라 자본수지 흑자는 원화를 고평가시키고 이는 다시 수출 경쟁력에 악영향을 끼쳐 무역 수지의 개선에 치명적인 타격을 입힐 수 있다.

외화 유입의 급증은 통화 공급량을 증가시켜 물가 상승 압력으로 작용한다. 특히 단기성 핫머니의 유출입이 빈번해질 경우 환율이나 국내 물가를 안정시키려는 정부의 통제력이 제대로 힘을 발휘하기 어렵게 된다.

한편 자본수지의 적자는 국내 보유 외화가 해외로 빠져나가는 상황을 의미하는 것이다. 이 경우 원화 가치를 절하시키는 요인이 되겠지만 우리 나라의 대외 지불 능력이 축소되는 것을 의미하므로 특히 경상수지가 적자인 상황에서는 적절하다고 말할 수 없다.

이처럼 자본수지가 균형을 이루지 못하고 적자이거나 흑자이거나 간에 그 규모가 과도한 경우에는 경제에 나쁜 영향을 미치므로 자본수지는 가급적 균형을 이루는 것이 바람직하다. 그러면 자본수지가 건전한 상태로 유지되기 위해서는 무엇이 필요한가. 우선 무역 수지

자본수지 추이

단위: 억 달러

수지	연도	1992	1993	1994	1995	1996	1997	1998 (1/4)
자본수지		65.9	27.4	103.0	167.9	233.3	13.1	14.1
	투자수지	69.9	32.2	107.3	172.7	239.2	19.2	14.3
	직접투자	-4.3	-7.5	-16.5	-17.8	-23.4	-16.1	-4.3
	증권투자	58.0	100.1	61.2	115.9	151.8	143.0	42.9
	기타투자	16.2	-60.5	62.6	74.6	110.8	-107.7	-24.4
기타자본수지		-4.1	-4.8	-4.4	-4.9	-6.0	-6.1	-0.2

자료 : 한국은행, 『국제수지』, 1998. 5.
한국은행, 『1997년 국제수지표 확정』, 1997. 6. 24.

를 적정 수준에서 유지하는 것이 필요하다. 그래야 해외 자본에 대한 의존도를 낮출 수 있기 때문이다. 그리고 외국과의 금리 차이를 적극적으로 시정해야 한다. 그러면 이자 차익을 노리는 단기성 자금의 유입이 억제될 것이다.

71 교역 조건

IMF 체제 이전에 국내 수출이 1,000억 달러를 돌파했지만 무역 수지는 여전히 100억 달러 이상의 적자를 기록했다. 이는 교역상 양적인 팽창은 이룩했지만 대외 거래가 내실있게 꾸려지지 않았다는 증거라 할 수 있다. 생산에 필요한 원자재나 자본재를 수입에 많이 의존하기 때문이다. 더욱이 이러한 상품을 수입하는 데에는 달러가 많이 든다. 이 점이 우리 나라가 수출을 해야 하는 가장 큰 이유다.

물론 수출에 대한 우리의 관심은 여기에 머무르지 않는다. 국내 시장은 미국처럼 크지 않아 경제성 있는 생산 품목의 선택이 어렵고 대량 생산으로 평균 생산비도 낮출 수 없다. 이 같은 시장규모의 한계를 극복하기 위해서도 수출을 해야 한다.

교역 조건이란 대외 거래에 있어서 수출품과 수입품의 교환 비율을 나타낸다. 통상 수출 상품 가격을 수입 상품 가격으로 나눈 것으로 표시된다(순상품 교역 조건). 이것은 수입 상품 1단위를 얻기 위해서 지불해야 하는 수출 상품의 단위를 나타내어 준다. 수입가에 비해 수출 가격이 상승하는 경우 교역 조건은 개선됐다고 하고 그 반대의 경우에는 교역 조건이 악화됐다고 한다.

교역 조건이 개선되면 자연히 그 나라의 소득이 향상된다. 왜냐하면 특정국에서 과거와 똑같은 물량을 생산해서 수출하더라도 더 많은 수입품을 얻을 수 있기 때문이다. 그런데 수출품의 가격을 올려 팔지 않더라도 물량을 더많이 수출할 경우에는 수출 수입 총액이 증가해서 더 많은 양을 수입할 수 있게 된다. 이 경우에도 교역 조건은 개선됐다고 한다. 그래서 많은 개도국에서는 더많이 수출하기 위해서 수출 상품의 값을 싸게 하려고 그 나라의 통화 가치를 싸게 유지하는 환율 정책을 쓰기도 한다. 이것이 지나칠 경우, 저가 상품 위주의 수출에서 벗어나지 못하는 함정에 빠질 수 있다.

이처럼 교역 조건에 관한 지표는 크게 순상품교역 조건과 소득교역 조건으로 나뉜다. 앞서 설명한 대로 순상품교역 조건 지수는 수출 단가 지수를 수입 단가 지수로 나누어 산출하며 소득교역 조건은 순상품교역 조건에 수출 물량 지수를 곱해 산출한다. 이 두 가지 지표는 수입 능력을 나타내 준다.

수출입 가격 지수를 작성할 때 모든 수출입품을 포함하는 것은 아니다. 가격이 급등락하거나 수출입 빈도가 낮은 품목은 제외한다. 수출 단가는 상품 가격에다가 본선인도가격(FOB 가격)을 더한 값이고 수입 단가는 상품 가격에다 해상 보험료와 운임료를 합한 가격(CIF 가격)이다. 물론 산출된 단가를 종합해서 지수를 작성할 때는 수출입 물량으로 가중 평균한다. 한편 여기서 사용되는 수출입 단가지수는 수출입 상품의 가격 동향을 파악하는 수출입물가지수와 다소 차이가 있다. 예컨대 후자는 수출입 총액의 1/2,000 이상되는 품목을 5년에 한 번 선정하고 있고 가중치도 5년간 고정된다.

우리 나라의 1998년 1/4분기 순상품교역 조건이 전년 동기보다 5.6% 악화됐다. 이는 지난 94년 4/4분기 이후 지속적으로 이어지는 현상으로 수입 단가 상승이 수출 단가 상승을 크게 앞지르고 있기 때문이다. 그럼에도 불구하고 소득교역 조건은 27.5%나 크게 개선됐다. 이는 수출물량이 크게 늘어난 데 힘입은 것이다. 한편 1998년 1/4분기 무역 수지는 95.9억 달러의 흑자를 기록했다. 이는 물량 면에서 수출이 수입보다 크게 늘어난 데 연유한 것으로 분석된다.

교역 조건 동향						(1990년=100)
연도 지수	1996년	1997년				1998년
	4/4	1/4	2/4	3/4	4/4	1/4
순상품교역 조건지수	79.7	79.0	81.4	77.0	75.1	74.6
소득교역 조건지수	114.4	96.4	121.4	116.3	132.7	122.9
무역수지(억 달러)	−39.3	−50.1	−8.1	−0.3	30.6	95.9
자료 : 한국은행						

　교역 조건 지표는 한 나라의 무역 정책의 방향을 설정하는 데 큰 도움이 된다. 한국은행에서 분기별로 발표하는 교역 조건 동향은 품목별, 지역별로 정보를 담고 있어서 무역량 변동의 원인을 보다 미시적으로 파악하는 데 도움이 된다. 한편 우리 나라의 수출입(무역 수지) 변동은 대체로 단가보다는 물량에 더 크게 좌우돼 왔다. 이에 따라 1990년 이후 순상품 교역 조건보다는 소득 교역 조건의 변동이 훨씬 더 심했다.

72 국가 경쟁력

　국경이 없어지는 세계화 시대에서는 경쟁력을 결정짓는 요인이 이전과 달라지게 된다. 자금, 노동 등 생산 자원의 이동이 완전히 자유로워지기 때문에 한나라가 특정 자원 한두 가지를 많이 보유하기 때문에 얻는 경쟁력은 더 이상 큰 의미를 갖지 못한다. 오히려 인적 자원이나 산업 인프라나 경제·사회 시스템 등이 중요하다. 국가경쟁력 지표는 이러한 유형 무형의 생산 자원에 대한 종합 채점표이다. 학교에서 학생 능력 테스트 방식이 다양하듯이 국가경쟁력 지표도 여러 가지가 있다.

　IMD(International Institute for Management Development)는 스위스에 있는 국제경영개발연구원을 말한다. 이 기관은 MBA 과정이 있는 경영대학원이면서 경영·경제 연구 및 다양한 기업 연수 프로그램도 진행하는 기관이다. 이 기관은 세계경제포럼(World Economic Forum)과 공동으로 1981년부터 매년 세계 주요 국가들의 경쟁력을 조사해 발표하고 있다. 이 보고서의 공식 명칭은 *The World Competitiveness Report*이고 흔히 『IMD 보고서』라고 한다.

이 보고서는 경쟁력을 '세계 시장에서 다른 나라보다 더 많은 부가가치를 창출할 수 있는 국가나 기업의 능력'이라고 정의하고, 국내 경제 능력, 국제화, 정부, 금융, 사회간접자본, 기업 경영, 과학 기술, 인적 자원 등 8개 부문으로 나누어 각국의 경쟁력을 평가하며 각 부문은 평균 25~35개의 소항목으로 다시 나누어져 있다.

1996년에는 이를 크게 '측정된 경쟁력'과 '지각(知覺)된 경쟁력'으로 나누어 평가했다. 측정된 경쟁력은 총 225개의 실제 통계자료를 활용해 분석되며, 지각된 경쟁력은 46개국 경제전문가 3,162명을 상대로 130가지 설문조사를 하여 작성된다. 양 부문을 합쳐서 종합지표를 작성할 때는 전자를 2/3, 후자를 1/3만큼 비중을 두어서 가중 평균한다. 1996년 조사 대상국가는 46개국이었다.

1997년에 발표된 자료에 의하면 우리 나라가 가장 높은 경쟁력을 보유하고 있는 분야는 국내 경제능력 부문이다. 이 부문은 13위를 차

IMD의 우리 나라 국가 경쟁력 순위 변화

구분 \ 연도	1992	1993	1994	1995	1996	1997
종합	29	28	32	24	27	30
국내경제능력	14	9	9	7	4	13
사회간접자본	38	15	36	35	34	34
국제화	44	43	44	40	43	45
기업 경영	29	29	37	27	28	26
정부	25	23	35	24	33	32
과학기술	25	24	24	24	25	22
금융	45	44	42	37	40	43
인력	23	23	23	21	21	22

지했으나 이나마도 1996년의 4위에 비해 크게 하락한 것이다. 종합 순위에서 한국은 1995년의 24위, 1996년에는 27위로 그리고 1997년에는 30위로 떨어졌다. 이는 싱가포르(2위), 홍콩(3위), 대만(23위) 뿐만 아니라 말레이시아(17위)와 중국(27위)에까지 뒤지는 것이다. 이렇게 경쟁력이 취약해진 원인은 무엇인가. 정부 부문이 32위의 하위 수준에 머물러 있고, 금융부문이 43위로 최하위에 놓여 있기 때문이다. 과학기술 부문 역시 22위 수준에 머물러 있다.

그런데 이 보고서는 평가방법상 이론적 근거가 취약하고 각 국가가 처한 역사·지역적 특성과 국민의식과 같은 사회·문화적 요인을 간과하고 있다. 또한 설문 조사가 갖는 객관성 부족도 약점이다. 따라서 이 보고서를 활용할 때는 순위 그 자체에 얽매이기보다는 상대적으로 평가된 우리 경제의 강점과 약점을 살펴보고, 경쟁력 향상을 위해 필요한 정책 과제를 도출하는 데서 의의를 찾아야 한다.

한편 이와 유사한 지표로서 하버드 경영대의 마이클 포터 교수에 의해 작성된 국가 경쟁력 지표와 스위스 유니온 뱅크(Union Bank of Switzerland : USB)에 의한 것이 있다. 포터 교수는 국가 경쟁력을 사회간접자본, 과학 기술력, 금융 경쟁력, 국민 자질, 기업 경영 능력, 정부 경쟁력, 국제화, 국내 경제 능력의 8가지 요인에 대한 378개 경쟁력 지표를 활용해 국가간 경쟁력을 평가했다.

그리고 UBS에서는 국가 경쟁력을 현재의 경쟁력과 미래의 경쟁력으로 구분해 평가한다. 현재의 경쟁력 지수는 가용 자원 크기와 자원 이용의 효율성으로 측정되고, 미래 경쟁력 지수는 가용 자원 증가 및 성장력으로 측정한다.

73 비가격 경쟁력

우리 나라 제품은 1990년대 들어 가격에서는 중국, 브랜드 이미지나 품질 등 비가격적인 측면에서는 일본에 뒤지고 있다. 그러면 과연 우리 나라 제품이 경쟁력 측면에서 얼마나 뒤떨어지고 있는 걸까.

비가격 경쟁력은 가격 경쟁력처럼 통계자료로 측정되기 어렵다. 즉 가격 경쟁력 지표는 각국의 노동 및 금융비용, 제품의 현지 소매 가격 등 객관적인 기준에 의해 수치화가 가능한 반면에 비가격 경쟁력 지표는 이러한 객관적 기준에 의한 측정이 곤란하다. 일반적으로 비가격 경쟁력에 영향을 미치는 요소는 기술 수준과 제품의 품질, 디자인·브랜드이미지, 노사관계, 정부의 규제 정도, 수입국의 보호주의 추세 및 수입규제 등이다. 이 가운데 노사관계나 기술 수준 등에 관해서는 비교적 객관적인 자료를 구할 수 있다. 예컨대 각국의 제조업 노동손실일수나 GNP(혹은 매출액) 대비 연구개발투자비 등 나름대로 기준을 세워서 비교가 가능하다.

그러나 객관화되지 않는 요소가 더 많다. 품질이나 디자인 수준, 지명도, 애프터서비스, 정부규제 정도 등은 객관적 기준에 의한 측정이 불가능하다. 그러면 객관화된 지표가 존재하지 않는 비가격 경쟁력 지표는 어떻게 구할 것인가. 이 지표들은 보통 관련 전문가나 바이어를 대상으로 한 설문조사를 바탕으로 측정한다.

예컨대, 대한무역진흥공사의 국제경쟁력 분석에서는 조사 품목별로 우리 나라 및 경쟁국과 거래관계를 맺고 있는 주요 바이어들을 선정해 비가격 경쟁력 결정 요인(품질, 지명도, 디자인, 신뢰도, 상품 인도기간, 대금결제조건, 애프터서비스, 포장상태, 조립상태, 수주 자세, 클레임 대처 자세, 마케팅 활동 등)에 대한 이들의 반응도를 조사해 평균을 낸다.

이러한 수치는 설문 대상자들의 주관적 평가의 평균값에 불과하므로 절대치로 해석해서는 안된다. 첫째, 지표상에 나타나는 것은 정확한 것이 아니다. 어디까지나 측정 및 비교 가능한 것일 뿐이다. 전자산업의 경쟁력은 산업의 특성상 동태적인 기술혁신 및 제품개발이 중요하지만 이는 개별적인 측정이 어렵고 또 비교에도 상당한 어려움이 뒤따른다.

예컨대 <표>에서 컬러TV부문에서 한국 상품의 브랜드 이미지가 100일 때 일본 상품의 브랜드 이미지는 127이고 말레이시아산 일본 제품의 경우는 118인데, 이는 설문조사 대상자들이 일본이나 말레이시아산 상품의 브랜드 이미지를 주관적으로 더 높게 평가하고 있음을 의미할 뿐이지, 27이나 18이라는 수치 차이가 객관적으로 중요한 것은 아니다.

둘째, 측정이 가능하더라도 실제로는 다양한 대리변수가 이용되는데 이들의 설명능력은 비교적 제한적이다. 예를 들어 브랜드 이미지 같은 경우 반드시 실제 구매행위로 연결되지는 않는다. 셋째, 산업분류상 대분류에 의한 비교조사가 세분류상 구체적 품목에 그대로 적용되기는 어렵다. 물론 그 반대도 마찬가지이다.

예컨대 컴퓨터의 하드디스크에 있어서 디자인 경쟁력은 사실상 무의미하다. 또한 이것이 품질경쟁력이 있다고 해서 외장형과 내장형

한국산 전자제품의 비가격 경쟁력

경쟁력 제품	품질		디자인		브랜드이미지		비 고 (경쟁국)
	일본	경쟁국	일본	경쟁국	일본	경쟁국	
컬러TV	105	95	132	98	127	118	말레이시아 산일본제품
VTR	105	95	105	95	126	95	
컴포넌트	150	95	180	95	200	85	
PC	110	105	130	130	115	110	
모니터	100	95	105	110	110	100	대만
휴대폰	105	108	110	120	120	130	미국

자료:「전자산업 경쟁력 실태 및 강화대책」, 한국전자산업진흥회, 1996.

주: 비가격경쟁력 (한국=100)

모두 그런 것은 아니다.

어쨌든 우리 주력 수출상품의 하나인 전자제품의 경우 비가격 경쟁력도 경쟁국에 비해 상당히 낮다. 품질, 디자인 그리고 브랜드 이미지 측면에서 볼 때 VTR, 컴포넌트 등은 경쟁국에 비해 다소나마 우위를 유지하고 있으나 일반적으로 품질을 제외한 다른 경쟁요소에서 모두 일본과 현저한 격차가 존재함을 알 수 있다.

비가격 경쟁력이 이처럼 취약한 이유는 무엇보다 신제품의 개발 및 설계능력의 부족으로 수출상품의 품질 고급화가 이루어지지 못하고 있기 때문이다. 또한 비우호적인 노사관계, 높은 노동손실일수, 근로 의욕의 저하, 3D 업종 기피 현상 등으로 제품의 불량률이 크게 높아져 기업의 원가 부담을 가중시키는 한편 대외 이미지를 손상시킴으로써 비가격 경쟁력을 약화시키는 원인이 되고 있다.

74 국가 위험도

특정 국가와 거래하려는 기업이나 은행이 흔히 살펴보는 지표로는 1인당 국민 소득에서부터 정부의 규제 완화 정도, 대외시장의 개방 정도 등이 있다. 하지만 이러한 기준보다 피부에 와 닿는 것이 바로 경제적 안정성이다.

이러한 경제적 안정성은 그 나라의 정치와 밀접한 관계에 있다. 정치적으로 안정이 되면 정부가 경제 정책을 효과적으로 운용할 수 있다. 비록 경제 상황이 불안정하더라도 정부가 이를 안정적으로 운용할 수 있다면, 경제 주체들은 불확실성에 대한 부담을 많이 덜게 된다. 한 나라의 정치가 불안하면 아무리 훌륭한 경제 정책을 제시한다 하더라도 그것이 제대로 실행되기는 어려울 것이다.

한 국가의 정치경제적인 상황을 '안정성'이라는 기준으로 평가할 수 있는 여러 지표 중 미국 와튼경제연구소(WEFA)에서 매달 조사해 발표하는 '국가 위험도'(Country Risk)가 있다.

국가 위험도는 모두 12개 항목에 걸쳐 측정된다. 경제 성장, 물가 안정, 금리, 환율, 국내 금융시장 안정, 재정, 외채, 노사 관계, 기업 신뢰, 정부 간섭, 사회·정치적 안정 등, 한 나라의 대외 거래와 관련되는 지표를 총망라한 셈이다. 각각의 항목에 대해 위험도에 따라 1에서 10까지의 점수를 부여하는데, 수치가 10에 가까울수록 안정도는 높고, 반대로 수치가 1에 가까울수록 안정도는 낮다. WEFA 국가 위험도의 특징은 개별 항목의 위험도를 단기 및 중장기로 나누어 예측한다는 데 있다.

IMF 이후 우리 나라의 국가 위험도는 다른 선진국들에 비해 크게 높은 수준이다. 이미 1996년의 상황을 보더라도 경쟁 대상국인 대만에는 기업 신뢰 부문, 싱가포르에게는 경제 성장 부문을 제외하고는

주요 국가간 국가 위험도 비교

부문＼국가	미국	일본	스위스	한국	포르투갈	대만*	싱가포르*
경제 성장	7 (8)	7 (9)	6 (8)	6 (7)	6 (8)	7 (8)	5 (6)
물가 안정	8 (8)	6 (8)	9 (9)	6 (8)	7 (7)	8 (8)	8 (7)
금리	7 (9)	8 (9)	9 (8)	7 (7)	7 (7)	8 (7)	7 (6)
환율	7 (8)	7 (8)	9 (9)	6 (7)	7 (7)	7 (7)	7 (6)
국내금융시장 안정	9 (9)	6 (7)	9 (8)	6 (7)	8 (9)	6 (8)	9 (9)
재정	7 (7)	7 (6)	7 (8)	6 (7)	7 (8)	8 (8)	8 (8)
외채	9 (9)	10 (10)	8 (8)	6 (7)	8 (8)	8 (9)	9 (9)
노사 관계	9 (9)	8 (9)	8 (9)	6 (5)	7 (8)	8 (7)	7 (6)
기업 신뢰	8 (9)	8 (9)	7 (9)	5 (8)	8 (8)	7 (8)	9 (9)
정부 간섭	9 (9)	7 (8)	7 (8)	7 (7)	8 (8)	8 (8)	9 (9)
사회 안정	9 (7)	8 (9)	10 (8)	5 (6)	7 (8)	7 (8)	9 (8)
정치 안정	9 (9)	7 (9)	10 (8)	5 (6)	7 (8)	7 (8)	9 (8)

자료: WEFA, *OECD Monthly Monitor*, 1996. 10.

주: 1. * 는 OECD 회원국이 아님 2. ( )안의 수치는 중장기 위험도임.

거의 모든 분야에서 뒤지고 있었다.

특히 기업신뢰 부문과 정치·사회적 안정 부문은 수치가 상대적으로 낮다. 또한 구조조정 과정에서 우리 경제를 불안하게 하는 가장 큰 요인이 될 노사관계 부문의 위험도는 지속적으로 상승할 전망이다. 국가 위험도 지표는 우리 경제가 앞으로 나아가야 할 방향을 시사해 준다는 점에서 관심을 가져야 한다.

경제 주체들이 장기적으로 안정된 바탕 위에서 대외경제거래를 이끌어갈 수 있기 위해서는 무엇보다 예측 가능한 경제상황이 전개돼야 하며, 보편 타당한 경제 정책들이 제시돼야 할 것이다.

75 외채 원리금 상환

외채(External Debt)는 외국에 대해 미리 결정된 지급 계획에 따라 외환, 재화 또는 용역으로 상환해야 하는 모든 채무를 말한다. 총외채는 외국에 대한 부채의 총액이며 대외자산은 일국이 대외 거래를 통해 외국에 대해 가지는 채권으로, 주로 외환보유액과 연불수출채권 등으로 구성돼 있다. 순외채는 총외채에서 대외자산을 차감한 것이다.

외채상환능력(DSR:Debt Service Capacity)은 채무를 생산적으로 활용해 그 채무의 원금과 이자를 당초에 약정한대로 상환해 나갈 수 있는가를 나타낸다. 구체적으로 보면, 원리금 상환에 따른 지출 요인을 감내하고 대외 균형을 이루면서 적정성장을 유지할 수 있는 능력과 필요한 외자를 조달할 수 있는 능력을 말한다. 개도국의 경우, 성장 잠재력을 배양하기 위해 외국 자본을 차입하므로 외채 상환 능력을 평가함에 있어 성장, 수출 등의 과거 실적보다는 성장 가능성, 수출 잠재력, 경제 운용 능력 등에 중점을 두고 있다.

외채 상환 능력의 평가 지표로 IMF, IBRD 등 국제금융기구에서 가장 일반적으로 사용하는 것이 외채원리금 상환비율(Debt Service Ratio, DSR)이다. 이는 특정국의 외채원리금 상환액(이자지급액+원금 상환액)을 1년 동안 대외 거래에서 벌어들인 경상외환수입(수출+무역외 수입)으로 나눈 비율이다.

DSR가 클수록 특정국의 원리금 상환 부담이 커짐을 의미한다. 외채는 통상 도입 후 3~4년이 경과해야 원금과 이자를 상환한다. 이로 인해 외채 변동 상황이 DSR에 뒤늦게 반영되므로, DSR는 보다 장기적인 관점에서 외채 상환 능력을 평가할 때 유용한 지표이다. 또한 국별 비교시 원리금 상환 능력의 상대적 위치를 가늠하는 데 유용하다. 그러나 보다 신중하게 판단하기 위해서는 DSR 이외에도 수출입 성장 추세, 상품 구성의 다양화 정도, 국내 정책이 국제수지에 미치는 효과 등도 고려해야 한다.

우리 나라의 DSR는 1995년 현재 5.4%로 1985년의 21.7%에 비해 크게 낮은 수준이었다. 이 때만 해도 전체 개발도상국 평균 (16.3%)의 1/3 정도에 불과했다. 그러나 1996년 이후 경상수지 적자폭의 확대 등에 의해 1998년에는 12%대에 이른 것으로 추정된다.

76 외환보유고

외환보유고란 한나라의 수입대금 결제 및 대외부채 상환 등, 대외 지급능력을 나타내는 외화창고라는 개념이다. 현재 우리 나라는 통화 당국(정부 및 중앙은행)이 공적으로 보유하는 외화자산의 총액으로 산출한다. 자산항목으로는 금, 외환액, IMF 포지션(일종의 예치금), 그리고 SDR[8]를 들 수 있다. 이 가운데 외환액이 절대적으로 큰 비중을 차지한다.

---

8) special drawing right의 머리글자로 국제통화기금에 의한 특별인출권

외환보유고는 어떠한 역할을 하는가. 첫째, 외환보유고는 국가의 지급불능 사태에 대비하기 위한 것이다. 경제 주체들의 보유 외화가 바닥이 나서 당장 필수품 수입이 어려워지게 되는 상황에 대비해야 하기 때문이다. 이러한 취지에서 국제통화기금(IMF)은 최소한 3개월분의 수입액을 충족하는 외화를 한 나라의 적정 외환보유고로 설정하고 각 회원국이 이를 준수하도록 권장하고 있다. 물론 분쟁이 심한 지역이거나 주위 국가로부터 전쟁 위협이 있는 나라들은 비축해야 할 외화가 더 많음은 필연적이다.

둘째, 외환시장이 교란되었을 경우 환율 안정을 위해 중앙은행이 개입하기 위한 수단으로 외화를 보유하는 것이다. 국제수지가 지속적으로 적자를 기록할 때 외국인 투자의 유입이 이를 메우지 못하면 원화의 환율은 상승할 수밖에 없다. 원화 환율이 지속적으로 상승할 것으로 기대되면 국내에 들어와 있는 외국인 투자가들은 원화 평가절하로 얻게 되는 영업이익보다 투자이익 환수에서 발생하는 환차손 가운데 어느 것이 더 큰가를 헤아려 보게 된다. 만일 후자가 더 클 경우 지체없이 자금을 회수해 외화 부족을 더욱 가중시킬 우려가 있다.

셋째, 외환보유고 증감을 통해 국제수지의 동향을 판단할 수 있다. 외환보유고를 채우는 역할은 기본적으로 흑자가 하기 때문에 외환보유가 줄어드는 것은 자연히 국제수지가 적자임을 나타낸다.

우리 나라의 외환보유고는 1998년 5월 말 387.6억 달러에 달했다. 이 수준은 2,222억 달러인 일본의 1/7에 불과하며, 대만의 955억 달러의 1/3, 싱가포르의 804억 달러의 40%에도 못 미치는 것이다. 이는 우리 나라가 이들 국가에 비해 국제수지 흑자 기간도 짧았을 뿐만 아니라 외국인의 국내 투자가 줄어들었기 때문이다. <표>를 보면 1996년 말부터 외화보유고가 3개월 수입 규모를 근소하게 밑돌고 있어서 외환 위기가 예고되고 있었음을 알 수 있다.

한편 외환당국이 국제 단기성 투기자금(핫머니)의 일시적인 통화 공격이나 통화가치 하락에 따르는 외국인 자본 유출을 방어할 능력을 얼마나 갖고 있느냐도 관심사가 된다. 통화 위기는 대체로 단기적인 외화 유동성 부족에서 비롯되기 때문이다.

여기에는 외환보유고 충분도라는 개념을 사용한다. 이는 외환보유고에 대한 국내 총통화량(M_2)의 비율을 나타낸다. 이 수치는 낮을수록 외화보유고가 많다는 것으로서 그만큼 통화 방어 능력을 갖추고 있다는 뜻이다. 한화연구원 자료에 따르면 현재 아시아 국가들의 외환보유 충분도는 태국은 4.5%, 인도네시아 4.4%, 필리핀 4.0%, 말레이시아 3.7%, 싱가포르 1.0%로 나타나 있다. 우리 나라의 경우 대체로 6.5%를 상회하는 수준인 것으로 나타나 최근 통화위기를 겪은 동남아시아 국가들보다 훨씬 높은 수준인 것으로 나타났다. 외환 위기

최근 외환보유고 추이
단위: 억 달러

연도 구분	1996 12월	1997 6월	9	12	1998 1월	2	3	4	5
외환보유액(A)	332.4	333.2	304.3	204.1	235.2	267.2	297.5	355.4	387.6
가용외환보유액	294.2	253.1	224.2	88.7	123.6	185.4	241.5	307.6	343.5
수입액	405.0	373.6	356.9	345.2	294.5	257.5	8365	246.1	242.6
M_2(B)	2079.2	2081.1	2186.2	1410.5	1206.8	1272.4	1372.7	1489.9	—
B/A	6.3	6.2	7.2	6.9	5.1	4.8	4.6	4.2	—

자료: 한국은행

주: 1. 외환보유고 = 금 + 외환액 + IMF 포지션 + SDR(특별인출권)
    2. 수입액은 직전 3개월간 수입액의 합계
    3. M_2는 평잔기준이며, 월평균 환율을 이용해 달러로 표시함

가 극심했던 1997년 말 이후 점차 낮아지고 있으나 여전히 높은 수준을 유지하고 있다.

   외환보유고를 늘리는 근본적인 해결책은 수출 확대를 통해 국제수지를 개선하는 것 이외에는 묘안이 없다. 수출을 통해 국내 경제가 호전되면 자연히 외국인 투자도 따라서 늘 것이기 때문이다.

2
기업 경영 활동

77 기업 경영 분석

국민총생산(GNP)의 변화가 피부에 와 닿지 않을 때가 많다. 경제성장률은 9.9%에 이르렀지만 경공업 부문의 성장률은 마이너스 0.3%를 기록했다고 하자. 이럴 경우에 적어도 경공업 부문에 종사하는 사람들에게는 호경기라는 말이 어색할 것이다.

이 같은 한계를 극복하는 데 유용한 자료가 기업 경영분석지표이다. 이 지표는 기업의 재무상태와 경영성과를 나타내준다. 한 마디로 기업에 관한 건강진단서이다. 기업은 일상생활에 필요한 각종 물품과 서비스를 생산하고 일자리를 제공한다. 기업의 경영상태는 이처럼 국민 경제와 밀접한 관계를 가진다.

한국은행은 기업 경영분석자료를 매년 두차례씩 상·하반기에 걸쳐 발표하고 있다. 이 자료는 제조업, 건설업, 도·소매업 등의 3개 산업, 약 2,100개 업체를 뽑아 이들 기업의 대차대조표, 손익계산서, 제조원가명세서 등을 활용해 작성한다.

이 자료는 기업의 자산이나 매출이 순조롭게 증가해 장래성이 있는지(성장성), 이익은 제대로 내고 있는지(수익성), 재무구조가 건실해졌는지(안전성), 효율적으로 기업 경영을 했는지(생산성) 등에 관한 정보를 담고 있다. 물론 이런 정보들은 산업별 및 업종별로 통합해 작성된다.

　기업의 성장성을 가장 잘 나타내주는 구성지표는 '매출액 증가율'이다. 이 수치는 영업 활동 상황을 나타내며 우리는 이를 통해 기업의 장래성을 알 수 있다. 그러나 매출액이 아무리 커도 이익을 남기지 못하는 장사는 의미가 없다. 수익성은 그런 의미에서 기업의 이익 산출 능력을 나타내 준다.

　'매출액영업이익률'은 매출액에서 노무비와 재료비 등의 매출 원가와 판매·관리비를 차감해 순수한 영업이익을 산출한 후 이를 매출액과 비교해 표시한 것이고, 차입금에 대한 이자 지급과 같은 금융비용과 환차손 등의 영업외비용을 추가적으로 감안한 것이 '매출액경상이익률'인데 이들이 대표적인 수익성 지표다.

　기업은 늘 불황에 대비해야 한다. 불경기에 제품이 팔리지 않아서 적자를 보더라도 파산하지 않고 견딜 수 있으려면 부채가 적고 자기자본이 많아야 한다. 기업의 안정성은 총자본 중에서 자기자본이 차지하는 비율을 나타내는 '자기자본 비율' 지표에 잘 나타나 있다. 이

기업 경영 분석　　　　　　　　　　　　　　　　　　　　　　단위: %

지표	산업별	제 조 업		건 설 업		도·소매업	
	연도별	1996	1997	1996	1997	1996	1997
성장성	매출액증가율	10.26	11.02	16.45	16.29	18.61	15.22
수익성	매출액경상이익률	0.99	-0.34	0.67	-0.05	0.56	-0.30
	매출원가/매출액	81.76	79.95	88.64	88.99	90.51	90.64
안전성	자기자본 비율	23.97	20.15	15.09	13.23	16.38	14.03
	부채비율	317.11	396.25	562.67	655.70	510.51	612.62
생산성	종업원 1인당 부가가치 증가율	1.05	4.65	10.80	2.66	9.51	-8.75

자료 : 한국은행, 『1997년 기업 경영분석결과』, 1998. 5.

외에도 부채 총계(타인자본)를 자본 총계(자기자본)로 나눈 '부채비율' 지표가 있는데 이는 자본 구성의 건전성 여부를 나타낸다.

생산성은 얼마나 효율적으로 기업 활동을 했는지에 관한 지표이다. 이에 관한 대표적인 것이 '종업원 1인당 부가가치 증가율'이다. 기업들이 전년과 같은 수준의 부가가치를 생산하더라도 더 많은 종업원을 고용해 달성한 것이라면 효율이라는 측면에서 볼 때 바람직하지 못하다.

1997년의 성장성 지표를 보면 건설업이 도·소매업이나 제조업을 앞서고 있다. 수익성 악화도 다른 분야에 비해 덜하다. 이는 1997년 경기 침체의 영향이 건설업보다 제조업과 도·소매업에 더 크게 미친 것으로 해석할 수 있다. 그러나 제조업, 건설업, 도·소매업 모두 손해를 보기는 마찬가지다.

예컨대 도·소매업의 매출액 경상이익률이 1997년에 －0.3%를 기록했는데 이는 1만 원어치를 팔아서 30원을 밑졌다는 소리이다. 제조업은 34원 그리고 건설업 역시 1997년에는 5원을 밑지는 장사를 했다. 생산성은 제조업이 제일 양호한 것으로 나타났고 도·소매업은 생산성이 8.75% 하락했다.

다음으로 우리 기업의 안정성을 살펴보자. 1997년 부채비율은 모든 산업에서 골고루 증가했다. 이 같은 부채비율 증가는 금융비용 부담을 늘리면서 경기불황을 가중시키는 요인으로 작용한다.

기업 경영 지표는 증권 투자가나 금융기관 여신 담당자의 의사 결정, 그리고 정부의 산업 정책 수립 자료로서 중요도를 더해가고 있다. 그러나 이것은 어디까지나 업종별 평균 지표이기 때문에 개별 기업 차원에서는 해석에 유의해야 한다.

78 신용 평가

 1997년 말 IMF에 구제금융을 신청하기 직전 기업들이 도산하고 금융기관의 부실화가 심화되자 국제적인 신용 평가회사들은 우리 나라의 국가 신용 등급을 6에서 12등급까지 하향 조정함으로써 외환 위기를 촉발했다. 이를 계기로 '신용 평가' 또는 '신용 등급'이라는 용어에 대한 관심이 고조되었으며, 외환 위기 극복을 위해서는 신용 등급을 조속한 시일 내에 회복해야 한다는 주장이 정책 과제의 단골 메뉴로 등장했다. 이처럼 한 국가나 기업의 신용도를 평가하고 등급을 매기는 일은 우리에게는 생소하지만 선진국에서는 100년 가까운 역사를 가지고 있다.

 신용 평가는 기업, 금융 기관 또는 특정 국가의 잠재 능력을 종합적으로 측정하는 것이다. 이 자료는 대체로 특정 기업의 주식 시세가 어떻게 변화될 것인가(투자 타당성) 또는 기업이나 국가에 돈을 빌려 주었을 때 원금과 이자를 제대로 돌려받을 수 있을 것인가(대출금 회수) 등을 판단하는 데 중요한 참고 자료가 된다.

 신용 등급을 매기는 것은 활용되는 빈도와 폭이 커지면서 점차 까다로운 일이 됐다. 선진국에서는 대출 심사를 엄격히 하려는 금융 기관일수록 엄격한 신용 평가 기관의 신용 등급을 선호하고 있다.

 신용 평가의 방식에 있어서 일반화된 원칙은 없다. 각 평가 기관이 고려하는 평가 요소의 수나 그 비중도 천차만별이고 구체적으로 파악하기도 힘들다. 대체로 재무 항목(안전성, 수익성, 유동성, 성장성 등)과 비재무 항목(사업 전망, 경영자의 능력, 재무 융통성, 기업 규모 등)으로 구분해 평가하고 있는 것으로 알려지고 있다. 많은 외국 기업들은 양호한 등급을 받기 위해 노력하고 있지만 이 같은 기준을 모두 충족시키기에는 상당한 어려움이 있는 실정이다.

 평가 기관들의 역할에 대해 회의적인 시각도 없지 않다. 사실 미국의 경우 신용 등급 결과를 남용한다 싶을 정도로 많이 사용하고 있다. 그래서 미국의 증권거래위원회는 모든 신용 평가 회사들이 '정부의 공인된 평가 기구'에 의무적으로 가입하도록 하는 방안을 논의 중

우리 나라의 국가 신용 등급 변화 추이

	S&P		Moody's		Fitch IBCA		구분	등급간 금리차
투자 적격 범위	AAA AA+ AA AA-	97.10.23 이전	Aaa Aa1 Aa2 Aa3		AAA AA+ AA AA-	97.11.25 이전	양호 우량	0.1%p 내외
	A+ A A-	97.10.24 97.11.25	A1 A2 A3	97.11.27 이전 97.11.28	A+ A A-	97.11.26		0.2%p 내외
	BBB+ BBB BBB-	 97.12.11	Baa1 Baa2 Baa3	97.12.11	BBB+ BBB BBB-	97.12.23	잠재적 불안정	0.5%p 내외
투자 부적격 범위	BB+ BB BB-	98.2.17 현재 *22개 등급 중 11등급	Ba1 Ba2 Ba3	97.12.21 현재 *19개 등급중 11등급	BB+ BB BB-	98.2.2 현재 *25개 등급중 11등급	지급 불능 가능성 높음	투자 부적격 범위에서는 등급간 금리 차이가 일정 하지 않으며 대체로 1등 급차이에 0.5%p 이상 의 조달 금 리 차이가 발생하는 것 으로 보임
	B+ B B-	97.12.23	B1 B2 B3		B+ B B-	97.12.23	지급 불능 가능성 높음	
	CCC+ CCC CCC- CC . C D		Caa Ca C		CCC+ CCC CCC- CC+ CC CC- C+ C C-		지급 불능	

이다. 이 기구를 통해 신용 평가의 원칙을 정하고 표준화하는 것이다.

<표>는 1997년 말 우리 나라의 국가 신용 등급(원화 발행 장기 채권에 대한 신용 등급)의 변화를 보여주고 있다. 외환 위기에 즈음하여 잇단 등급 하향 조정 결과 우리 나라는 투자 부적격(Non-Investment Grade) 국가로 전락했다. 즉, 우리 나라가 발행하는 채권은 위험이 높은 정크본드(Junk Bond)로 취급되며, 채권을 발행할 때에도 위험도에 상응하는 높은 금리를 부담해야 한다.

그러나 이러한 '등급'은 '정보'나 '견해'가 될지는 모르지만 투자나 대출의 손실 위험으로부터 보호해 주지는 못 한다. 평가 등급은 기업의 상대적인 신용에 대한 일종의 안내 지표일 뿐이다. 신용 평가 기관의 평가 능력은 대부분 기업이 공개하는 자료에 의존하고 있다. 만일 맨 처음 공개되는 자료의 질이 좋지 않거나 공개 자체가 상당히 어려운 것이라면 평가가 올바르게 되지 않는다. 평가 기관의 객관성과 공정성도 중요하다.

79 자기자본 비율

대기업의 연쇄 부도로 은행의 부실채권이 급증하면서 금융기관이 부실화됐다. 금융기관이 부실하다는 것은 금융기관의 자산(금융기관의 대출금) 중 상당 규모가 회수 불능이라는 것을 의미한다. 이렇게 되면 예금자들이 일시에 인출에 나설 경우 지급 불능 상황에 처하게 될 가능성이 높다. 따라서 선진국에서는 금융기관 자산의 건실성이 금융기관을 평가하는 중요한 지표가 돼 왔다.

BIS 자기자본 비율이란 1987년 12월 선진국 은행 감독자들의 모임인 국제결제은행(BIS : Bank of International Settlements) 바젤위원회에서 확정한 은행의 경영건전성 지표로서 위험가중자산에 대한 자기자본 비율을 말한다.

$$\text{BIS 자기자본 비율(\%)} = \frac{\text{자기자본}}{\text{위험가중자산}}$$

· 자기자본 : 기본자본(자본금, 자본준비금, 이익잉여금 등)+보완자본(재평가적립금, 대손충당금, 후순위채 등)-공제항목(자기주식, 영업권 상당액 등)
· 위험가중자산 : 위험가중자산(대출, 주식, 사채, 콜론 등)+위험가중된 부외자산(지급보증, 배서어음, 파생금융상품 거래 등)

여기서 위험가중자산이란 현금, 유가증권, 대출 등 대차대조표상의 자산과 지급보증 등 부외자산(簿外資産)9)에 대해 0%, 10%, 20%, 50%, 100%의 위험가중치를 적용해 각각을 더한 값이다. 예를 들어, 기업에 대한 대출이나 주식, 사채 등 유가증권에는 대부분 100%의 가중치를 적용하기 때문에, 그만큼 위험가중자산이 커지므로 대출 규모가 클수록 BIS 비율은 낮아지게 된다. 반면 자기자본에는 자본금이나 이익잉여금 등 기본자본, 재평가적립금과 대손충당금, 만기 5년 이상 후순위채권 등이 포함된다. 후순위채는 다른 모든 채권자에게 채무를 변제한 후에도 여력이 있을 때 갚으면 되는 것이므로 장기 후순위채에 한해서 자기자본으로 인정해준다.

BIS 자기자본 비율이 탄생하게 된 배경은 다음과 같다.

1970년대 이후 금융 규제 완화 및 국제화 진전으로 금융기관간 경쟁이 격화되면서 은행들의 경영 전략이 수익성 위주에서 대출 확대를 통한 총자산 확대로 전환되었고, 그 결과 고위험-고수익 분야에 대한 대출을 확대함으로써 은행 자산의 질적 저하가 초래됐다. 또한 금융 혁신의 진전으로 은행의 취급 상품이 다양화되면서 파생금융상품 등 잠재적 위험을 가진 부외거래가 늘어남에 따라 국제금융시장의 불안정성이 증대됐다.

이와 함께 1970년대 일본계 은행의 국제 금융시장 진출 확대를 계

---

9) 회계장부에 기록되지 않아 회계관리 대상 외에 있는 자산, unlisted assets

일반 은행의 무수익여신 및 BIS 자기자본 비율 현황

(단위 : 억원, %)

은행\종류	무수익 여신	총여신 대비 비율	IMF 기준 당기손익	IMF 기준 BIS 비율
조 흥	26,232	7.0	-7,958	6.50
상 업	14,512	4.8	-5,619	7.62
제 일	30,559	11.4	-21,426	2.70(7.15)
한 일	13,244	3.6	-7,458	6.90
서 울	24,040	10.3	-13,622	0.97(11.63)
외 환	25,176	5.7	-4,312	6.79
선발 시중은행 평균	133,763(합)	7.13	-60,395(합)	4.35(7.77)
국 민	8,921	3.2	-1,034	9.78
주 택	5,887	2.0	1,692	10.29
신 한	11,066	4.1	-595	10.29
한 미	3,293	3.4	-570	8.57
동 화	6,023	7.9	-2,544	5.34
동 남	2,930	5.7	-1,243	4.54
대 동	4,869	9.6	-1,679	2.98
하 나	2,494	2.4	574	9.29
보 람	2,894	3.2	-431	9.32
평 화	2,283	4.5	-1,432	5.45
후발 시중은행 평균	50,660(합)	4.6	-7,262(합)	7.59
대 구	6,781	8.4	-77	11.25
부 산	5,882	8.4	-50	9.66
충 청	4,247	12.5	-1,599	7.05
광 주	3,465	8.1	-988	10.65
제 주	2,226	21.4	-520	12.13
경 기	5,900	9.7	-1,737	6.69
전 북	2,621	14.9	-609	13.27
강 원	4,433	18.3	-1,698	5.37
경 남	3,957	7.3	-410	12.27
충 북	2,492	11.3	-1,134	5.92
지방은행 평균	42,004(합)	12.03	-8,822(합)	9.43
전체 평균	226,427(합)	6.0	-76,447(합)	7.04

1997년 말 기준 자료

주: 1. IMF 기준 BIS 비율은 대손 및 유가증권 평가충당금을 요적립액의 100%까지 전액 적립한 기준임
    2. 제일·서울은행의 ( )는 정부 출자액(각각 1.5조원)을 감안할 경우임

기로 각국의 은행 규제 기준이 상이함으로 인해 국제 금융시장에서의 은행간 불평등을 시정할 필요가 있다는 주장이 강력하게 제기됐다.

이러한 배경하에 국제결제은행의 은행규제감독위원회는 1988년 7월 각 은행이 가중위험자산에 대한 자기자본 비율을 8%로 확정했다. 그러나 BIS 규제는 신용위험과 국가위험에만 국한하고 있어서 시장위험, 금리 위험 등을 모두 포괄하지는 못한다. 이에 따라 바젤위원회는 1993년 이들을 포함해 신용위험 자산과 시장위험 자산으로 양분한 뒤 자기자본 비율을 종전과 같이 8% 이상으로 확정했다.

최근 금융 부문의 구조조정에서 BIS 비율이 주요 기준으로 사용됨에 따라 각 은행들은 생존 전략 차원에서 BIS 비율을 제고하기 위해 안간힘을 쓰고 있다. 이 과정에서 은행들은 위험가중치가 높은 기업에 대한 대출을 기피하고 기존 대출도 적극 회수에 나서고 있다. 이에 따라 시중 자금 흐름이 경색되고 기업의 자금난이 악화돼 흑자기업들까지도 일시적인 자금난으로 인해 도산하는 신용 공황 상태가 빚어지고 있다. 특히 우리 나라와 같이 직접금융시장의 자금조달능력이 취약해 은행 대출 의존도가 높은 경우 대출 기피에 따른 기업의 자금난은 선진국에 비해 훨씬 큰 부작용을 야기할 수밖에 없다.

80 배당수익률

우리 나라 주식 시장은 유난스레 과열과 급랭을 반복하는 것으로 알려져 있다. 그 원인 중의 하나로 국내 상장기업의 배당수익률이 지나치게 낮은 점을 들 수 있다. 상장기업의 배당률이 너무 낮기 때문에 대부분의 주식 투자자들은 배당을 겨냥한 장기 투자보다는 주가 등락에 따르는 시세 차익을 노리는 단기 매매에 치중하게 된다.

배당수익률은 주식 투자에 있어 주요 결정 요인이 될 수 있다. 배당수익률은 현재의 가격에 주식을 매입해 결산기말까지 보유할 때 얻게 되는 배당 이익을 말한다. 그러나 당기말 배당금을 알 수 없기 때문에 일반적으로 전기의 배당률만큼 당기 배당률이 실현될 것으로 가정한다. 이러한 배당수익률은 1주당 배당금을 주가로 나누어 산출하는데, 1주당 배당금으로는 전기의 확정배당금을 이용한다. 예를 들어, 액면가격이 5,000원인 주식의 현재 시장가격이 10,000원이고 전기 배당률이 10%라고 하면, 배당금은 500원(5,000원×0.1)이 되고, 이에 따라 배당수익률은 5%(500÷10,000×100)가 된다.

이처럼 배당수익률은 주가의 절대 수준만으로는 상호비교가 곤란한 여러 종목의 주가를 배당금이라는 척도를 이용해 상대적으로 비교할 수 있게 한다. 예를 들어, 성장성이 비슷한 A종목과 B종목의 현재 주가가 각각 7,000원과 10,000원이라면, 주가의 절대 수준으로 볼 때 B종목의 주가가 A종목보다 높다. 그러나 과거 배당 성향을 감안할 때 A종목과 B종목의 배당금이 각각 300원, 700원이라면, A종목의 배당수익률은 4.3%, B종목의 배당수익률은 7%가 된다. 따라서 배당을 감안하면 B종목의 주가가 A종목보다 비싸다고 볼 수 없으며 오히려 B종목의 주가가 A종목에 비해 상대적으로 저평가됐다고 볼 수 있다.

우리 나라의 배당수익률은 <표>에서처럼 일본보다는 조금 높은 수준이나 미국, 영국 등 다른 선진국과 비교하면 매우 낮다. 더구나 영국, 미국, 독일 등의 금리가 우리 나라의 절반 정도에 불과한 것까지 감안하면 배당수익률은 더욱 낮아진다. 이처럼 배당률이 낮게 유

주요 나라별 배당수익률 비교 (단위:%)

	한국	미국	일본	영국	독일	프랑스
배당수익률	1.2	2.53	0.97	4.28	3.20	3.23

자료 : 『증권조사월보』, 증권감독원, 1995년 6월 말 현재

주 : 배당수익률(%) = 1주당 배당금÷주가×100

지돼 온 이유는 정부가 저금리·저물가 정책과 기업의 내부 유보 증대를 통해 재무구조를 건실화시키려는 정책적인 배려로, 고배당을 가급적 억제했기 때문이다. 또한 배당률이 상장사의 이익 수준과는 관계없이 전기의 배당 수준과 동종 업계의 배당 지급 수준에 따라 획일적으로 결정돼 왔다.

현행 배당 제도의 가장 큰 문제점은 액면가 기준인 배당률로 결정해 왔다는 데 있다. 이 같은 관행은 유통시장에서 거래 가격(시가)이 액면가를 크게 상회하고 있고 발행시장에서 시가할인 발행제도가 정착되고 있음에도 불구하고 지속돼 왔다.

또한 1980년 이후 상장기업의 이익 규모가 크게 증가하였음에도 불구하고 배당성향(배당금÷당기순이익×100)은 1980년 63.7%에서 1990년 39.0%, 1994년 26.9%로 오히려 감소하는 추세를 보이고 있다. 이러한 이유로 장기적인 주식 투자 수요 확대가 곤란했고, 배당이익만이 아닌 시세 차익을 위한 단기매매 위주의 불안정한 주식시장이 형성됐다. 정부는 이러한 문제점을 개선하기 위해 1995년 1월 29일 '상장법인 배당제도 개선방안'을 발표했다. 이는 12월 결산법인의 1995년 사업연도의 결산주총이 시작되는 2월부터 적용됐다. 주요 내용을 살펴보면, 상장기업의 배당공시방식을 현행 액면배당률(액면 대비 ○○%)에서 주당 배당금액기준(1주당 ○○○원)으로 전환하고 기업의 배당 결정 내용과 배당금을 시가와 비교해 판단할 수 있도록 배당성향과 배당수익률을 영업보고서에 병기해 표시하도록 했다.

정부의 이러한 조치는 우선 기업들의 고배당을 유도하고 나아가 투자자들의 장기투자를 유도하는 간접적인 증시부양 효과도 고려한 것이었다. 이는 주식 시장의 장기적 성장 기반을 마련한다는 점에서 바람직한 조치였다. 이는 건전한 주식 투자 풍토 조성과 주식 수요 기반 확대의 계기를 마련한 것으로 평가할 수 있다.

81 자유화지수

OECD에 가입할 당시에 이것이 국내 경제에 어떠한 영향을 미칠 것인가에 대한 관심이 높았다. 국가 경제에 도움이 되느냐 되지 않느냐 하는 차원의 논란이 아니라 우리 나라가 OECD 가입으로 인해 새로 떠안게 되는 의무를 과연 현재의 상태에서 소화해 낼 수 있느냐 하는 것이었다. 대외 경제거래를 통제하지 않고 완전 자유화했을 때 거시경제가 불안정해지지 않겠느냐는 것이다.

일국 경제의 자유화 정도를 나타내주는 지표가 자유화지수이다. 이 지수는 다른 의미로도 활용되고 있다. 예컨대 정부가 시장 경제 활동에 대해서 어느 정도의 규제를 가하느냐를 측정하는 지표를 의미하기도 한다. 여기서 다루는 자유화지수는 OECD가 회원국의 가입 조건으로서 부과하는 '자유화 의무'를 어느 정도까지 수락하였느냐를 나타내는 지표이다.

OECD에서 부과하는 자유화란 회원국 정부가 국가간에 발생하는 경제 거래에 대해서 규제를 철폐하는 것을 의미한다. 금융서비스를 비롯해 건설서비스, 해운서비스, 영화 수입, 법률서비스 등 경상무역 외 거래나 주식에 투자하기 위한 자본 거래에 있어서 OECD는 거래 규제 폐지를 자유화 규약에 명시하고 있다. 이에 따르면 자금의 자유로운 이동뿐만 아니라 거래를 둘러싼 법률적, 행정적 규제로 인해 발생하는 일체의 불이익이 없어야 한다.

그렇다고 모든 거래를 당장에 자유화하라고 요구하지는 않는다. 어느 선진국도 100% 자유화를 실시하고 있지 않다. 자유화는 한꺼번에 이루어지는 것이 아니라 각 회원국이 자국의 경제 사정을 감안해 점진적으로 제반 규제를 완화하고 철폐해 나가도록 규정하고 있기 때문이다. 이러한 점진적 자유화 원칙으로 인해 각 회원국은 자국의 경제 상황에 따라 자유화에 대해 일정 기간 동안 유보 및 적용 면제

조치를 취할 수 있다.

자유화지수는 이러한 취지에서 OECD 회원국의 자유화 수락 정도를 나타낸다. 자유화지수는 경상무역외 거래나 자본 거래에 있어서 자유화해야 할 총 항목수에 대해서 각국이 자유화를 수락한 항목수의 비율로 계산된다. 달리 표현하면 자유화 규약 수락률이라 할 수 있다. 자유화지수는 각 항목의 중요도에 따른 가중치를 반영하지 않고 있으나 회원국간의 자유화 정도를 대략적으로 비교하는 데 유용하게 사용된다.

원래 자유화 규약은 모든 회원국에 대해 법적 구속력을 갖는다. 규약이 OECD 회원국간 서비스 및 자본 이동의 자유화를 촉진하려는 취지에서 마련되었기 때문이다. 자금의 이동 및 서비스 거래의 자유화와 관련해 총 11개의 대항목과 57개의 소항목으로 세분화돼 있고, 자본 거래의 자유화 규약은 총 16개의 대항목과 91개의 소항목으로 세분화돼 있다.

우리 나라의 경우, 경상 무역외거래에서의 자유화 정도는 82%로서 OECD 평균 수준인 88%에 근접해 있다. 이를 항목별로 보면 총 57개의 소항목 중에서 47개 항목을 자유화하고 10개 항목에 대해서

OECD 신규 회원국의 자유화 지수

국가	경상 무역외거래	자본거래
체코	82	65
헝가리	81	56
폴란드	79	55
멕시코	86	73
한국	77	56
OECD 평균	94	94

자료: 한국경제연구원, 『OECD 가입과 한국 경제의 자유화』, 1996.

주: 자유화 지수=총 자유화 항목 - 유보항목 / 총 자유화 항목×100

는 유보하고 있다. 한편 자본 이동 분야에서 자유화 정도는 55%로서 경상 무역외거래보다 낮다. 이 수준은 OCED 회원국의 평균 수준인 89% 수준에 크게 못 미치는 수준이다. 이를 종합해 보면 두 거래에 대한 우리 나라의 자유화 수락률은 평균 65%로서 OECD 평균 수준인 89%에 크게 뒤진다.

특히 자본 거래의 자유화율이 낮은 점이 두드러진다. 이를 구체적으로 살펴보면 1997년 1월 1일 기준으로 총 91개 소항목 중 41개를 유보하고 있는데, 대부분의 유보는 자본 유입과 관련되는 항목이다. 해외증권 투자 등 자본 유출은 상당히 자유화돼 있지만 자본 도피 우려가 큰 해외부동산 보유, 현금 차관이나 채권 시장 개방과 같은 단기성 자본 유입과 관련되는 항목은 상당 부분 유보하고 있다. 이는 자본 자유화가 급격히 시행되었을 경우 금리가 낮은 외국 자본의 과도한 유입으로 거시경제가 교란될 우려가 있기 때문이다.

정부는 향후 3~4년간 점진적으로 자유화를 실행할 계획이다. 이 기간 동안 안정 기조의 성장을 통해 인플레이션을 3% 내외로 낮추고 금융제도의 개선을 통해 효율성을 높이는 데 주력할 방침이다. 2000년 이후 국내외 금리차가 좁혀지면 자본 이동에 대한 남은 규제를 전면적으로 푸는 것이다.

문제는 최근에 OECD에 가입한 신규 회원국들과 비교해 볼 때 자본 거래에 있어서는 우리 나라가 크게 뒤져 있다는 점이다. 이는 우리가 대외 의존적인 경제 구조를 극복하지 못했기 때문이다.

82 경제적 부가가치

　국내 시장의 개방 확대와 후발 신흥공업국들의 추격으로 우리 나라 기업은 심각한 경쟁에 직면하고 있다. 그동안 누적된 고비용·저효율 경제 구조를 극복하지 못한 까닭에 한계기업들이 늘어만 가고 있다. 이에 따라 기업들은 기존의 양적 확대에 치중된 경영 전략에서 한 걸음 나아가 내실을 추구하는 방안을 연구 중이다. 이러한 노력의 하나로 기업 가치 극대화를 경영 전략으로 선택하려는 기업이 늘고 있다.

　어떤 기업이 가치 극대화라는 전략 목표를 설정하고 이를 추구할 때, 과연 올바르게 진행되고 있는지에 대한 판단 자료가 필요하다. 여기에 경제적 부가가치(EVA:Economic Value Added)란 지표를 많이 활용한다.

　일반적으로 기업의 성과를 측정할 때 손익계산서상의 당기순이익이 중시되고 있는데, 이는 타인자본에 대한 비용만을 반영하고 자기자본의 사용에 따른 비용을 반영하고 있지 않는다. 그러나 EVA는 세후 영업이익에서 투자자본의 자본비용을 차감해 산출한다. 여기서 투자자본의 자본비용은 타인자본 비용과 자기자본 비용을 모두 포함하는 것으로 타인자본에 대한 금융비용과 자기자본에 대한 투자자들의 기대수익률을 가중 평균해 계산한다.

　EVA라는 지표를 기업이 실제로 어떻게 사용하는지 살펴보자. 코카콜라는 1980년대 들어 라이벌인 펩시와의 경쟁에서 밀리면서 새로운 경영관리기법인 EVA를 1987년부터 도입하기 시작했다. 자본비용을 상회하는 수익률을 올리는 프로젝트에 집중 투자하고 저수익 사업 부문에서는 과감히 철수함으로써 기업가치를 증대시키는 전략을 사용한 것이다. 영업 이익률의 개선, 집중 구매에 의한 경비 절감 및 운전자본의 삭감을 통해 평균자본비용을 16%에서 12%로 낮추고, 52

개 생산 부문을 40개로 축소했다. 결과적으로 코카콜라사의 EVA는 1987년에 490달러에서 95년에는 2,172달러로 상승하였고, 주가도 같은 기간 동안 9.53달러에서 74.25달러로 상승했다.

이처럼 EVA는 일정 기간 동안 기업이 본래의 영업 활동을 통해 창출한 순가치의 증가분을 측정함으로써 투자자와 채권자의 정상적 기대 이상의 이익을 나타내는 지표이다. 이에 따라 EVA는 기업의 투자 의사 결정 및 업적 평가와 주식투자 지표로도 활용될 수 있다.

우리 나라 그룹 및 기업의 EVA 순위 (단위:억 원, 개)

그룹별 EVA 순위	순위		그룹명	계열사 수		EVA	
	EVA 기준	총자산 기준				1996년	1995년
	1	1	현대그룹	12	(57)	2,201	-1,402
	2	3	LG 그룹	8	(49)	2,160	2,612
	3	2	삼성그룹	11	(80)	1,877	31,315
	4	4	대우그룹	8	(30)	1,465	-479
	5	5	선경그룹	5	(46)	1,429	1,264

개별 기업별 EVA 순위	순위		회사명		EVA	
	EVA 기준	매출액 기준		-	1996년	1995년
	1	3	삼성전자	-	4,845	31,290
	2	8	포항제철	-	4,642	6,619
	3	6	현대자동차	-	3,866	1,247
	4	53	SK이동통신	-	1,999	1,310
	5	26	대우전자	-	1,686	1,103

자료:『이코노미스트』, 1997. 8. 17. 30.쪽

주: 1. ( )안은 총계열사 수 2. 각 그룹의 총자산 순위 및 계열사 수는 1997년 4월 1일 기준 3. 각 회사의 매출액 순위는 1995년 말 기준 4. EVA = 세후 영업이익－(타인자본비용＋자기자본비용)=세후 영업이익－(투자자본×가중평균자본비용) * 가중평균 자본비용은 타인자본의 실효금리와 자기자본의 기대수익률의 가중평균으로 구함

1990년대 들어 기업의 경영 환경이 급변하고 내실 위주의 가치중시 경영에 대한 관심이 증대되면서 우리 나라 기업들도 EVA를 도입하기 시작했다. 표는 대우경제연구소에서 분석한 국내 그룹·기업별 EVA 상위 5개사 순위를 나타내고 있다. 이에 따르면, 그룹별로는 EVA 기준 순위가 총자산 기준 순위와 별 차이가 없으나, 기업별로는 EVA 기준 순위와 매출액 기준 순위가 크게 다른 것을 알 수 있다. 그러나 각 그룹의 조사대상 계열사의 수가 제각기 다르고 기업별로도 조정 항목이 서로 달라 순위 비교는 커다란 의미가 없다. 보다 의미가 있는 것은 EVA 증감 정도이다. 표에 따르면 LG, 삼성, 선경 그룹은 2년 연속 플러스를 나타내고 있으며, 현대와 대우그룹은 95년 마이너스였다가 96년 플러스로 돌아선 것으로 나타났다.

EVA의 활용에는 유의해야 할 점이 있다. 첫째, 이는 어느 정도 성숙기에 접어들어 성장폭이 좁은 산업이나 기업에 적합한 지표이다. 이를 사용할 경우 미래 사업에 대한 과감한 투자가 상당히 어려워지기 때문이다. 둘째, 우리 나라에서는 아직 EVA를 적극적으로 도입할 여건이 덜 성숙돼 있다. 즉 현행 기업회계 기준에 의한 재무제표상의 수치를 이용해 세후 영업이익이나 기업의 영업활동에 투자된 자본을 정확히 파악하기가 어렵다. 게다가 우리 나라 기업들의 회계 자료가 객관적이지 못할 뿐아니라 독립채산제나 사업부별 관리회계 등 책임경영 시스템이 아직 미흡한 수준이어서 사업부는 물론 계열사별 평가조차도 어려운 실정이기 때문이다.

EVA도입사례   Economic Value Added

포철이 12월 4일 경영시스템의 근본 체계를 변경해 '경제적 부가가치(EVA) 경영'을 선언하고 본격 시행에 들어갔다. 이는 한국이 국제통화기금(IMF)측의 구제금융 제공에 완전 합의, 한국 경제가 IMF의 영향 아래 들어간 것을 계기로 IMF측이 한국재벌과 기업들에 지배구조와 소유구조 변경을 요구하고 나선 시점에서 이뤄진 것이어서 주목된다.

EVA란 영업 성과를 얻은 세후영업이익에서 영업활동에 투자한 자기자본과 타인자본에 대한 기회비용을 차감한 후의 실질이익을 말하는 것으로 진정한 '수익창출능력'을 의미한다. 포철은 이처럼 새로운 경영의 틀인 'EVA'개념을 전격 도입함으로써 자기자본 비율을 현재 47% 수준에서 내년도엔 52%, 또 5년 후인 2002년에는 76%로 향상시킬 방침이다

포철은 포항과 광양제철소를 포함해 모든 단위별 공장, 계열사, 해외투자사 등 전자산과 전부문에 걸쳐 본격 시행한다고 밝혔다.

포철의 이 같은 'EVA경영' 도입은 IMF측이 한국기업에 대해 요구하고 있는 '경영의 투명성' 보장과 기업자금 흐름에 대한 외부 감독 기능 강화에도 부합되는 내용을 담고 있어 국내 다른 기업에도 빠른 속도로 확산될 전망이다. - 매일경제신문, 1997.12.5

part IV

경제 기사 쉽게 읽는 법

삶의 질과 사회복지

1
삶의 질

83 삶의 질 지표

 어느 해 대통령의 신년 국정연설 가운데 가장 눈길을 끌었던 대목은 생활 개혁을 추진하겠다는 것이었다. 대통령은 "국정 운영의 중심을 모든 국민이 안심하고 편안한 생활을 할 수 있도록 하는 데 둘 것"이라고 말해 민생 안정에 바탕을 둔 생활 개혁에 치중할 것임을 시사했다.

 민생 안정이란 결국 삶의 질 향상 문제이다. 이는 물질적으로 잘 살게 하는 것뿐만 아니라 교통난, 환경 오염, 재난과 범죄에서 벗어나 인간답게 사는 보다 광범위한 차원을 의미한다.

 삶의 질은 어떻게 비교할 수 있을까. 첫째, 삶의 질을 가늠하는 지표로 1인당 국민 소득을 이용할 수 있다. 하지만 경제 주체의 실제 생활 수준을 평가하는 데 있어서 단순히 소득 지표를 비교하는 것은 큰 의미가 없다. 나라마다 물가 수준이 천차만별이기 때문이다. 따라서 양자를 모두 감안하는 방안을 강구해야 한다. 삶의 질을 계량화해서 평가하는 것은 상당한 어려움이 있다. 왜냐하면 쾌적하고 안전한 생활 정도를 수치로 나타내기란 매우 어려운 일이기 때문이다.

 <표>에서 보면 주요국의 생활비와 1인당 국민 소득이 비교돼 있다. 생활비를 보면 미국의 뉴욕 지역이 100인데 비해 일본의 도쿄는

210으로서 2배나 비싼 셈이며, 서울은 111로 뉴욕보다 약간 높게 나타나 있다. 그런데 이들 국가의 1인당 국민 소득을 비교해 보면 일본은 미국의 1.28배인데 비해 한국은 미국의 3분의 1 정도에 머무르고 있다. 해당 국가의 국민 소득을 감안한 생활비 부담을 비교해 보면 도쿄는 미국 뉴욕의 1.6배, 서울은 3.7배나 생활비가 더 많이 든다고 봐야 한다. 즉, 도쿄 시민은 뉴욕 시민보다 높은 국민 소득만큼 잘 살고 있지 않으며 서울 시민은 뉴욕 시민보다 소득에 비해 약 3.7배의 생활비 부담을 안고 있는 것이다. 결국 비교 대상 도시 중 뉴욕 시민이 경제적으로 가장 풍요롭다는 결론을 얻을 수 있다.

우리 나라를 포함한 여러 나라의 생활비는 왜 이렇게 비싼가. 이는 대체로 토지 가격이 비싸서 주거비가 높든가, 각종 무역 장벽으로 국내 물가가 올랐을 때 외국의 값싼 물건을 이용하지 못하도록 돼 있든가, 유통 구조가 복잡해 물류비가 비싸든가 하는 이유에서다. 이처럼 국민 소득을 감안한 생활비 비교는 단순 소득 비교보다 훨씬 유용한 정보를 제공해 준다.

그러나 이 같은 양적 지표의 비교는 '삶의 질'이라는 개념을 충분

주요 도시 생활비 및 1인당 국민 소득 비교

비교 주요 도시	생활비(a) 95년 6월 기준	1인당 국민소득(b) (1993년, 美달러기준)	소득 대비 생활비 부담 (a/b)
도 쿄	210	128	164
홍 콩	185	73	253
파 리	116	88	132
서 울	111	30	370
북 경	103	2	515
뉴 욕	100	100	100

자료: 매일경제신문, 1995. 12. 16. 한국은행, 세계은행

주: 생활비에는 주거비 포함, 생활비 및 1인당 국민 소득은 미국을 100으로 했을 때 환산치

히 설명해 주지 못한다. 국민 소득은 국민의 복지·문화·교육·환경 등에 관한 정보를 가지고 있지 않다. 물론 이들 분야에 지출이 이루어질 경우 생활비에 반영될 수 있으나 이것이 그 수준을 평가한다고 보기는 어렵다.

최근 이러한 국민총생산 지표의 한계를 극복하고 질적인 삶의 지표를 개발하기 위한 시도가 나타나고 있다. 미국의 샌프란시스코에 소재하는 '리디파이닝 프로그레스'라는 공공정책연구소는 국민 소득의 중심 지표로 활용되는 국내총생산(GDP)의 산정 방식이 잘못돼 있다고 지적하고 '실질발전지수'(GPI:Genuine Progress Indicator)라는 지표를 개발했다.

이는 GDP에 가정에서 주로 이루어지는 무보수 노동을 더한 뒤 범죄를 비롯한 사회적 파괴와 환경 피해를 제외한 것이다. 이에 따르면 미국의 GDP 성장률이 1% 정도 과대 포장돼 있다고 한다. 이러한 지표를 활용할 경우 좀더 광범위한 삶의 질 수준을 평가하는 지표를 얻을 수 있을 것이다.

84 불쾌지수

정부나 국민이 경제 성장을 위해 열심히 노력하는 이유는 삶의 질을 높이자는 데 있다. 그러나 삶의 질이란 다분히 주관적인 개념이고 또 그런 연유로 이를 지표화해서 객관적인 자료로 활용하기는 더더욱 어렵다.

삶의 질을 나타는 지표로 1인당 국민 소득이 가장 많이 활용된다. 하지만 소득 지표 비교는 자칫 소득이 높은 나라가 낮은 나라보다 삶의 질이 훨씬 낫다고 간주하기 쉽다. 일본의 1인당 국민 소득이 95년에 4만 달러에 가깝고 미국이 2만 7,000 달러 남짓한데 이를 두고 일본인의 삶의 질이 미국보다 훨씬 낫다고 얘기하는 사람은 많지 않다. 마찬가지로 같은 해 우리 나라의 국민 소득이 1만 달러이고 포르투갈의 소득이 9,600 달러 정도 되는데 우리 나라가 포르투갈보다 삶의 질이 더 윤택하다고 강변하기는 어려울 것이다.

국민 소득 지표는 그만큼 삶의 질을 완벽하게 나타내지는 못한다. 사실 소득보다는 지출이 클수록, 그리고 지출 내에서도 레저 지출의 비중이 높을수록 삶의 질은 높다. 레저의 가치를 설문 조사를 통해서 수치화할 수는 있겠지만 나라마다 문화의 내용과 수준이 달라서 객관성 있는 자료는 만들지 못한다. 그래서 대안으로 나온 것이 몇 개의 지표를 조합해서 삶의 질 수준을 비교해 보는 것이다. 그 한 예로 불쾌지수(Misery Index)가 있다.

원래 불쾌지수란 기상 용어로 활용돼 왔다. 미국 기상국이 여름철 무더움을 숫자로 표시하기 위해 고안해 낸 것이다. 온도나 습도의 높고 낮음이 사람의 몸에 영향을 끼쳐 유쾌하거나 불쾌한 정도를 주는

OECD 주요 국가간 불쾌지수 비교

국 가	1인당 국민소득	실업률(A)	인플레이션율(B)	불쾌지수1 (A+B)	불쾌지수2 (A+2×B)
일본	39,943	3.5	0.0	3.5	3.5
노르웨이	28,414	5.1	0.9	6.0	6.9
한국	10,076	1.9	5.5	7.4	12.9
미국	26,837	5.3	2.8	8.1	10.9
영국	18,929	7.7	2.1	9.8	11.9
포르투갈	9,608	7.2	3.5	10.7	14.2
프랑스	26,581	12.5	2.3	14.8	17.1
이탈리아	18,997	12.3	3.9	16.2	20.1
스페인	14,025	22.3	3.6	25.9	29.5

자료: WEFA, OECD Monthly Monitor, 1996. 10.

주: 1. 1인당 국민 소득은 1995년 기준이고 실업률과 인플레이션율은 1996년 6월 기준임 2. 인플레이션율은 전년 동월 대비임

데 불쾌지수는 이 정도를 숫자로 나타내는 것이다. 이는 기온에다 습구(濕球) 온도를 더해 계산된다.

경제용어로 사용되는 불쾌지수는 인플레이션율과 실업률을 합한 것(불쾌지수1)이다. 이 지수가 높으면 높을수록 경제 상태가 나쁘고 이에 따라 경제 주체가 느끼는 삶의 질도 나쁘다는 의미이다. 경우에 따라서는 실업률에다 인플레이션율을 2배해서 조합(불쾌지수2)하기도 한다. 이는 물가가 경제 주체들의 지출 행위와 직결돼 있기 때문에 인플레이션율을 좀더 중시해야 한다는 취지가 담겨있다. 경우에 따라서는 임금 수입에 금년 취업 희망율이나 지난해 고용률을 더해서 작성하기도 한다. 이 같은 지수가 나오게 된 배경에는 미국에 유입되는 이민들로 인해서 노동자들의 고용 수준이 낮아지고 생계 수준이 저하돼 생기는 불쾌감을 파악하려는 의도가 있었다.

물론 이 지수는 대단히 임의적인 조합이다. 실업률과 인플레이션율은 단순히 합산하기 어려운, 질적으로 상이한 지표이기 때문이다. 또한 각 국가가 실업률이나 물가 상승률을 산정하는 기준 내지는 품목이 조금씩 다르기 때문에 절대적인 비교 지수가 되기는 어렵다.

불쾌지수는 작성상의 애로에도 불구하고 각 나라의 국민들이 느끼고 있는 경제적인 불쾌감을 일정한 수치로 나타내어 비교하는 데 편리하다. 이 지표를 통해서 우리가 얻고자 하는 것은 물가와 실업률처럼 동시에 달성하기 어려운 상충 관계(trade-off)에 있는 지표의 합을 구한 다음, 이 지표를 적절한 경제 정책을 통해 어느 한 쪽의 일방적인 희생 없이 효과적으로 감소시키고자 하는 것이다. 불쾌지수를 수단으로 삼아 정책 운용을 해 나갈 경우 선진국에 보다 가까운 경제 구조와 형태를 이룰 수 있다.

85 인간개발지수

우리 나라는 삶의 질 측면에서 볼 때 어디쯤 자리 잡고 있는가. 삶의 질 수준이란 원래부터 상한선이 없기 때문에 객관적인 기준을 설정해서 다른 나라와 비교해 봐야 할 것이다.

그런데 문제는 삶의 질이라는 것이 1인당 국민 소득이나 수출액과 같이 수치로서 간단히 나타낼 수 있는 성질의 것이 아니라는 데 있다. 그런 까닭에 많은 지표가 개발되었지만 아직 어느 것이 딱 부러지게 적당하다고 말하기도 어렵다. 이와 관련해 '불쾌지수'라는 지표를 소개한 바 있는데, 불쾌지수는 주로 경제 주체들이 느끼는 불만족의 정도를 측정하는 것이다. 반면에 만족의 정도를 측정하는 지표도 여러 가지가 있다. 예컨대, '인간개발지수'(Human Development Index)와 '만족지수'(Well-being Index), '신경제만족지수'(New Economy Well-being Index) 등이 대표적이다.

OECD 주요 국가간 인간개발지수 비교

국 가	1인당 국민소득	평균 수명	평균 중등 교육 기간	인간개발지수
캐나다	19,266	77.4	4.01	0.950
일본	39,943	79.5	2.97	0.937
미국	26,837	76.0	4.65	0.936
스페인	14,205	77.6	2.58	0.930
독일	29,234	76.0	1.01	0.921
영국	18,929	76.2	2.40	0.916
그리스	8,510	77.6	2.35	0.907
한국	10,076	71.1	4.04	0.882
포르투갈	9,608	74.6	1.40	0.874

자료: IMD, The World Competitiveness Yearbook, 1996, WEFA, World Economic Outlook, 1996. 2.

주: 각 수치는 1995년 기준임

이들 만족지표의 공통점은 국내총생산(GDP)과 소비자 물가지수(CPI)라는 두 가지 변수를 포함하고 있다는 점이다. 첫째, '만족지수'는 미국의 아메리칸 데모그래픽(American Demographics)사에서 개발한 것으로 소득과 고용 기회, 생산성과 기술, 레저 활동, 소비자 태도, 사회적 및 물리적 환경 등 크게 5개 항목으로 작성된다.

둘째로 '신경제만족지수'는 코리(Corry)라는 학자가 1인당 실질소득 및 증가율, 실업률 및 실업률 변화율, 불평등도, 인플레이션율, 기본 이자율 등 7개의 요소를 이용해 만든 것이다. 그에 따르면 미국의 신경제만족지수는 1960년대 이후 점차 감소하는 추세를 보이고 있다고 한다. 그런데, 이 지표의 문제점은 구성 요소 중의 하나인 '불평등도'라는 개념이 모호하다는 것이다.

셋째로, 계산상 약간 복잡한 이 같은 지표들과 달리 '인간개발지수'는 간단하면서도 현재 광범위하게 이용되고 있는 삶의 질 지표이다. 이 지표는 모두 세 가지 항목을 이용해 작성되는데, 국내총생산 수준, 평균 수명, 그리고 교육 기회 등이다. 현재 스위스의 국제경영개발원(IMD)은 이 지표를 세계 각 나라의 인적 자본 부문에 대한 경쟁력을 평가하는 요소의 하나로 활용하고 있다.

앞서 <표>에서 보면 1995년에 인간개발지수는 캐나다가 가장 높고, 일본, 미국 등이 그 뒤를 따르고 있다. 우리 나라는 높은 교육열에 힘입어 절대적으로 높은 교육 기회를 확보하고 있지만 상대적으로 낮은 국민 소득과 평균 수명으로 인해 전체 OECD 회원 29개국 중에서 하위권인 23위에 머무르고 있다. 1인당 국민 소득이 독일의 절반에도 미치지 못하는 스페인이 인간개발지수는 오히려 더 높은 것으로 나타나고 있다. 국민 소득 수준만으로는 그 나라의 삶의 질을 완전히 파악할 수 없다는 것이 다시금 증명되고 있는 것이다.

이 지표 작성상의 문제점을 찾는다면 '교육 기회'라는 변수에서 찾을 수 있다. 교육 기회는 어차피 현재 경제 성장에 따르는 일종의 여유라 할 수 있으며 미래의 국민 소득을 올릴 수 있는 좋은 수단이 될 수 있다. 따라서 현재 시점에서 이것을 포함한다는 것은 이중 계산의 위험이 있다.

인간개발지수는 이처럼 경제 규모와 수명 및 교육 수준 등 세 가지를 통해서 한 나라의 전반적인 삶의 질을 평가하고 있다. 선진국일수록 오랜 기간에 걸쳐 경제 규모를 꾸준히 확대하면서 인간다운 삶을 영위할 수 있는 환경을 조성해 왔다. 이를 통해 교육의 기회를 넓히고 의료 시설 등의 확충을 통해 평균 수명도 늘려 왔다. 그런 의미에서 볼 때 지난 30여 년간 우리 나라의 경제 성장은 선진국다운 삶의 질을 운운하기에는 역사가 너무 짧다.

86 환경측정지표

환경 문제는 이제 지구 생존의 문제와 직결될 정도로 인류에게 중요한 문제가 됐다. 우리 나라에서도 금년 들어서 벌써 수 차례나 오존 경보가 발령됐다. 옥외 활동을 삼가하라는 당국의 안내가 빈발했다. 사실 지난 30여 년간 환경 문제는 경제 성장과 국토 개발 논리에 밀려 큰 관심을 끌지 못했다. 특히 1970년대 이후 중화학 공업을 집중적으로 육성해 공단 조성과 도시 개발에 따라 환경 오염 현상은 가속화됐다. 그 결과 국민 소득은 높아졌지만 삶의 질은 커다란 위협을 받고 있다. 물이 오염되고 공기는 탁해졌으며 산업 폐기물과 생활 쓰레기는 급증하는 반면 녹지는 줄어들고 있다.

특히 우리의 산업 발전과 일상 생활에 가장 큰 영향을 끼치는 것이 수자원이다. 수질의 상태를 측정하는 환경 지표에는 어떠한 것이 있을까. 여기에 종합된 지표는 없지만 생화학적 산소요구량, 화학적 산소요구량, 용존 산소량 등 개별 지표가 여러 가지 있다. 그 중에서 가장 많이 사용되는 것은 생화학적 산소요구량(BOD:BioChemical Oxygen Demand)이다. BOD는 수중에 함유돼 있는 유기물을 미생물이 분해할 때 필요로 하는 산소량을 말한다. 이 BOD의 등급에 따라 물의 용도는 차별화된다. 산소 요구량이 많을수록 수질은 떨어진다. 상수원수 1급는 여과 등에 의한 간이 정수 후 사용할 수 있는 물을 말하는데, BOD는 1mg/ℓ 이하를 말한다. 상수원수 2급은 침전 여과 등에 의한 일반적 정수 처리 후 사용할 수 있는 물을 말하는데, BOD가 3mg/ℓ 이하의 물을 말한다. 상수원수 3급은 고도의 정수 처리 후 사용할 수 있는 물을 말하는데, BOD가 6mg/ℓ 이하의 물이다. BOD 등급이 그 이하이면 농업 용수나 공업 용수로 쓸 경우에도 특수한 처리를 해야 한다.

현재 우리 나라 4대 강 주요 취수장의 물은 수질이 썩 좋지 않다. 공장 폐수 및 생활 하수가 증가한 탓이다. 더욱이 낙동강과 영산강의 일부 지점에서는 수질이 3급에도 못 미치고 있는 실정이다. 한편 1990년대부터 환경 기초 시설의 투자가 확대되면서 수질이 꾸준히 개선되고 있어 하천의 유지 용수만 확보된다면 지속적으로 개선될

하천수 환경 기준

등급	이용목적별 적용대상	환경기준(mg/ℓ) 생물화학적 산소요구량
1	상수원수 1급 자연환경 보존	1 이하
2	상수원수 2급 수산용수 1급	3 이하
3	상수원수3급, 공업용1급 수산용수 2급	6 이하
4	공업용수 2급 농업용수	8 이하
5	공업용수 3급 생활환경보전	10 이하

전망이다. 정부도 2020년까지는 4대강의 하류 수질을 최소한 2급수 정도인 BOD 2.0 정도로 높일 계획을 세우고 있다.

대기 오염도는 대기 중에 오존이나 이산화황(SO_2)의 농도나 미세 부유 분진(TSP)을 측정해서 오염 정도를 측정한다. 대기 오염은 수질 오염과 달리 바람에 의해 이동 가능하기 때문에 오염원과 피해 지역이 일치하지 않아 피해가 매우 광범위하게 미칠 수 있다.

환경은 이제 새로운 자본 즉, 사회적 자본이 됐다. 그 자체가 생산에 직접적인 도움을 주지는 않지만 환경이 오염되면 생산의 주체인 인간이 생존할 수 없으므로 가장 중요한 생산 자원인 셈이다. 이제는 환경과 산업을 조화시키려는 노력이 필요하다. 과거와 같이 환경 문제에 대해서 소극적으로 대응하는 자세 즉 발생한 오염을 처리하는 수준에서 벗어나 산업 활동에서 유발되는 오염 발생원 자체를 줄여 나가야 한다. 그래야만 새로운 사회적 자본이 풍성하게 축적될 수 있다.

환경 개선을 위해서는 무엇보다 국민들의 환경에 대한 인식이 제고돼야 한다. 실제로 환경 문제의 많은 부문은 일상 생활에서부터 유발되는 측면이 크기 때문이다. 이를 위해서는 환경 지표도 기상 예보처럼 우리 주변에서 자연스럽게 접할 수 있어야겠다.

2
사회복지

87 노령화지수

우리 나라의 인구는 현재와 같은 추세라면 2021년의 5,058만 명을 정점으로 인구 증가율이 정체되면서 총인구가 점차 감소할 것으로 전망된다. 연령별로 살펴보면 0~14세까지의 유소년 구성비는 점차 감소하고, 15~64세까지의 생산 연령과 65세 이상의 노인 인구가 점차 증가할 전망이다.

물론 잠재적인 노동력은 꾸준히 증가하고 있다. 생산 연령 인구는 1970년에 1,754만 명에 불과했으나 1990년에는 2,965만 명이었는데, 2000년에는 3,361만 명, 그리고 2010년에는 3,550만 명 정도로 40년만에 생산 연령이 두배 이상 증가할 것으로 예상된다.

노동자 계층이 점차 노령화됨에 따라 그에 따른 사회적인 부담은 더욱 늘어날 것이다. 유년 부양비(생산 연령 대비 유소년의 비율)는 점차 감소하고 있지만, 노년 부양비(생산 연령 대비 노인 인구 비율)는 점차 증가하고 있다. 유소년에 대한 부양 부담은 주로 가족 단위 부담이고 장래에 산출을 기대할 수 있는 일종의 투자성 부담이다.

그런데, 노인에 대한 부양 부담은 가족 부담에서 점차 사회의 부담으로 이전되고 있으며 사망할 때까지 무한 부담의 성격을 갖는다.

유년 부양비는 그간의 인구 증가율 감소를 반영해 1970년의 78.2%에서 1995년의 32.6%로 25년간 절반 이하로 감소했다. 25년 후인 2020년에는 22.4%로 전망돼 완만한 하락세를 드러낼 전망이다. 그러나 노년 부양비는 1970년의 5.7%에서 1995년의 8.0%로 지난 25년간 완만한 증가세를 나타내었지만, 2020년까지는 17.4%로 두배 가까이 급속히 증가할 것으로 전망된다.

이처럼 인구의 노령화 수준을 나타내는 지표로서 '노령화지수'가 있다. 이 지수는 유소년층 인구(0~14세)에 대한 노년층 인구(65세 이상)의 비율로서 이 지수가 증가하는 현상을 '인구의 노령화'라고 한다. 노령화지수가 높아진다는 것은 장래에 생산 연령에 유입되는 인구에 비해 부양해야 할 노년 인구가 상대적으로 많아진다는 것을 의미한다.

우리 나라의 노령화지수는 1970년의 7.2%에서 1995년에는 24.5%

노령화 지표의 추이와 전망

단위: 100만명, %

연 도	0~14세		15~64세		65세 이상		유년 부양비	노년 부양비	노령화 지수
	인구	비중	인구	비중	인구	비중			
1970	13.7	42.5	17.54	54.4	0.99	3.1	78.2	5.7	7.2
1980	12.95	34.0	23.72	62.2	1.46	3.8	54.6	6.1	11.2
1990	11.1	26.0	29.65	69.0	2.14	5.0	37.4	7.2	19.4
1995	10.4	23.2	31.91	71.1	2.54	5.7	32.6	8.0	24.5
2000	9.87	21.2	33.61	72.0	3.18	6.8	29.4	9.5	32.2
2010	9.49	19.1	35.5	71.5	4.67	9.4	26.7	13.2	49.2
2020	8.09	16.0	36.16	72.0	6.3	12.0	22.4	17.4	77.9

자료: 통계청, 『한국인의 사회적 지표』, 1995.

주: 1. 유년 부양비 =(0~14세 인구/15~64세 인구) × 100
    2. 노년 부양비 =(65세 이상 인구/15~64세 인구) × 100
    3. 노령화지수 =(65세 이상 인구/0~14세 인구) × 100

로 3배 이상 급격한 증가를 보였다. 향후 2020년까지는 77.9%로 또다시 3배 이상 증가할 것으로 보인다. 현재의 장년층이 노령화되고 1990년대에 출산이 낮을 때 태어난 유소년 인구가 생산 연령에 편입되는 2000년부터는 증가율이 급속히 증가돼 2020년부터는 생산 연령 계층의 절대 인구가 감소하게 될 것으로 보인다.

선진국의 경우는 장기간에 걸쳐 노령화가 진행됐다. 그러나 우리 나라의 경우, 현재는 출산율이 매우 낮은 수준에 머무르고 있어 노인 인구의 구성비는 선진국들보다 훨씬 빨리 늘어날 것이다. 우리 나라의 노년 인구 구성비는 2001년경에는 7%에 달해 본격적인 노령화 사회에 진입할 것으로 보인다. 그리고 2023년경에는 노인 인구 비중이 14%로 배가될 것으로 추정된다. 선진국의 경우, 노인 인구가 전체 인구의 7%인 노령화 사회에 접어들어 노인 인구 비중이 배가되는 시기는 프랑스가 115년으로 가장 길고 미국이 65년, 독일이 45년, 그리고 일본이 24년이었다. 그런데 우리 나라에서는 22년이 걸려, 가장 급속하게 고령화되는 사회로 손꼽힐 것으로 보인다.

가장 우려되는 부분은 노인 인구가 증가하고 신규 노동력 공급이 감소해 장차 노동력 부족 현상이 심화될 것이라는 점이다. 이와 함께 노인 복지를 위한 사회의 재정적 부담도 해결해야 할 문제이다. 따라서 양로원 시설의 확충, 개인 연금 제도의 확대 등 사회 복지 제도를 조기에 정착시킬 수 있도록 해야 한다.

88 진학률

사교육비와 공교육비를 합치면 일반 가계 지출의 절반에 육박한다는 조사 자료가 있다. 오로지 대학을 가기 위해서 가계 수입을 가장 우선적으로 투입하는 셈이다. 이 재원을 투자 재원으로 활용할 경우 산업의 고도화나 첨단산업으로의 진출이 퍽 용이해질 것이라는 주장도 있다. 하지만 가계에서 사교육비가 그 어떤 투자보다 우선적으로 고려되고 있다는 점에서 그 경제적 가치를 살펴볼 필요가 있다.

예전에는 단지 인구 수가 많을수록 그 나라의 국력이 강한 것으로 평가됐다. 대부분이 노동집약 산업이었고 또 국내 시장 규모가 클수록 생산 규모를 확대할 수 있기 때문이다. 오늘날에는 이 같은 주장이 쉽사리 먹혀들기 어렵다. 자본집약 산업이 발달한 데다가 물건만 잘 만들면 해외 시장 어디에도 진출할 수 있기 때문이다. 그래서 인구는 많지만 중국, 인도처럼 후진국에서 벗어나지 못하고 있는 나라가 있는 반면에, 인구가 1,000만 명에도 미치지 못하지만 스웨덴처럼 선진국인 나라가 있다.

물론 중국이나 인도가 가진 성장 잠재력은 누구나 인정하는 바이지만, 당분간 후진국 상태에서 벗어나기 어려울 것으로 보인다. 그러한 인구 수의 차이를 극복하게 하는 것이 인구의 질이다. 인간의 노동력을 대체하는 로봇과 같은 자본집약 산업을 육성할 수 있기 위해서는, 이제 인구의 양뿐만 아니라 질도 중요하게 됐다는 것이다.

그렇다면 한 나라 인구의 전반적인 질을 어떠한 기준으로 평가할 것인가. 국민들의 전반적인 학력 수준을 기준으로 삼을 수 있다. 고등 교육을 받은 사람이 많을수록 신기술이나 새로운 국제 환경 및 질서에 적응하는 속도가 빠를 것이다. 그래서 생각해 볼 수 있는 지표가 상급 학교 '진학률'과 '문맹률'이다. 이 지표들을 잘 활용하면 국가경쟁력을 상호 비교할 수 있는 잣대가 된다.

<표>는 주요 국가들의 상급 학교 진학률과 문맹률을 비교하고 있다. 중등 교육 진학률의 경우, 우리 나라를 비롯한 대부분의 선진국이 90% 이상을 보이고 있는데, 중국은 51%, 그리고 인도는 50%에도 미달하고 있다. 또 고등 교육 진학률의 경우에는 미국이 76%로 가장 높고, 한국은 42%로 비교 대상국가 중에서 두 번째 순위를 보이고

있다. 대부분의 국가가 30~40% 정도의 비율을 나타내고 있는 반면에 중국은 2%, 인도는 6%에 그치고 있다. 한편 문맹률의 경우는 고등 교육 진학률보다는 중등 교육 진학률과 상관 관계가 더 깊은데, 일본은 0%를 기록해 문맹자가 거의 없는 나라이고, 우리 나라는 2%, 그리고 중국과 인도는 전체 국민 중에서 각각 1/4과 절반 가량이 문맹인 것으로 파악되고 있다.

진학률 지표의 경우, 나라마다 교육 제도가 조금씩 다르므로 해석할 때에 신중을 기해야 한다. 상급 학교의 범위를 어디까지 설정하느냐에 따라 진학률은 다르게 나타날 수 있기 때문이다. 실제로 여기에서의 고등 교육 진학률은 대학뿐만 아니라 '방학 학교'와 '성인 교육 프로그램'을 포함하고 있어서 엄격한 의미의 대학 진학률과는 차이를 보이게 된다.

이러한 문제점이 있음에도 불구하고 진학률 지표가 시사하는 경제적 의미는 매우 크다. 앞에서 언급한 인도, 중국과 스웨덴과의 차이는 이들 국가의 진학률 차이와 정확히 일치하는 것이다. 선진국일수

진학률 및 문맹률 국제 비교 (단위: %)

국 가	중등교육 진학률	고등교육 진학률	문맹률
일 본	97	32	0.0
대 만	95	34	6.8
스웨덴	91	34	1.0
미 국	90	76	0.6
한 국	90	42	2.0
싱가포르	70	38	13.9
중 국	51	2	26.7
인 도	44	6	48.0

자료: IMD, The World Competitiveness Yearbook, 1996.

주: 진학률은 1992년 기준, 문맹률은 1995년 기준임.

록 의무 교육 연한이 길기 때문에 상급 학교 진학률이 높을 수밖에 없으며, 이는 인적 자본 형성을 위해 보다 많은 시간과 금액을 투자함을 뜻한다. 산업혁명 이후 20세기까지를 과학 기술의 발달과 그를 바탕으로 하는 물질 문명이 이끌어 왔다면, 앞으로 다가올 21세기는 그러한 기술 문명을 효율적으로 관리해 지속적인 발전을 꾀하도록 하는 인적 자본을 얼마나 풍부하게 보유하고 있는가에 발전 여부가 달려 있다.

우리 나라의 경우 높은 교육열로 인해 과거 절대 빈곤 시절에도 소득 수준에 비해 비교적 높은 상급 학교 진학률을 보였었다. 그 덕분에 고도의 경제 성장을 이룩해 단시간에 선진국 대열에 합류했다. 그러나 비정상적인 교육열은 입시 비리, 과다한 과외비 부담과 같은 부작용을 낳기도 했다. 더 중요한 문제는 학력만을 중시함으로 인해 내용 면에서 인성 및 도덕 교육이 부족하게 됐다는 점이다. 이것은 앞으로 우리 나라 교육이 반드시 해결해야 할 과제이기도 하다.

89 정보화

우리 사회가 정보화 시대로 이행하고 있다는 것은 주지의 사실이다. 그러나 정보화가 도대체 무엇인지 또는 정보화가 됐다면 어느 정도인지 등의 의문을 대부분의 사람들이 가지고 있다. 왜냐하면 극소수의 전문가를 제외하면 정보화를 거시적 입장에서 설명하기가 쉽지 않으며, 많은 유·무형의 정보에 둘러싸여 있기 때문이다.

정보화란 정보를 수집하고, 처리하며, 전달하는 기술과 정보를 이용하는 방법을 발전시켜 나가는 것이라고 할 수 있다. 오늘날까지는 물질이나 에너지를 중심으로 발전해 왔다면 앞으로는 이러한 정보 기술(Information Technology)이 향후 우리 산업 사회를 이끌어 갈 것이다. 왜냐하면 이러한 정보화 관련 기술과 산업이 이종(異種) 산업간의 정보 교환을 촉진시켜 과거보다 훨씬 더 빨리 물질 사회의 진보를 촉진시키리라 기대되기 때문이다.

정보화를 지탱하고 이끌어 가는 산업은 정보 처리와 관련된 분야뿐만 아니라 통신 분야도 포함한다. 이에 따라 정보 산업이라 함은 컴퓨터 및 주변 기기, 정보서비스(소프트웨어), 통신 및 정보통신 서비스 분야를 포괄할 뿐 아니라 반도체나 방송 산업까지 광범위한 분야를 지칭한다.

정보화 지표에 대한 최초의 연구는 1962년에 마클럽(F. Machlup)에 의해서 시작됐다. 현재는 OECD나 일본 우정성 등에서 독자적으로 개발해 사용하고 있다. 우리 나라에서는 1992년에 KIST가, 그후 1993년부터 한국전산원에서 정보화 지표에 대한 연구를 했다. 여기에서는 1996년에 한국전산원에서 발표한 정보화 지표를 토대로 해 우리 나라의 정보화 수준을 살펴본다.

정보화 지표는 크게 정보 설비 부문 지표, 정보 이용 부문 지표 그리고 정보 지원 부문 지표 등 크게 세 부분으로 나뉜다. <표>는 1990년의 한국의 정보화 수준을 100으로 할 때 미국, 일본 등과 단위 인구당 정보화 수준을 상호 비교하고 있다.

부문별 정보화 지표에 대한 분석 결과를 살펴보면 첫째, 정보통신 기반시설의 보급 정도를 나타내주는 정보 설비 지표의 경우 1988년에 미국과 일본이 각각 한국의 3.8배, 4.5배 수준에 있었으나 1994년에는 각각 6.4배, 11.5배로 그 격차가 더욱 늘어났다. 이처럼 우리의 정보 기반시설이 뒤지는 이유는 1994년까지 ISDN 설비가 선진국보다 매우 낮은 수준에 있었기 때문이다. 물론 향후 국가 초고속 정보통신망 사업이 성공적으로 수행될 경우 이 부문에서 격차를 줄일 수 있으나, 미국, 일본 역시 성장 추세가 매우 빠르기 때문에 단기간에 격차를 줄이기는 어려울 것 같다.

정보 통신 설비 및 서비스의 활용 정도를 나타내주는 정보 이용 지표의 경우 미·일과의 격차가 줄어들었다. 우리 나라의 정보 이용 수준은 1988년에는 미국, 일본에 비해 각각 18.4배, 4.5배 정도의 격

주요 국가별 정보화 지표 추이 비교

지표		1988	1989	1990	1991	1992	1993	1994	성장률 (%)	주요 대상 요소
설비부문	한국	79.8	94.4	100.0	113.6	132.6	145.0	231.2	20.55	전화회선, ISDN 가입자 통신 기기, 정보기기의 내수액
	미국	307.8	320.5	365.9	489.3	697.6	1203.5	1483.9	31.74	
	일본	365.7	406.0	616.9	1022.1	1451.2	2006.2	2666.1	40.29	
이용부문	한국	54.4	71.5	100.0	151.5	229.0	477.0	749.8	56.59	국제전화, 팩스 이용자 수, 인터넷, DB 매출액
	미국	998.7	1281.4	1679.1	2516.0	3440.5	4907.5	7121.7	38.50	
	일본	243.5	280.8	330.3	401.0	483.5	644.4	958.0	26.15	
지원부문	한국	77.6	94.4	100.0	104.3	116.3	128.1	148.7	11.62	통신 투자, 통신 서비스 종사자, 연구원 수
	미국	729.8	731.0	745.4	676.4	746.3	753.6	768.1	1.02	
	일본	368.1	368.9	390.0	376.2	414.5	432.0	457.8	3.79	
총괄	한국	71	87	100	123	159	250	377	33.05	종합
	미국	679	778	930	1227	1628	2288	3125	29.31	
	일본	326	352	446	600	783	1028	1361	27.24	

자료: 한국전산원, 『국가 정보화 백서』, 1996
주: 성장률은 연평균임.

차를 보였으나 1994년에는 각각 9.5배, 1.3배로 그 격차가 크게 줄어들었다. 인터넷 등의 고도 통신 서비스 부문에서 높은 성장세를 기록한 것이 이 같은 결과를 가져온 것으로 판단된다.

셋째, 정보화를 위한 투자와 정보화와 관련된 인력의 수준을 측정하는 정보화 지원 지표를 살펴보자. 이 부문 지표는 미래 정보화 사회로의 발전 가능성을 가늠해 준다. 1988년에는 미국, 일본에 비해 각각 9.4배, 4.7배나 상당한 격차를 나타내었으나 1994년에는 각각 5.2배, 3.0배 정도로 격차가 줄어들었다.

끝으로 전체적인 정보화 수준을 나타내는 총괄 부문을 보면 아직 우리 나라는 선진국과 상당한 차이를 나타내고 있다. 1988년에는 미국, 일본과 비교해 볼 때 각각 9.6배, 4.6배의 격차를 보였다. 그후 6년 동안 우리 나라 정보화 수준의 성장률이 연평균 33%라는 매우 높은 수치를 기록했음에도 불구하고 1994년에도 각각 8.3배, 3.6배의 차이를 보여 격차 해소가 쉽지 않음을 알 수 있다. 이러한 점을 감안할 때 향후에도 국가나 민간 기업 차원에서 정보화 수준을 높이기 위한 노력을 더욱 기울여야 할 것이다.

90 에너지 소비량

우리 나라 경제 규모는 아직 세계 10위권에 들어서지 않았지만 석유 소비량은 이미 10위권에 진입해 있다. 이는 우리 나라 석유 수요가 1989년부터 연평균 16.7%씩 매우 높은 증가세를 나타내었기 때문이다. OECD에 가입한 선진국의 경우 석유 수요는 연 1% 내외의 완만한 성장세를 나타내어 우리 나라와 크게 대별된다. 이들 나라의 산업 구조가 안정돼 있고 석유 소비의 효율성도 크게 증대되었기 때문이다.

석유 이외에 우리 나라에서 소비되는 1차 에너지원으로는 석탄,

LNG 그리고 원자력 등이 있다. 1차 에너지 소비란 에너지의 국내 생산 및 순수입, 그리고 재고의 증감을 포함한 소비량으로서 최종 에너지 소비와 전환 손실을 합한 양이다.

최종 에너지 소비는 최종 에너지 소비자에게 공급된 에너지 양으로서 전환 손실 및 에너지 산업체의 자체 소비를 제외한 것이다. 우리 나라는 석유에 의존하는 비중이 제일 높다. 그 다음으로 석탄, 원자력, LNG의 순서로 활용도가 낮아지고 있다. 여러 가지 에너지원을 사용하기 때문에 전체 에너지 사용량을 파악하기 위해서는 단일의 기준이 필요하다. 이를 위해 에너지 환산치 TOE(Ton of Oil Equivalent)를 사용한다. 이는 원유 1톤이 가지고 있는 열량(107 Kcal)을 나타낸다. 이외에도 에너지 원단위를 사용하기도 하는데 이는 단위 생산에 필요한 에너지 투입량으로서 원(달러)당 칼로리(Kcal/원, $)로 표시한다.

우리 나라에서는 석탄이나 수력발전을 빼면 국내에서 에너지원을 조달하기 어렵다. 더욱이 국내에서 생산되는 석탄은 열량이 낮은 저급탄으로 활용 가치가 낮다. 이에 따라 에너지원의 해외 의존도가 매우 높다. 일반적으로 에너지의 해외 의존도는 1차 에너지 공급량에 대한 순수입 에너지의 비중을 의미하나, 우리 나라는 에너지 수출량이 거의 없어 실질적으로 에너지 해외 의존도는 1차 에너지 소비에서 차지하는 수입 에너지의 비중을 의미한다.

우리 나라는 에너지 다소비형 경제 구조를 가지고 있다. 이 같은 경제 구조를 갖게 된 원인으로는 첫째, 그 동안의 경제 개발 정책이 제조업을 중심으로 짜여져 있어서 산업 부문과 수송 부문에서 에너지 소비가 급격히 증가하였기 때문이다. 둘째, 경제 성장에 따른 국민 소득 증가로 자동차 이용이 증가해 국민들의 에너지 소비 선호도가 증가 추세에 있는 데도 그 원인이 있다. 셋째, 우리 나라가 에너지

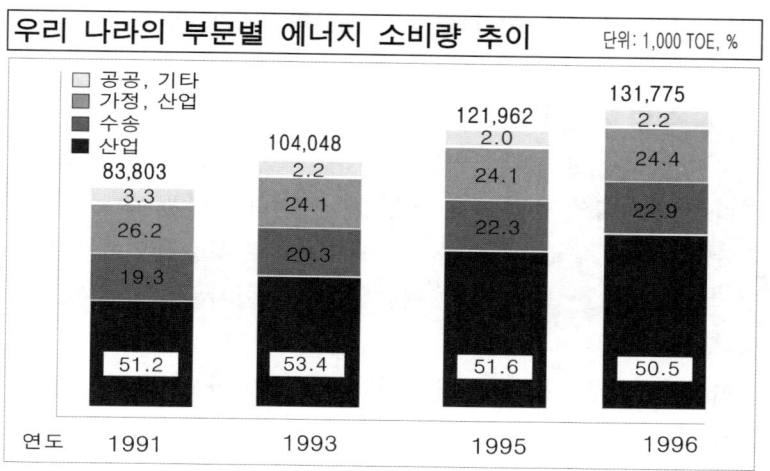

자료: 에너지경제연구원, 『에너지 통계 월보』
주: 부문별 수치는 비중치임

의 효율적 이용을 위한 사회간접자본 시설 기반이 매우 취약하다는 점을 들 수 있다.

　게다가 우리 나라 에너지 소비의 경제적 효율성은 선진국에 비해 크게 떨어진다. 최종 에너지 소비는 1991~95년 연평균 9.8%씩 증가했다. 이는 경제 성장률보다 높은 수치이다. 또 1992년 기준으로 볼 때 한국의 에너지 원단위(TOE/1990년 불변가격 $)는 0.421로서 일본 0.146, 독일 0.216, 이탈리아 0.134 등보다 2~3배 높게 나타나고 있다. 이는 우리 경제의 에너지 생산성과 대외 경쟁력이 떨어졌음을 의미한다.

　우리 나라의 에너지 이용 효율이 악화돼 온 것은 무엇보다 에너지 정책이 공급 위주였기 때문이다. 이제는 에너지 소비를 줄일 수 있는 방향으로 정책을 모아야 한다. 이를 위해서는 에너지 수요 관리 측면에서 지표들을 개발할 필요가 있다. 예를 들면, 에너지 효율 및 절약에 실질적인 효과를 나타내는 각 부문별 에너지 소비의 절약 추이를 주요 에너지 지표에 포함하는 것도 하나의 방안이 될 것이다.

91 식량 자급률

경제 활동의 일차적인 목표는 의식주 해결에 있다. 다행스럽게도 우리는 어느 틈엔가 먹는 문제에 대해 걱정하지 않게 됐다. 해마다 가을이면 추곡 수매가에 대한 논쟁이 심화돼도 식량 수입이 무역 수지 적자의 중요한 요인이라고 해도 세인들이 가지는 관심은 높지 않았다.

그렇다면 우리 나라는 정말 식량 위기로부터 안심할 수 있는 나라인가. 쌀의 경우를 살펴보자. 쌀 생산은 1988년 이후 지속적으로 감소해 왔다. 둘째로 우리 나라의 농지는 해마다 큰 폭으로 감소하고 있다. 최근 5년간 전국에서 다른 용도로 전용된 농지와 휴경지 면적은 무려 39만 5,000천 ha로서 제주도 면적의 2배가 넘는다. 이와 같은 농지 감소 추세가 지속될 경우 2000년 초 쌀 자급에 필요한 최소 농지 면적인 180만 ha를 유지하기 어려울 것으로 예상되고 있다. 셋째, 세계적인 이상 기후로 국제 곡물시장의 불안정성이 높아지고 있다. 이에 따라 1970년대 초반에 일어난 세계 식량 위기가 재연될 가능성이 있다. 종합하건대 우리 나라 역시 식량 위기의 안전지대는 아니다.

식량 자급률은 이러한 식량 위기의 심각성을 쉽게 파악할 수 있는 지표라 할 수 있다. 식량 자급률이란 사료용을 제외한 쌀, 보리, 밀, 옥수수, 콩, 서류 등 곡물의 전년도 국내 생산량을 해당 연도 곡물의 총수요량으로 나누어 백분율로 표시한 값이다. 따라서 이 지표가 100%에 가까울수록 또는 이보다 클수록 식량은 국내 수요를 충족하거나 또는 남아서 수출할 여력을 가지게 됨을 뜻한다. 반대로 0%에 가까울수록 생산이 수요를 따라가지 못해 외국으로부터 수입해야 하는 현상이 발생한다. 보다 넓은 개념으로 양곡 자급률이 있는데, 이것은 사료용을 포함한 전체 곡물 자급률을 말한다.

우리 나라의 식량 자급률(사료용 제외)은 1990년에 70.3%였는데 1995년에 55.7% 그리고 1996년에는 53.6%로 지속적으로 감소하는 추세에 있다. 사료용을 포함한 전체 양곡 자급률도 1990년의 43.1%에서 1996년에는 25.9%로 급격히 감소했다. 그리고 가장 중요한 먹거리인 쌀 자급률은 1990년의 108.3%에서 1996년에는 91.4%로 줄었다.

우리 나라의 식량 대외 의존도는 날이 갈수록 심화되고 있다. 세계 곡물 수급이 불안정해지는 경우 우리 나라가 식량난에 빠질 수 있음을 예고하고 있는 것이다. 특히 우리 나라의 주식인 쌀의 국제 교역량은 전세계 생산량의 5% 수준인 1,700만 톤에 불과하기 때문에 식량난에 직면할 가능성이 높다. 쌀을 주식으로 하고 있는 나라들은 모두 적극적인 자급 정책을 펴고 있다. 일본의 경우에도 1994년 기준으로 식량 자급률(사료용 제외)은 74%, 양곡 자급률은 33%에 불과하지만 쌀 자급률은 120%이다. 이는 일본이 주곡 자급에 얼마나 많은 노력을 기울이고 있는가를 단적으로 보여준다.

쌀을 제외한 대부분의 식량 작물 시장이 개방됨에 따라 식량 자급

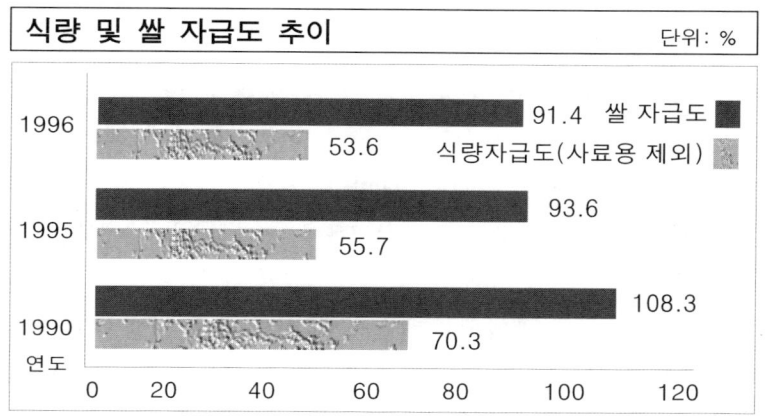

자료 : 농림수산부, 『농림수산통계연보』 각호

률이 더욱 하락할 가능성이 크다. 그러므로 비록 수입 개방과 관련해서 국내외 여건이 제약돼 있더라도 쌀을 비롯한 주요 식량 작물의 적정 국내 생산 목표를 설정하고, 이를 달성할 수 있는 증산 대책을 수립하는 것이 시급하다. 이는 통일 이후의 식량 수요 급증에 따른 식량난에 대비하는 의미도 있다.

한편 식량 자급률은 그 개념상 양적인 측면만 나타내므로 소비자들의 기호 변화를 반영하지 못한다. 우리의 식생활이 서구화되고 1인당 식량 소비량도 줄어들고 있는 사실을 감안해 볼 때 새로운 지표 개발도 필요하다.

예컨대 전 국민에 필요한 칼로리의 60% 이상과 단백질의 40% 이상을 공급하는 식량 작물의 영양적 가치에 착안해 '칼로리를 기준으로 하는 자급률'을 작성해 볼 수 있다. 즉, 품목별 자급률에 품목별 국민 1인당 하루 평균 공급 열량을 곱해 모두 합한다. 이를 국민 1인당 하루 평균 공급 열량으로 나누어 백분비를 취해 지표를 산출한다. 이 지표를 적정 수준으로 유지해 나가는 정책을 펴는 것도 하나의 대안이 될 수 있다.

92 주택 보급률

건설교통부에 따르면 국내 주택 보급률은 지난 1989년 200만 호 건설 사업 이후 줄곧 늘어나 7년 동안 14.8% 포인트가 높아졌으며 정부의 계획대로 앞으로 해마다 60만 호 가량이 추가로 건설될 경우 오는 2010년까지는 전국의 주택 보급률이 100%를 넘어서게 될 것으로 전망된다.

주택 보급률이란 개념상 주택 공급 대상 가구에 대한 주택 수의 비율을 말한다. 주택 수는 인구 주택 총조사 실시 연도에는 총조사 결과 자료를 사용하고, 이외의 연도에는 총조사 결과에 의한 추정치를 사용한다. 주택공급 대상가구는 일반 가구 중에서 단독, 비혈연 가구는 제외한다. 여기서 단독 가구란 가족 유무에 관계 없이 혼자서 따로 생활하고 있는 가구를 말한다.

그동안 우리 나라의 주택 수는 가구 수에 비해 절대적으로 부족했다. 이는 공급되는 주택 수보다는 인구의 증가, 핵가족화 경향 등으로 가구 수가 더 빠르게 증가하였기 때문이다. 1991년에 주택 수는 785만 3,000호로 1965년의 39만 2,000호에 비해 2배로 늘어났으나 인구 증가와 핵가족화로 인한 가구 수 증가로 주택 보급률은 1965년의 81.3%에서 1987년에는 69.2%로 낮아졌다. 우리 나라의 주택 공급 능력은 200만 호 주택 건설 정책이 추진되기 시작한 1989년 이전까지는 연평균 약 35만 호 정도였는데, 그후에는 약 60만 호 이상으로 증가했다.

주택 보급률이 84%라는 것은 평균적으로 전체 가구의 16% 정도는 남의 집에 세 들어 살아야 한다는 것을 의미한다. 우리의 주택 정책이 여전히 양적인 목표 달성에 얽매여 있어야 하겠지만 100% 주택 보급은 단기간에 이루어지기도 어렵다. 이는 주택 건설이라는 물리적 요인 이외에 경제적 요인도 깔려 있다.

지방의 경우 미분양 주택의 증가로 주택업계가 어려움에 직면해 있다. 인구의 수도권 집중으로 주택 수요는 택지가 비싼 수도권에서 증가하고 있지만 지방은 수요가 부족해 미분양이 증가했기 때문이

주택 보급률 추이

연 도	1980	1987	1989	1990	1991	1992	1994	1995	1997
보급률	71.2	69.2	69.4	72.4	74.2	76.0	81.7	84.2	92.2

자료: 건설교통부

주: 주택 보급률 = 주택 수/주택공급 대상가구 수

다. 우리 나라의 주택 통계는 실제로 거주하는 단위로서의 주택 수를 정확히 반영하고 있지 못하다. 거주의 개념에서 주택 수를 파악하고 있는 것이 아니라 소유의 개념에서 주택의 수를 파악하고 있기 때문이다. 예컨대, 다가구 주택의 경우 여러 가구가 독립적으로 살고 있지만, 소유자가 한 명이기 때문에 1가구로 계산이 된다. 따라서 다가구 주택이 많을수록 주택 보급률 통계는 그만큼 낮게 나타난다.

최근에 단독 주택을 헐어서 다시 짓는 경우 대부분이 다가구·다세대주택들이다. 다세대주택의 경우에는 각각 주택으로 집계되는 데에 비해 정확하게 똑같은 평면 구조를 가진 다가구주택은 몇 세대가 독립적으로 살고 있다고 하더라도 1개의 주택으로 집계된다. 대략 다가구주택의 독립된 주택 수를 6가구로 잡고 또 단독 주택을 헐어서 다가구주택을 짓는다고 가정해 보면, 1990~93년 사이 4년 동안에 통계에서 누락된 주택 수는 대략 54만 1,840호 정도에 이른다. 이를 감안하면 연평균 19~24만 호 정도가 정부의 통계보다 더 지어진 셈이 된다.

이러한 통계의 오류는 주택 정책의 방향을 오도할 가능성이 높다. 우리의 주택 통계도 소유의 개념이 아니라 실제로 거주하는 가구 수를 중심으로 계산돼야 한다. 미국이나 일본의 경우에는 소유와 매매의 단위를 계산하지 않고 주거를 중심으로 주택 수를 계산한다. 나아가서 주택에 대한 질적 욕구가 확대되고 있는 것도 정책에 반영돼야 한다. 정부가 모자라는 주택의 수효나 주택 수요의 실체를 제대로 파악하지 못한 채 주택 공급 목표를 설정할 경우 큰 오류를 범할 수 있다.

93 소비자 신용

선진국이냐 아니냐를 가늠하는 잣대의 하나로서 소비자 신용 제도가 얼마나 발달했느냐 하는 것을 들 수 있다. 미국의 교포들은 자동차를 살 때 현금을 많이 가지고 가면 판매하는 사람들이 무척 의아해 하는 것을 많이 경험했다고 한다. 선진국에서는 신용카드로 물건을 구입하고 이를 사후에 분할해서 납부하는 관행이 보편화돼 있다. 현금 거래보다는 신용 거래를 선호하는 것이다.

우리 나라에서도 이 같은 신용 거래가 확산되고 있다. 은행, 카드 회사, 할부금융기관, 도매판매회사 등 수많은 신용 공여 기관들이 다양한 형태의 상품을 개발해 소비자들에게 내놓는다. 하지만 신용 거래에 대해서 긍정적인 의견과 부정적인 의견이 엇갈리고 있다. 앞으로 발생할 소득을 담보로 해서 생활 용품을 미리 구입하는 셈이니 축적된 자산이 충분치 않은 사람에게는 삶의 질을 높이는 수단이 된다. 하지만 이를 남용하는 경우, 예컨대 과도한 지출을 하거나 또는 이 같은 분위기를 유도하는 상행위가 범람하게 되면 신용 거래는 국민 경제의 건전성을 저해하는 원인으로 비난을 받게 된다.

한편 그만큼 신용 거래의 부실화에 대한 우려도 늘고 있다. 그래서 제도 자체를 축소하기보다는 신용 공여 기관의 신용 공여 판단에 대한 정확성을 제고해야 한다는 주장이 많다.

소비자 신용이란 이처럼 금융기관이나 판매업자가 소비자에게 소비 지출에 필요한 자금을 직접 대출해 주거나 또는 판매 대금의 상환 연기 등을 통해 신용을 제공하는 것을 말한다. 소비자 신용은 제공 형태에 따라서 크게 두가지로 구분된다. 하나는 은행 등을 통해 직접 금전이 제공되는 소비자 금융(Consumer Finance)이 있으며 다른 하나는 신용카드사나 할부금융사 등을 통해 물품 또는 용역의 형태로 신용이 제공되는 판매 신용(Merchandise Credit, 단 주택금융은 제외)이 있다.

우리 나라의 소비자 신용 잔액은 <표>에서 보면 1996년 말 현재 약 85.4조 원으로 전년 대비 29.3% 증가했다. 이는 금융권이 제공하는 국내 총신용 규모의 13.4%에 해당된다. 부문별로 보면, 소비자 금융 잔액은 약 70조 원이며 판매 신용 잔액은 약 15.7조 원으로 각각 전체 소비자신용 잔액의 82%와 18%를 차지하고 있다. 1990~96년중 소비자 신용은 연평균 25.6% 늘어나 같은 기간 개인 가처분소득 증가율(연평균 14.5%)을 크게 웃돌아 과소비의 우려를 야기했다.

이처럼 소비자 신용이 늘어나는 이유는 무엇보다 소비자에 대한 신용 차입 여건이 호전되었기 때문이다. 첫째, 1980년대 후반 이후 높은 임금 상승으로 인해 개인 부문의 금융자산 보유가 크게 증가했다. 개인 부문의 금융자산 축적도를 나타내는 경상 GDP 대비 개인 부문의 금융자산 잔액이 1990년 1.09에서 1996년에는 1.37로 상승했다. 둘째, 1995년 이후 부동산 가격 상승으로 소비자의 담보 여력이 증대됐다. 셋째, 소비 지출을 위한 차입 성향이 증대됐다. 가계 소비 지출에서 소비자 신용이 차지하는 비중을 나타내는 소비자 신용 비율(Consumer Credit Ratio)이 1992년 2.8%에서 1996년에는 9.3%로 상승했다. 그리고 무엇보다, 소비자 신용 시장의 확충을 들 수 있겠다. 신용카드업(1987년 8월) 및 할부금융업(1996년 1월)이 개시되고, 금융정보통신의 발달 등에 따라 소비자 신용의 공급 여건이 크게 개선됐

소비자 신용의 추이

연도 구분	1990년	1992	1994	1995	1996	1990 ~1996
소비자신용 잔액	21,961.2 (23.4)	27,537.4 (15.0)	53,591.8 (47.9)	66,062.4 (23.3)	85,410.4 (29.3)	(25.6)
소비자금융 잔액	17,492.7 (21.5)	21,640.0 (15.3)	44,236.9 (56.2)	54,906.7 (24.1)	69,738.0 (27.0)	
판매신용 잔액	4,468.5 (31.6)	5,897.4 (13.7)	9,354.9 (18.2)	11,155.7 (19.2)	15,672.4 (40.5)	

자료: 한국은행, 1997. 5.

주: ( )는 전년말 대비 증가율(%)

다. 게다가 금융 기관간 경쟁 격화에 따라 금융기관들이 가계금융 서비스의 개선에 적극적인 노력을 기울였다.

소비자 신용의 증대가 우리 경제에 미친 영향은 무엇인가. 먼저 긍정적인 측면을 살펴보자. 첫째, 장차 소득 향상이 기대되지만 축적된 자산이 적은 계층의 삶의 질을 향상시킬 수 있다. 둘째, 제품 생산업자가 생산된 제품의 원활한 소화를 위해 자금을 차입해야 하는 부담이 줄어든다. 셋째, 자금 흐름이 투명해지기 때문에 지하경제가 들어설 땅은 그만큼 줄어든다.

하지만 부작용도 만만치 않다. 첫째, 소비자 신용의 증가가 국내외 소비재에 대한 지출 증대로 이어져 자칫 물가를 상승시키고 경상수지 적자를 심화시키는 요인으로 작용할 수 있다. 둘째, 소비자 신용이 개인 가처분소득 증가율을 넘어서서 증가하게 되면 가계의 채무 상환 부담이 늘어나게 된다. 1996년 말 현재 개인 부문의 금융 부채 부담률(개인 부문 금융부채잔액/개인 부문 금융자산잔액)은 47%로 미국의 1995년 말 26.1%, 일본의 1994년 말 32.2%보다 높은 수준이다.

소비자 신용에 대한 논란의 평가에 선행돼야 할 것은 소비자 신용 제도의 정착과 발전 방향에 있다. 소비자들의 합리적인 소비 행태를 유도하고 소비자의 신용 관련 사고를 예방하는 감독을 강화해야 하며 보다 나은 소비자 신용 서비스가 제공되도록 관련 업계의 노력도 필요하다.

94 도시화율

일본이나 유럽 등 인구가 밀집해 있는 지역을 여행할 때 느끼는 것 중의 하나가 도시와 도시가 끊임없이 연결돼 있다는 점이다. 도시는 시골에 비해 문화적인 기반시설이 풍부하고 고용의 기회가 많기 때문에 도시로의 인구 집중화는 산업화와 함께 심화돼 왔다.

도시화는 공해와 사회복지 비용의 증대와 같은 역기능적인 요인도 많이 안고 있다. 우리 나라도 이제 그러한 도시화 과정의 한 가운데 있는 것으로 생각된다.

도회지로의 인구 집중은 한 마디로 시장 경제의 활성화를 뜻한다. 인구 증가와 더불어 경제 활동은 더욱 왕성하게 이루어진다. 물자의 원활한 교환을 위해 시장이 형성되고, 도시에서 멀리 떨어져 있는 생산 시설까지 인구가 많이 몰려 있는 지역으로 집중된다. 이에 따라 도시는 각종 재화 및 서비스와 노동, 자본, 토지 등 다양한 생산 요소를 거래하는 시장으로서의 공간을 제공하게 된다. 하지만 급격한 도시 성장은 제조업이나 서비스 부문의 전문 인력 수요를 크게 유발해 대도시 집중을 더욱 촉진하는 속성을 지니고 있다. 선진국에서는 교통 기술이 발달하고 소득이 증가함에 따라 넓은 공간에 대한 수요가 증가해 교외로 인구가 분산되는 '교외화 현상'이 일어나서 도심지 외곽에 작은 도시가 새롭게 형성되기도 한다.

도시 지역에 거주하고 있는 인구의 비율이 얼마나 되는지를 파악하는 데 사용되는 지표로서 도시화율을 활용한다. 도시화율은 전국 인구에 대한 도시계획 구역 거주 인구 비율이다.

건설교통부가 1997년에 집계한 도시통계 자료에 따르면, 우리 나라의 전체 인구 가운데 87.1%가 전 국토의 14.9%에 불과한 도시 지역에 집중돼 있는 것으로 집계됐다. 우리 나라의 도시화율은 1960년에는 39.1%에 불과하였으나 산업화가 진행되면서 급증했다. 1970년에 50.1%로서 도시 인구와 농촌 인구가 동일한 시점을 지났고, 1980년에 68.7%를 기록한 뒤 도시화율은 급격히 증가해, 1990년에 81.9%, 1996년 말에는 87.1%까지 올라갔다. 이와 함께 전국의 도시 계획 구역의 수와 면적도 꾸준히 증가했다. 1981년에는 도시계획구역이 515개소, 면적이 12,631km^2이던 것이 1996년말 현재 도시계획구역은 561

개소, 면적은 14,807km²로 늘어나서 우리 나라 전체 국토 면적의 14.9%가 도시계획의 적용을 받고 있다.

게다가 도회지일수록 경제 활동이 활발한 연령 계층이 많이 몰려 있다. 전국 도시계획구역에서 살고 있는 전체 인구 가운데 20세 미만 인구가 31.8%를 차지하고 있고, 20~40세 인구가 39.1%를, 40~60세 인구가 21.1%를, 그리고 60세 이상 인구가 8.0%를 차지하고 있다.

가장 경제 활동이 활발한 20~60세 인구의 구성비를 도시별로 보면, 서울(63.5%), 부산(61.3%), 성남(60.9%), 대구(60.7%), 의정부(60.7%)의 순으로 높은 것으로 나타났다.

우리 나라의 도시화는 산업화와 함께 인구 집중과 도시권역의 확대를 가져왔다. 도시와 농촌의 경제적 불균형을 더욱 심화시켰으며, 지방 중소 도시의 성장도 대도시에 눌려 상대적으로 침체됐다. 대도시, 특히 서울권과 부산권으로의 인구집중은 심해지고 있으며 과밀로 인한 여러 가지 폐해가 누적되고 있다.

도시에서 인구 증가율이 산술적으로 증가하면 도시인을 위한 기반 시설(도로, 상하수도, 보건위생 등) 비용은 기하급수적으로 늘어나기 때문에 도시화에 따르는 경제적 비용은 무시하기 어려울 정도로 높다. 또한 도시화는 공해 문제를 더욱 가중시키고 있다.

하지만 앞으로는 이 같은 도시 과밀화 현상이 어느 정도 해소될

우리 나라의 도시화율 추이 (단위:1,000명, %)

연도 구분	1960	1970	1980	1990	1991	1992	1993	1994	1995	1996
도시화율	39.1	50.1	68.7	81.9	82.9	83.7	84.2	84.7	86.7	87.1
도시인구 (증가율)	9,784 ―	15,750 (61.0)	25,738 (63.4)	35,558 (38.2)	36,330 (2.2)	37,319 (2.7)	37,969 (1.7)	38,562 (1.6)	39,852 (3.3)	40,378 (1.3)

자료: 건설교통부 보도자료(1997. 10. 15.)

것 같다. 소득 증대와 더불어 교외화 현상이 확산되고 있고 문화 수준도 지방과 도시 간에 격차가 현저히 줄어들 것이기 때문이다. 특히 지방화 시대가 본격적으로 전개됨에 따라 서울권 및 부산권으로의 인구 집중이 점차 둔화되고, U자형(지방→대도시→지방) 또는 J자형(대도시→지방) 인구 이동이 일어나 지방 생활권이 활성화될 것이다. 농촌 지역은 농민만이 아니고 농민과 상공인이 함께 사는 혼주사회(混住社會)로 변모할 것이다.

더욱이 지방자치제의 정착과 지방 공업 육성이 정책적으로 촉진된다면 중소 도시가 활기를 띠게 돼 지방 경제권이 점차적으로 활발하게 형성될 것으로 전망된다. 이럴 경우 대도시 인구 집중에 따르는 재정 부담이 대폭 감소되고 경제의 중심도 전국으로 확산됨에 따라 부수적으로 내수 시장도 확대될 것이다.

경제 기사 쉽게 읽는 법

1998년 10월 30일 초판. 1쇄
지 은 이／정 순 원
펴 낸 이／장 대 환
펴 낸 곳／매일경제신문사
주   소／㈜ 100-728 서울 중구 필동1가 51번지
전   화／2626-427(출판), 2626-442(출판영업)
팩시밀리／271-0463
출판등록／1968년 2월 13일 (No. 2-161)

ISBN 89-7442-142-9　　　　　　　　　　값 8,000원